JN412328

학습부진,
이렇게 극복한다 2

Memory at Work in the Classroom
Strategies to Help Underachieving Students

Translated and published by ERICK Press with permission from ASCD.
This translated work is based on Memory at Work in the Classroom;
Strategies to Help Underachieving Students © 2014 ASCD.

학습부진, 이렇게 극복한다 2

사회문화적 환경을 고려한 학습과학 중재전략

프랜시스 베일리 · 켄 프랜스키 지음 | **허경원** 옮김 | **최선일** 감수

교육을바꾸는사람들

저자 서문

1990년대 초 나는 서부 매사추세츠의 작은 부촌에 있는 초등학교에서 몇 년간 ESL(English as a Second Language, 제2언어로서의 영어학습—옮긴이) 교사로 일했다. 부모가 그 지역에 있는 대학 출신이거나 전문직 종사자인 가정의 아이들은 발전이 빨랐다. 반면 이 지역에 점점 늘어나는 캄보디아 난민 가정의 자녀들은 학습이 지지부진했다.

교사로서 나는 그 아이들이 안타까웠다. 학교에서는 성과가 낮은 학생들을 지원하기 위해 여러 프로그램을 마련했지만 학생들의 성장은 기대보다 더뎠다. 같은 학교의 백인 학생들을 따라가는 것은 고사하고 영어를 제2언어로 배우는 다른 학생들과 비교해도 그랬다. 게다가 이 지역의 경제적 · 문화적 구성이 점점 다양해지면서 학습부진의 양상도 이전과 다른 형태로 나타나기 시작했다. 나는 최신 ESL 교수법뿐만 아니라 최근 등장한 여러 교수법에 모두 능숙한 교사였지만 이 아이들에게 중요한 무언가를 놓치고 있다는 느낌이 들었다. 기존의 방식이 아닌 새로운 관점이 필요하다는 건 알고 있었지만 정작 내가 갇혀 있는 틀이 무엇인지는 알지 못했다.

_ 켄 프랜스키

켄을 처음 알게 된 것은 매사추세츠대학교에서 교육학 박사과정을 밟던 무렵이었다. 이후 1990년대 초 어떤 파티에서 켄을 다시 만났고 켄은 자신이 가르치고 있는 캄보디아 난민 가정 자녀들의 학습부진 문제에 대해 고민을 털어놓았다. 나는 켄에게 사회문화이론을 소개하며 언어, 학습, 문화적 연관성에 대해 대화를 나누었고 비고츠키(Vygotsky)와 사회언어학자 제임스 지(James Gee)에 대한 관심을 적극적으로 표현했다. 이들은 인간의 사고와 행동방식은 우리가 몸담고 살아가는 공동체의 일부분이며, 학습 그 자체는 본질적으로 문화적 과정이라고 생각한 연구자들이다.

켄과 나, 두 사람은 모두 해외에서 생활한 경험이 있고 ESL 교사로 학생을 지도하면서 학습과 문화는 분리하여 생각할 수 없다는 신념을 갖고 있었다. 서로 의견이 일치함을 확인하자 켄은 자신의 수업을 참관해 달라고 요청해왔고 이렇게 해서 우리의 협력이 시작되었다.

_ 프랜시스 베일리

지난 20여 년간 우리는 학습에 어려움을 겪는 아이들이 학교의 체제나 학교교육의 기저에 깔린 문화적 전제들과 맞지 않을 수 있다는 가정을 입증하기 위해 노력해왔다. 실제 수업을 연구하고 논문을 썼으며, 그간의 공동 작업을 통해 알게 된 내용을 토대로 책도 펴냈다. 우리의 주된 관심은 학습에 어려움을 겪는, 문화와 언어가 다양한 학습자에게 효과적인 수업 방안을 밝히는 데 있었고, 이를 위해 다양한 방식으로 교사 코칭과 연수를 진행해왔다.

이 책은 기억과 인지에 관한 것이다. 문화와 언어에 열렬한 관심을 갖고 있던 우리가 어쩌다가 기억과 인지에 관한 책을 쓰게 되었을까? 학습에 어려움을 겪는 학생에게 부족한 것, 그것을 채우기 위해 교사가 지원해야 할 것 등을 모색하려면 결국 뇌를 잘 이해해야 한다는 사실을 깨달았기 때문이다. 이에 따라 켄은 인지교육 프로그램을 깊이 연구했고[1] 이 접근법은 실제로 상당한 효과를 거두어 우리 연구에 새로운 지평을 열었다. 문화와 언어, 그리고 인지가 새의 양 날개에 해당한다는 것을 깨닫게 된 것이다. 교사가 이 양 날개를 갖추고 가르치는 일에 임한다면 학생은 한층 높이 비상할 수 있을 것이다.

오랜 탐구 끝에 우리는 다음과 같은 결론에 도달했다. '기억은 학습에서 핵심적인 역할을 하며, 모든 교사는 이를 이해할 필요가 있다. 특히 학습에 어려움을 겪는 학생을 지도하는 교사에게는 더욱 중요한 문제다.' 이에 따라 우리는 기억 체계를 쉽고 명쾌한 용어로 설명하고 학습원리, 교수전략, 교수기법과 연결시키는 일에 집중했다. 특히 학습부진과 관련하여 기억과 교수학습의 관련성을 집중적으로 검토했고, 실제 수업을 검토하여 효과적으로 적용할 만한 방안을 도출했다. 이 흥미진진한 연구 분야에는 무수히 많은 선택과 가능성이 존재하지만 그럼에도 우리가 언제나 고수한 원칙이 있었다. 학교 공부와 직접적인 연관성이 있고, 수업에서 실행했을 때 확연히 효과를 가져올 수 있어야 한다는 것이었다.

이 책은 뇌와 학습 중에서도 주로 기억에 초점을 두고 있다. 그러다보니 뉴런(neurons), 신경전달물질(neurotransmitters), 백질(white matter), 회질(gray matter) 등 뇌의 신경생리학적 요소를 언급하지 않을 수 없다. 하지만 이런 지식만으로는 수업을 준비하는 데 아무 도움도 되지 않을 것이기에 우리는 교사들이 실제 수업을 계획하고 교안을 작성하는 데 필요한 것에 초점을 두기로 했다. 예를 들어 뇌에서 도파민(dopamine)이 생성되는 과정 등은 학습을 이해하는 데 꼭 필요한 지식이지만, 이 과정을 생리학적으로 설명하기보다는 인지 수준에서 뇌가 도파민을 생성하도록 자극하는 방안을 중심으로 서술하겠다는 말이다. 뇌의 각 영역은 학습에서 제각기 특화된 역할이 있지만, 어떤 영역이 어떤 학습을 맡고 있는지 밝히기보다는 뇌의 활성화를 꾀하는 학습활동을 고안하는 방안[2]에 집중하여 설명하고자 한다.

최근 수십 년간 뇌의 인지 과정에 대해 많은 것을 밝혀냈음에도 여전히 진행 중인 연구가 많다. 그만큼 뇌의 인지 과정을 연구하는 일은 복잡하고 어려우며, 결론이 내려지지 않은 채 다양한 모델과 해석이 공존하고 있는 실정이다. 그럼에도 교육자들은 '인간은 학습 과정에서 경험을 바탕으로 내적 표상(internal representations)을 형성한다.'라는 인지심리학자들의 연구에 주목하고 있다. 표상(representations)이란 외부 사물이나 대상에 대해 지각된 이미지를 말하며, 경험을 바탕으로 형성되고, 이후의 경험을 해석하고 행동을 이끌어가는 바탕이 된다. 다만 학교 현장과 떨어진 학자들의 글은 지나치게 이론에 치우친 것들이 많아 실제 수업에 적용하기 어렵다. 게다가 전문적인 개념과 용어들로 복잡하게 설명하고 있어 인지심리학 전문가가 아니고서는 내용을 이해하기도 쉽지 않다. 이 책은 바로 이런 어려움에 주목하여 동료 교사들에게 직접적인 도움을 주기 위해 최선을 다한 결과물이다.

우리가 강조하는 것은 인간은 사회적 존재이고 학습은 다양한 사회문화적 맥락에서 이루어진다는 점이다. 최근 학문 흐름이 지나치게 분절되고 전문 분야화되는 경향 속에서 교육도 그런 흐름을 따라 뇌를 연구하는 분야, 학습에 미치는 사회문화적 영향을 연구하는 분야로 세분화되고 있다. 하지만 실제 학습은 뇌 안에서만 일어나는 일이 아니며 정신(mind)을 통해 세상과 연결된 맥락에서 이루어진다. 이 책의 초점은 학습자의 내적 세계, 즉 '인지 과정'이지만 그것은 사회문화적 맥락이라는 연결고리를 무시할 수는 없다. 즉 교사와 학생이 속해 있고 교수학습이 이루어지는 가정, 학교, 사회, 문화를 포함한 모든 환경 요인을 한꺼번에 고려해야 한다는 뜻이다.

학습에 어려움을 겪는 학생들 중 상당수는 다문화가정이나 이민자 가정의 자녀들이다. 이들을 지도하려면 뇌, 그리고 사회문화적 요인에 대한 이해가 반드시 필요하며, 둘 중 하나에만 관심을 쏟는다면 중요한 연결고리를 놓치게 된다. 이 책은 두 분야에서 나온 연구 성과와 중요한 통찰을 교육적 관점에서 하나로 통합하여 묶어보려는 시도다. 학창 시절, 공부가 잘 안 되는 원인과 해결 방안을 못 찾아 애를 먹었던 그때 봤더라면 좋았을 그런 책을 쓰자는 것이다. 두 분야를 의도적으로 통합했다는 점에서 이 책은 동료 교사들이 현실에서 겪는 어려움에 다가서는 데 더욱 유용하고 가치 있게 사용되리라 믿는다.

이 책을 통해 교수학습의 새로운 관점을 제공할 수 있어서 뿌듯하고 기쁜 마음이다. 기억 체계에 관해 밝혀진 인지과학적 연구 성과 및 문화적, 언어적 요인들을 교육적 관점에서 통합하고 현장에서 바로 사용할 수 있도록 실용적인 성격으로 기획한 책이다. 학습에 어려움을 겪는 학생들을 지도하는 교사에게 특히 도움이 될 것이라 생각한다. 우리가 연구하고 집필하며 느꼈던 즐거움, 배움의 기쁨이 이 책을 읽는 독자 여러분에게도 함께하기를 바란다.

일러두기

1. 이 책의 원서는 미국 공교육 현장을 배경으로 하고 있으므로 'struggling learner'로 언급된 주요 대상은 ESL(영어를 제2언어로 공부하는 학습자)과 IEP(특수교육 대상 학생)이며 그 외에도 이민자 가정, 소수계 등 다양한 유형이 언급되었다. 그러나 번역서의 경우 출간 의도를 감안, 특별한 경우 외에는 '학습에 어려움을 겪는 학생' 등과 같이 포괄적인 용어로 옮기고 있음을 밝힌다.

2. 이 책은 '중재(mediation)'와 '개입(intervention)'을 구분하고 있다. '중재'는 학생 스스로 기억 체계와 집행기능을 적절히 사용할 수 있도록 돕는 매개적 지원을 뜻하며, '개입'은 학습이 진행되기 어려운 문제 상황을 감안하여 교사가 할 수 있는 예방적 조치의 의미로 쓰였다.

3. 본문에 언급된 사례는 미국 교실수업 상황이다. 원문을 그대로 번역함을 원칙으로 하되 별도의 해설이 필요한 경우 해당 내용에 표시(*)하고 하단에 설명을 덧붙였다.

4. 원서에는 각 장마다 출처 및 보충설명을 기재한 주석이 있다. 번역서에서는 본문이 끝난 뒷부분에 각 장의 주석을 모두 모아 제시하되, 본문 이해에 꼭 필요하다고 판단할 경우 해당 주석을 포함하여 윤문하였다.

차례

5장. 집행기능

교과 학습은 스스로 문제를 해석하고 전략을 세우고 문제를 해결하는 능력, 즉 집행기능(executive function) 스킬에 좌우된다. 학습에 어려움을 겪는 학생들 중 상당수가 집행기능 스킬 부족이라는 문제를 안고 있다. 교사가 아무리 잘 가르치려고 노력해도 이들에게는 무언가를 배운다는 것이 모래 위에 집을 짓는 일처럼 불안하다. 집행기능은 작업기억과 긴밀히 협력하여 집중력과 의사결정을 조절함으로써 학습을 지원한다.[2] 5장은 교과 학습에 필요한 핵심적 집행기능 스킬을 자세히 살펴볼 것이다.

6~7장. 의미기억

의미기억(semantic memory)은 세상에 관한 사실을 담아두는 머릿속 창고와도 같다.[3] 세계 곳곳의 수도, 교통 신호, 물의 분자식, 오트밀과 쌀의 차이점 등, 인류가 수천 년에 걸쳐 쌓아온 지식의 저장고에서 가져온 것들, '나'라는 사람이 살아오면서 알게 된 온갖 지식들까지 더해져 의미기억에 반영구적으로 저장된다. 단어의 뜻, 발음, 철자 같은 지식과 그 단어가 다른 단어나 개념들과 무엇이 다르고 어떤 연관성이 있는지 하는 지식이 저장되는 곳도 의미기억이다. 학교교육의 많은 부분은 바로 이 의미기억을 풍부하게 하는 데 초점을 두고 있다.

6장은 학습에 영향을 미치는 의미기억의 중요한 특징을 살펴본다. 또한 장기기억 체계의 하나인 절차기억(procedural memory)[4]도 살펴보고, 이것이 문해력 개발과 제2언어 학습에서 하는 역할을 알아볼 것이다. 또 의미기억을 구성하는 문화적 기반과 함께 의미기억 구성과 밀접한 관련이 있는 인지 스킬들도 다룬다.

8장. 일화기억

살면서 경험한 중요한 사건을 떠올려보라. 자녀의 출생, 대학 졸업식, 결혼식 같은 것들이 있을 것이다. 일상적인 일이든 인생의 중요한 사건이든 그와 관련된 생생한 기억들이 이미지, 소리, 감정으로 가득 차 일화기억(episodic memory)에 저장된다.[5] 어디에 있었는지, 그 일이 언제 벌어졌는지, 무엇을 하고 무슨 말을 했는지, 어떤 옷을 입고 있었는지, 누구를 만나 이야기를 했는지 하는 것들이 담기는 것이다.

의미기억이 사실을 저장한다면 일화기억은 삶의 감각적 인상을 저장한다. 8장에서는 이런 형태의 장기기억이 교실 학습에서 맡는 역할을 살펴볼 것이다.

9장. 자전적 기억

시간이 흐르면서 학생은 자신이 어떤 학습자인가를 스스로 인식하게 된다. 수학은 잘하지만 철자는 서툴다거나, 미술이나 과학에 흥미가 있다거나, 읽기를 특히 잘하거나 못한다는 식으로 말이다. 이렇게 형성된 자기 이미지(self-image)는 학업성취에 강력한 영향을 미치고 자전적 기억(autobiographical memory) 속에 자리 잡는다.[6]

독립적이고 자신감 충만하고 학습동기도 높은 학생들이 있다. 이들은 의존적이고 자신감이 부족한 학생, 노력해봤자 소용없다고 지레 포기하는 학생보다 학업에 성공할 가능성이 훨씬 크다. 자전적 기억을 이해하면 학생이 학습자로서의 정체성을 형성하는 데 교사가 어떤 영향을 미치는지 새롭게 인식할 수 있다. 이러한 인식은 교사로서의 역할과 효능감(effectiveness)을 판단하는 중요한 기준이 된다.

10장. 연습

학습의 핵심은 교실에서 처음 배운 것을 안정적이고 생산적인 장기 기억으로 발달시키는 데 있다. 연습은 이를 위한 핵심적 요소다. 10장에서는 연습의 효과를 극대화하는 방법 및 고려해야 할 주의사항을 살펴보고, 학습에 어려움을 겪는 학생이 자신에게 맞는 연습 방법을 찾아낼 수 있게 도울 것이다.

11장. 마무리하며

새로운 교수법과 교육정책이 끝없이 쏟아져 나오고 교육과정 개편도 꾸준히 이루어진다. 그럼에도 부유층 가정과 저소득 가정 학생들 간의 학력 격차는 날로 커지고 있다. 안타까운 현실이다. 학습에 어려움을 겪는 학생들 중에는 다문화 및 이민자 가정 출신이 많고, 문화적으로 소외된 환경에서 문해력을 제대로 갖추지 못한 채 자란 학생들이 대부분이다.

이 책은 교사를 학습 전문가로 세우고 학습 어려움의 근원을 탐구하려 한다. 또한 학교 교육과정 기준을 고려해 좀 더 나은 학습자가 될 수 있도록 도울 방안을 찾을 것이다. 이를 위해서는 인간의 기억 체계에 대한 이해 및 뇌가 배우는 방식을 반영한 수업 설계와 실천이 반드시 따라야 한다.

1장
학습과 기억

교실에 들어섰을 때 '아, 이 학생들이 어떻게 배우는지 잘 알겠어.'라는 느낌을 받을 수 있다면 얼마나 좋을까. 내가 준비한 수업이 뇌가 작동하는 방식과 딱 맞아떨어진다는 확신을 가질 수 있다면, 공부를 힘들어하는 학생들의 문제점을 정확히 짚어내서 더 잘 배울 수 있게 도와줄 수 있다면, 얼마나 좋을까.

교사라면 누구든 학생에게 최선을 다하려 노력한다. 좋은 수업을 준비하느라 무수히 많은 시간과 열정을 쏟는다. 그런 노력의 혜택을 모든 학생이 똑같이 받는 건 아니라는 사실도 안다. 배움이 느린 학생들을 보며 교사들은 속을 태운다. 교육청 연수도 받고 스스로 이런저런 전문성 교육을 이수하며 학생이 잘 배울 수 있는 방법을 찾으려 애쓴다. 하지만 학생의 배움은 여전히 부족하고 길은 잘 보이지 않는다. 대체 무엇을 놓치고 있는 걸까.

핵심은 명료하다. 학습 과정에서 뇌가 실제로 어떻게 작동하는지 잘 알면 더 유연하고 능숙하며 성공적으로 가르칠 수 있고, 학생들도 더 잘 배울 수 있다.

교실 수업이 어려운 이유 중 하나는 학생의 한 가지 측면에만 초점을 둘 수 없다는 데 있다. 교사가 상대하는 학생은 인지적, 정서적, 사회적 측면을 모두 갖춘 존재다. 머리로 생각하는 것, 마음으로 느끼는 것, 다른 사람들과 어울리는 것까지 모든 면을 고려해야 한다. 학생의 개별적이고 복잡한 요구와 필요, 저마다 다른 특성을 고려해야 하고, 그것을 교육과정 목표와 어떻게 맞추어나갈지도 생각해야 한다. 그래서 이 책은 학습에서 기억의 역할뿐만 아니라 기억에 미치는 사회문화적 요인들이 학습자들에게 어떤 영향을 주는지 구체적으로 보여주고자 한다.

현 시대 교육에 몸담고 있는 교사들은 여러 심각한 어려움에 직면하고 있지만 그럼에도 불구하고 운이 좋은 편이다. 인간의 뇌에 대해 예전보다 훨씬 더 잘 알게 되었기 때문이다. 그동안 뇌라는 주제는 굳게 닫힌 문처럼 생각되는 영역이었다. 하지만 이제 그 문이 조금씩 열리고 있으며, 문 저 너머에 가려져 있던 새로운 사실들을 탐구하고 활용할 수 있게 되었다. 인지과학은 뇌에 대한 기존의 이해 방식을 바꾸고 있으며 기억 체계가 학습과 어떻게 연결되어 있는지에 대해 새로운 통찰을 제공한다. 수십 년간 축적된 연구와 새롭게 등장한 도구들을 바탕으로 인지과학자들은 교육 현장에서 활용할 수 있는 많은 것을 내놓고 있다.[1]

다만 인지과학 연구 논문들은 대부분 실험실에서 나온 것들이라 읽기가 쉽지 않다. 전문용어도 많고 복잡해서 마치 늪을 헤쳐나가는 기분이다. 이런 연구 결과들을 교실에서 실제로 쓸 수 있는 방법으로 바꿔놓아야 한다. 이 책은 교육자가 교육자를 위해 쓴 것으로, 인간의 뇌와 기억 체계에 관해 새로 밝혀진 지식을 이해하고 학생과 교직을 위해 활용할 수 있도록 안내한다. 특히 저소득 가정, 이민자 가정이나 다문화가정, 특수교육 대상 학생을 비롯한 여러 이유로 학습에 어려움을 겪는 학생들과 이들을 지도하는 교사들에게 도움이 되리라 생각한다.

오랫동안 교육 분야는 겉으로는 효과 있어 보이지만 사실은 근거 없는 논리들에 의존해왔다.[2] 다음은 이란의 옛 우화 중 하나다.

> 어느 이른 아침, 물라 나스루딘은 자기 집 문앞에 서서 쌀을 이리저리 흩뿌리고 있었다. 이웃사람 하나가 집 밖에 나와 새벽 햇살 속에 기지개를 켜다가 물라의 모습을 보고 물었다.
>
> "좋은 아침이오. 그런데 왜 쌀을 그렇게 뿌리고 있는 거요?"
>
> "아, 사자가 못 오게 하려고요."
>
> 물라의 말에 이웃사람이 웃었다.
>
> "무슨 그런 말씀을. 여긴 사자가 없지 않소?"
>
> 이웃의 말에 물라는 그것 보라는 듯 손을 휘휘 저으며 말했다.
>
> "그러니까요. 거 봐요, 역시 효과가 있잖아요."

교실에서 효과를 보이는 것들이 전혀 없는 건 아니다. 하지만 그 효과가 원래 의도했거나 생각했던 대로 항상 나오는 것도 아니다. 우리 주위에는 최선의 수업 방식, 모범 사례, 새로운 프로그램, 새로운 교육 경향 같은 것들이 넘쳐난다. 이 모든 것들이 저마다 교육 불평등을 극복할 해답이라고 주장하고 있다. 하지만 과연 맞는지 의문이다.

이 책을 통해 우리가 다루려는 근본적인 질문은 이것이다.

- 기억과 뇌에 대해 명확히 아는 것이 교수학습을 이해하는 데 어떻게 도움이 될까?
- 이런 지식이 학습에 어려움을 겪는 학생을 가르치는 데 어떻게 도움이 될까?

기억, 학습의 핵심

지식과 기억은 불가분의 관계다. 지식산업 종사자라면 기억산업에도 종사하고 있는 셈이다. 효율적인 기억 체계는 교실 안이든 밖에서든 모든 학습에 꼭 필요하다. 학생이 교사가 가르치는 내용을 제대로 배우지 못하고 있을 때, 그 문제의 주범 또한 기억 체계다. 어떤 교육 방법이 대부분의 학생에게는 잘 통하는데 일부 학생에게는 왜 잘 안 통하는 걸까. 교사들이 반드시 알고 넘어가야 할 문제다. 이런 의문점을 포함해 이따금 교수학습 과정에서 일어나는 좌절과 실패의 원인까지, 그 해답을 찾기 위해서는 기억이 어떻게 작동하는지 알아야 한다.

다음에 제시하는 사례들은 어쩌면 독자도 직접 겪어본 것일지 모르겠다. 아니면 “도대체 뭐가 어떻게 되고 있는 거지?” 하고 당황했던 경험을 떠올릴 수도 있다.

| 사례 1 |

초등 2학년 교사가 포유동물에 관한 과학 토론을 이끌고 있다. 교사는 포유동물이 공통적으로 갖추고 있는 신체적 특징에 학생들이 주목하길 기대한다. 그런데 한 학생이 집에서 키우는 강아지 이야기를 꺼내더니 강아지와 함께 놀면 좋은 점을 말하기 시작한다. 이 학생은 평소에도 교과 내용을 개인적인 경험에서 접근하며 수업을 방해하는 일이 잦고, 수업을 따라오는 데에도 느린 편이다. 교사는 ‘이 아이는 왜 자꾸 수업 주제에서 벗어나는 거지?’ 하고 생각한다.

| 사례 2 |

동남아시아 출신인 한 5학년 학생이 학습장애 가능성을 진단받고 있다. 교과 공부를 제대로 따라가지는 못하지만 의사소통에는 문제가 없는 것으로 보아 언어 문제는 아닌 것 같고, 실제로 진단을 해봐도 특별한 문제점은 잡히지 않는다.

학생에게 서너 개의 사물 중 나머지 것들과 공통점이 없는 하나를 찾아내라는 과제가 주어졌다. 첫 번째 문제는 스푼, 나이프, 포크, 케이크 그림이다. 학생은 혼란스러워 보인다. 답을 말해보라고 살짝 채근하자 학생은 "잘 모르겠어요."라고 한다. 검사자가 어떻게 하는 건지 다시 설명해준다. 그러자 학생이 소리친다.

"하지만 이것들은 늘 다 같이 있는걸요!"

| 사례 3 |

중학교 3학년 수학 시간. 수업을 전혀 못 따라오는 학생들이 많다. 가르쳤던 내용을 기억하지 못하고, 용어와 개념이 뒤죽박죽되고, 풀이 과정 없이 아무 답이나 적고, 기초부터 몇 번이나 반복해 가르쳤지만 여전히 문제를 풀지 못하는 학생까지, 교사가 아무리 애써 가르쳐도 같은 어려움이 반복된다.

이 책은 이런 상황들을 기억의 관점에서 살펴보며 왜 이런 일이 일어나는지, 어떻게 이해해야 하는지, 교사가 어떻게 대처해야 하는지 도움을 주려고 한다. 교사의 역할은 정말 다양하다. 수업 설계자, 교육과정 전문가, 강사, 평가자, 심리학자, 상담자, 때로는 부모 노릇까지 대신한다. 그런 교사에게 우리는 '학습 전문가'라는 역할 하나를 더 맡아주길 바라고 있다.

사실 아이러니하다. 학습은 당연히 학습자가 있어야 가능한데, 그토록 많은 교사의 역할 중 정작 학습자의 뇌 속에서 학습이 어떻게 이루어지는지에 대해서는 가장 모르고 있는 셈이니 말이다. 대부분의 교사들이 교육대학이나 사범대학, 그리고 교육청 연수를 통해 교수법, 교육과정 설계, 평가, 성적 데이터의 활용 방법 등을 배우지만 정작 학습이 기억 체계의 작동으로 이루어지는 행위라는 점은 제대로 배운 적이 없다. 그러나 학습이 원활히 이루어지지 않거나 문제가 생겼을 때 반드시 진단하고 검토해봐야 할 것이 바로 기억 체계다.

기억이란 무엇인가

다음 활동 중 기억이 작용한다고 생각되는 것을 찾아보자.

- 운전하면서 조수석에 앉은 친구와 대화하기
- 뉴스 기사 읽고 이해하기
- 처음 보는 단어의 뜻과 글자를 나중에 알아보고 사용하기
- 잃어버린 물건을 찾으려고 왔던 길을 거슬러가기
- 오래전 나에게 일어났던 중요한 일을 자세하게 설명하기
- 12, 3, 5를 모두 더하기
- 사랑하는 사람의 얼굴 알아보기
- 어제 한 일 설명하기

• 매사추세츠주의 주도가 보스턴이라는 사실 알기

실제로 기억은 위의 모든 활동에 관여한다. 기억이라고 하면 과거의 경험을 '떠올리는 것(remembering)' 또는 새로운 정보를 '암기하는 것(memorizing)' 정도라고 여기기 쉽다. 그러다 보니 기억이 학습에서 이렇게까지 핵심적인 역할을 한다는 사실은 생소할 수 있다. 하지만 기억은 우리 삶과 정체성의 핵심에 놓인 인지 과정을 가리키는 말이며 삶의 모든 활동 영역을 넘나든다. 우리가 하는 모든 사고와 학습은 기억 체계의 다양한 요소를 끊임없이 불러내 활용하는 일이다.

기억은 인간의 존재와 정체성을 이루는 핵심이다. 삶에서 과거의 사건과 사람들에 대한 기억이 없다면 '나'라는 존재를 어떻게 규정할 수 있을까. 이전에 어디에서 무엇을 했는지 기억하지 못한다면 지금 어디에 있고 무엇을 해야 할지 방향을 잃고 생존조차 어려워질 것이다. 필요한 정보를 저장하고 다시 떠올려 사용하는 능력이 없다면 새로운 것을 배우기란 불가능할 것이다.

기억 체계는 인간의 문화적 진화에도 중심적인 역할을 했다. 문화적 상징 체계와 그 의미를 배우고 다룰 수 있는 능력 덕분에 현대 사회의 근간이 되는 지식과 조직을 구축하게 된 것이다. 언어 역시 기억 체계와 밀접한 관련이 있는데, 언어의 발달로 인간은 추상적인 사고 영역에서 능숙하게 작업하는 능력을 갖게 되었다. 이는 학교교육에서 가장 중요하게 생각되는 능력이기도 하다.

교실에서 학생들은 매일매일 덮쳐오는 산더미 같은 지식의 바다와 사투를 벌인다. 처음 접하는 개념, 이미지, 이름, 날짜, 공식들이 파도처럼 밀려든다. 어떤 학생은 지식의 파도 위에서 즐겁게 헤엄쳐 다니지만 어떤 학생은 허우적대며 힘들어하고, 어떤 학생은 아예 돌덩이처럼 가라앉고 만다.

교사들은 이미 알 것이다. 다른 조건이 모두 같다면 누가 잘 헤엄치고, 누가 허우적대고, 누가 가라앉을지는 어느 정도 예측 가능한 일이다.[3] 하지만 '잘 헤엄칠 가능성이 높은' 학생들뿐만 아니라 모든 학생이 즐겁게 헤엄칠 수 있도록 도와주는 방법에 좀 더 관심을 가져야 하지 않을까. 결국 교사의 능력이란 교사가 있든 없든 유유히 헤엄쳐 다닐 학생들의 성취가 아닌, 교사를 가장 필요로 하는 학생들의 성취로 평가받아야 할 것이다.

다문화가정 자녀, 개별화교육이 필요한 학생들처럼 학교 공부가 쉽지 않은 학생들을 가르치면서 교사는 기억 체계가 학습에 어떤 영향을 미치는지, 이런 현실에 맞게 수업을 어떻게 조정해야 하는지 터득해나가야 한다. 그렇게 할 때 교사로서 가장 많은 것을 얻을 수 있다. 기억이 어떻게 작동하는지 이해하면 학생들 모두가 지식의 바다에서 유유히 헤엄치도록 도울 수 있다.

2장

학습과 기억에 관한 **핵심 개념**

이 장에서는 기억과 학습에 관련된 핵심 개념, 즉 학습이 이루어질 때 뇌에서 벌어지는 일에 대한 기본적인 원리를 살펴볼 것이다.

인간의 학습을 신경생리학적 과정을 토대로 이해하는 일은 매우 중요하다.[1] 교육철학이나 교수법에 드리워진 장막을 걷어내고 학습이 실제로 어떻게 이루어지는지, 적어도 과학이 밝혀낸 수준에서 뇌가 작동하는 방식을 중심으로 조명할 수 있기 때문이다.

첫째,
학습은 기억 체계의 효율적 작동으로 이루어진다

기억이 없다면 학습은 이루어질 수 없다. 감각을 통해 뇌에 유입된 새로운 정보는 장기기억 속의 스키마(schema)와 연결됨으로써 식별되고 의미를 갖게 되며, 그러지 못하면 사라지게 된다. 즉 뇌 속에서 일어나는 의식적 사고 활동, 이를테면 어떤 물체나 사물, 사건에 이름을 붙인다거나 비교 대조, 의견 형성, 언어 처리 등은 모두 장기기억을 바탕으로 이루어지며[2] 뇌의 기억 체계(도표 2.1)가 작동해야만 일어날 수 있다.

대부분의 경우 학습은 다음과 같은 과정을 포함한다.

1. 어떤 형태로든 정보를 표상으로 만들어낸다.
2. 그 표상을 장기기억에 저장한다.
3. 그 표상을 불러와 당면한 상황을 해석하고 문제를 해결한다.

[도표 2.1] 뇌의 기억 체계

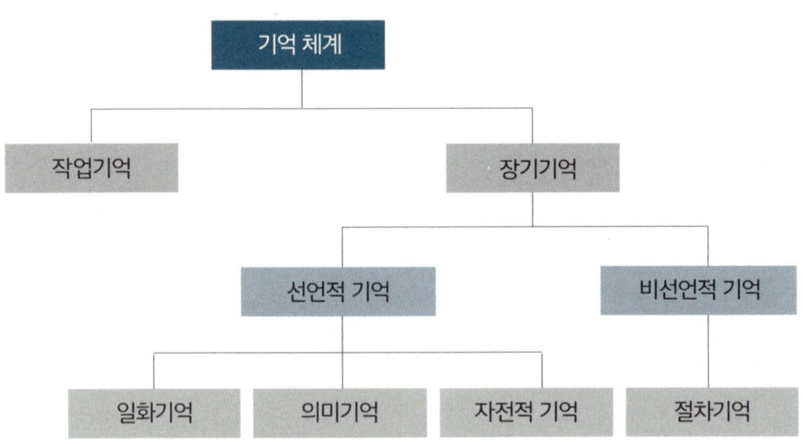

인간은 살아가면서 수많은 문제 상황에 직면한다. 그때마다 기억 속의 지식, 경험, 논리 등을 불러와 새로운 상황에 맞게 조합하고 적용하여 문제를 해결하게 된다. 이처럼 당면한 상황을 이해하고 문제를 해결하기 위해서는 기억 체계를 구성하는 요소들 모두가 조화를 이루며 효율적으로 작동해야 한다. 학교에서도 마찬가지다. 서술형 수학 문제를 풀고, 시를 읽고, 그래프를 해석하고, 에세이를 쓸 때마다 기억 체계 전체를 활용하게 되는 것이다. 따라서 교육과정의 요구 수준에 맞게 학생이 기억 체계를 형성하고 발달시키며 효율적으로 작동하도록 돕는 것, 교육과정의 학습 초점과 내용 흐름을 기억 체계에 맞게 조정하는 것, 이것이 바로 교사의 주된 역할이라 할 수 있다.

둘째,
기억은 뇌에서 일어나는 생리학적 과정이다

뇌는 경험을 통해 끊임없이 변화하고 새롭게 구성된다. 무언가를 배울 때 뇌 속에서는 실제로 신경세포 간의 연결이 강화되거나 새로 만들어지는 생리학적 변화가 일어나며 기억 체계는 새롭게 갱신된다.

인간은 평생에 걸쳐 학습과 경험을 통해 기억 체계를 갱신하고 뇌의 구조를 재조직할 수 있는데 이를 '신경가소성(neuroplasticity)'이라고 한다.[3] 이는 언제든 학습이 가능하며, 학습을 통해 뇌가 달라질 수 있다는 뜻도 된다. 기억은 실제로 뇌 안에서 일어나는 '생리학적(physical)' 과정으로 이해해야 한다. 학습은 뇌를 재구조화하는 것이며, 교사는 학생의 뇌에 새로운 연결을 만들고 강화하도록 돕는 사람이다. 이 사실을 이해해야만 진정한 교수학습 전문가가 될 수 있다.

뇌에는 헤아릴 수 없이 많은 뉴런들로 연결된 체계가 있다. 각각의 뉴런은 축삭(axon)과 수상돌기(dendrite)를 통해 거미줄처럼 얽혀 있다. 축삭은 전기화학적 신호로 다른 뉴런에 정보를 보내는 팔 모양으로 뻗은 부분이고, 수상돌기는 정보를 받는 손가락 모양의 부분이다(도표 2.2). 정보 신호는 한 뉴런의 축삭이 다른 뉴런의 수상돌기와 맞닿아 전달되는데, 그 사이에는 시냅스(synapse)라는 아주 미세한 틈이 존재하며, 복잡한 화학적 과정의 도움을 받아 이 틈을 뛰어넘는다.

학습하는 순간 뉴런에는 온갖 종류의 신호가 쏟아져 들어오는데, 이 신호들이 저마다 관심을 끌기 위해 어찌나 아우성인지 마치 뉴욕 증권거래소 객장처럼 활기 넘치고 왁자지껄하다. "그래, 그걸로!" 하

[도표 2.2] 뉴런

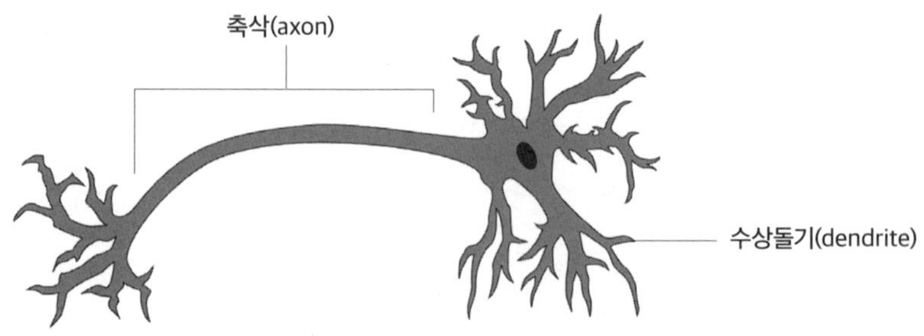

는 긍정적 외침도 있고, "아냐, 그건 아니고!" 하는 부정적 외침도 있다. 뉴런은 이들 신호를 선별해 어떤 신호는 신경망을 따라 전송하고, 어떤 신호는 배제한다. 배제된 정보는 신경망 내로 들어오지 못하고 훗날 사용을 위해 저장되지도 않는다.

필요에 따라 정보를 선택하거나 배제하는 일, 이것은 학습의 핵심적 과정 중 하나다. 성공적인 학습자는 바로 정보를 선별하는 능력, 무엇을 선택하고 무엇을 버릴지 결정하는 능력이 뛰어난 사람이다. 바꾸어 말하면 학습이 부진하고 어려운 학생에게는 바로 이 부분이 가장 큰 걸림돌로 작용할 수 있다. 대체 그게 뭐 그리 어려운 일인가 싶겠지만 실제 수업에서 다양한 내용이 거대한 파도처럼 밀려들어올 때, 어떤 학생들은 눈앞에 가장 가까이 있는 것, 가장 분명해 보이는 것, 가장 쉬운 것들을 본능적으로 꽉 부여잡는다. 문제는 그것이 가장 좋은 선택이 아니라는 점이다.

뉴런이 활성화되면 축삭은 미엘린 수초(myelin sheath)라는 끈적끈적한 물질로 뒤덮인다.[4] 이것을 수초화(myelination)라고 한다(도표 2.3). 어떤 내용과 관련해 뉴런이 자주 활성화되면 해당 축삭 둘레의 끈적끈적한 코팅층이 한층 두터워진다. 연결이 자주 사용될수록 연결 회로는 더 강화되며 회로는 더 쉽고 빠르게 작동한다. "연습은 완벽을 만든다."고 강조하지만 정확히 말하자면 연습을 통해 '끈적끈적한 연결'을 만든다고 말할 수 있으며, 이 연결은 영구화되기도 한다.

수초화와 관련하여 알아두어야 할 흥미로운 사실이 있다. 수초화로 인해 일체 또는 거의 사용되지 않는 연결부위가 뇌에서 사라지는 것을 막을 수 있다는 것이다.[5] 뇌는 때때로 불필요한 연결을 정리하는 작업을 한다. 마치 컴퓨터를 오래 사용하면서 이따금 파일을 정리하고 청소하듯 말이다. 이 작업을 '가지치기(pruning)'라고 부르며, 거의 사용하지 않는 연결은 가지치기 대상이 된다. 그런데 수초화가 진행되면, '이 연결부는 손대지 말고 남겨 두라'라는 신호 역할을 하게 되므로 가지치기 당하는 일을 막아줄 수 있다.

▶ 발화와 연결

학습한 정보는 자극과 반응을 통해 기억에 남게 된다.[6] 캐나다의 심리학자 도널드 헵(Donald Hebb, 1949)은 이 과정을 다음과 같은 말로 간결하게 표현했다. "Neurons that fire together, wire together(함께 발화한 뉴런은 함께 연결된다)." 이 말은 학습이 일어날 때마다 특정 뉴런들이 동시에 활성화되면서 그들 사이의 연결이 점점 강화되고 공

[도표 2.3] 수초화

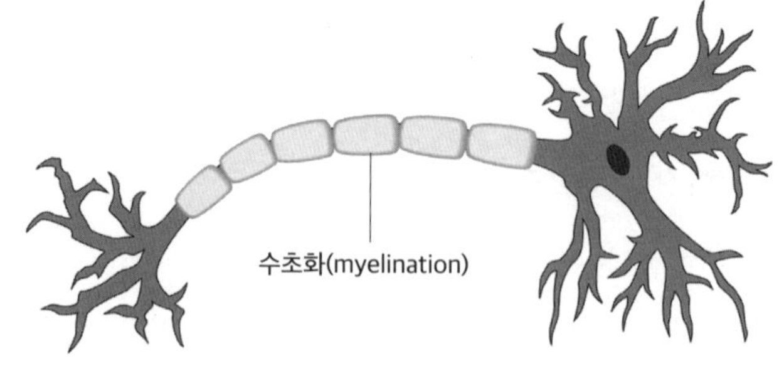

고해지는 생리학적 변화를 설명한다.

주변을 둘러보다 무언가에 주의를 기울이면 뇌는 자동으로 그것과 관련된 정보를 뇌 속의 신경망과 연결한다. 어떤 아이가 개와 마주쳤을 때 '개'라는 말이 들리면, 뇌 속에서는 개의 이미지와 '[개]'라는 소리 사이에 연결고리가 만들어지는 것이다. 시간이 지날수록 뇌에서는 개라는 특정 동물의 표상을 구성하는 신경망이 [개]라는 언어적 표상과 더욱 촘촘히 연결된다. 이렇게 해서 아이가 학습한 정보는 아이의 기억 속에 안정적으로 자리 잡는다.

학습의 이러한 생리학적 특성과 뇌의 신경가소성은 교육에 중요한 통찰을 준다. 오랫동안 사람들은 아동이 특정 시기까지 발달, 행동, 인지, 학습 면에서 일정한 수준에 도달하지 못하면 더 이상 성장할 수 없다고 생각했다. 13세가 되어서도 읽기에 능숙하지 못한 아이를 보며 이 아이는 본래 읽기를 잘할 능력이 없다고 판단했던 것이다. 그러나 최근의 인지과학 및 교육학 연구들은 그런 생각이 오히려 교육적으로 문제가 있음을 보여준다. 아동의 잠재력을 보는 시각을 가로막기 때문이다. 기억 체계의 작동 원리를 이해하는 것은 학습이 부진한 학생을 도울 수 있는 새로운 도구를 얻는 것이나 같다. 이 도구는 학생을 바라보는 교사의 눈을 넓히고 스스로 사고할 줄 아는 학습자로 성장하게 도울 것이다. 수면 부족, 부실한 식사, 운동 부족은 뇌의 뉴런 생성을 저해한다는 사실에 주목해야 한다. 교실에는 실제로 이런 조건에서 생활하는 학생들이 적지 않다. 이들이 학습 과정에서 겪는 어려움은 단순히 공부하려는 의지가 부족하거나 게을러서가 아니라, 신경학적 한계와 생리적 제약에서 비롯될 수 있다. 이런 사실을 알고 있는 교사라면 수업 진도나 내용을 학생에 맞게 조정할 필요를 느낄 것이다. 학교 차원에서도 이런 어려움을 지원하는 제도를 마련할 수 있다. 학생이 언제든 먹을 수 있는 간단한 음식을 갖춰 놓거나 일과 속에 몸을 움직이는 활동을 자연스럽게 포함시키는 것도 중요하다. 교과 진도 때문에 쉬는 시간을 줄이거나 놀이와 신체 활동 시간을 없애는 일은 바람직하지 않다. 교장이나 교감, 교육청 관계자, 그리고 정치인이나 관료들이 흔히 생각하는 학습의 본질과는 다르지만 학생들의 뇌는 이런 것들이 학습에 얼마나 중요한지 잘 알고 있다.

셋째,
뇌는 다양한 경로로 정보가 들어올 때 더 잘 학습한다

인류 역사를 통틀어 인간의 학습은 직접 경험, 즉 오감의 총 동원을 통해 이루어졌고 뇌는 다중감각을 통한 학습을 선호하도록 진화해왔다. 반면 오늘날의 학습은 학교교육과 글을 읽고 쓰는 일 중심으로 이루어지고 있는데, 이는 뇌가 본래 선호하는 학습 방식이나 경험과는 거리가 멀다. 누구나 알다시피 직접 해보며 체험하는 학습이야말로 가장 기억에 오래 남고 즐겁게 배울 수 있는 방식이다.

뇌는 각 부위별로 특정한 과제를 담당하도록 되어 있다. 감각 처리, 신체 운동, 언어 처리, 수학적 처리 등 각각 담당하는 영역이 있으며 뇌 속의 신경망을 통해 비로소 연결되고 통합되는 것이다. 보고 들은 것(감각 처리)을 말로 이야기하는(언어적 처리) 일은 이런 과정을 통해 이루어진다. 장기기억 속의 정보를 불러와 언어적으로 표현하는 것도 마찬가지다. 덕분에 지난 7월에 떠났던 가족 여행의 기억을 8월에 떠올려 가족들과 친구들 앞에서 이야기할 수 있고, "여름방학 동안 무엇을 했는지 최대한 자세히 써보세요."라는 글쓰기 과제를 수행할 수 있게 된다.

▸ 표상의 신경망

뇌는 다중감각을 통한 학습을 선호한다. 이 말은 뇌의 기억 체계에 들어온 정보가 어떻게 저장되는지를 설명해 준다. 뇌에 입력된 정보는 뇌의 다양한 영역, 즉 언어, 비언어적 이미지, 감정, 소리, 감각, 냄새 등과 연결된 분산 신경망 속에 표상의 형태로 저장된다.[7]

다음 그림을 보자.

그림을 보는 순간 뇌에서는 시각 처리 영역과 함께 망치를 사용할 운동 관련 영역의 신경망이 동시에 활성화된다. 그래서 망치의 이미지를 다시 떠올리고 어떻게 사용하는지도 '안다'. 이 신경망은 '망치', '도구'라는 개념 및 단어와 연결된다. 즉 무언가 배웠다는 것은 뇌의 여러 영역에 걸쳐 새로운 신경망이 형성되고, 그 안에서 경험과 의미가 서로 연결된 표상이 만들어졌다는 뜻이기도 하다.

이 신경망은 의미기억 속에서 서로 연결되어 작동한다. 그래서 글을 읽을 때 단어의 의미를 처리하는 동시에 그 단어와 관련된 여러 가지 이미지나 감각들이 함께 뇌 속에 떠오르는 것이다.[8]

▸ 다중감각을 이용한 학습

"어떤 정보를 여러 감각을 통해 받아들이면, 나중에 그 기억을 떠올릴 때에도 더 많은 뇌 연결망을 활용할 수 있다. 즉 기억 인출에 한 가지 이상의 단서를 사용할 수 있으므로 훨씬 유리하다."

신경과 전문의이자 교사인 주디 윌리스(Judy Willis)가 한 말이다(2006, p.10). 구체적인 예를 들어보자. 어떤 과학 개념에 대해 가르칠 때, 먼저 개념 설명과 관련된 영상을 보여주고, 같은 개념을 다룬 글을 읽게 하고, 그림이나 도표, 그래픽 오거나이저, 차트 같은 시각자료를 함께 제시한다면, 그 개념을 세 가지 학습 경로로 배우게 된다. 이렇게 하면 장기기억에 저장하고 인출하는 데 관여하는 신경망이 한층 더 잘 형성되게 도울 수 있다.

여기에 더해 학생들이 그 정보를 직접 다루는 활동을 해보게 하면 더욱 촘촘한 신경망이 만들어질 수 있다. 정보를 정리하고 분류하며, 범주화하고, 문제해결 방법을 모색하거나 실험과 프로젝트를 수행해 보도록 하자. 시각자료, 조작적 교구, 실물 관찰, 역할극 등은 언어 중심의 강의보다 훨씬 더 흥미로울 뿐만 아니라 학습 내용을 다양한 감각으로 뇌에 받아들이게 해준다. 교실 수업은 이처럼 다양한 학습 경로, 최소한 두 가지 이상의 감각을 활용한 방식으로 진행되어야 바람직하다.

넷째,
우리가 경험하는 현실은 뇌 속 표상에서 나온다

지식의 본질은 장기기억에 저장된 일종의 표상이라 할 수 있다. 흔히 이것을 '스키마(schema)'라고 부르는데, 이는 본래 환경 속에서 경험하거나 마음 속으로 떠올린 생각에 따라 활성화되는 신경세포들의 연결망이다. 무언가를 '안다', 어떻게 하는지 '안다'고 할 때 그것은 그와 관련된 스키마, 곧 장기기억에 저장된 표상에 접근해 활성화할 수 있다는 뜻이다.

이렇게 활성화된 스키마는 우리가 일상에서 무슨 일을 계획하거나, 문제를 해결하거나, 새로운 지식을 배우는 데 필요한 사고의 기반이 된다. 우리 주위 환경에는 수많은 정보들이 있다. 천둥 소리, 교사가 던진 말 한 마디, 책 속에서 읽은 한 문장처럼 말이다. 이들 감각정보가 기억 속에 이미 저장되어 있는 지식표상과 연결됨으로써 학습이 이루어진다는 것, 이는 매우 중요한 통찰이다.

주변에서 어떤 일이 일어나고 있음을 느끼고 의식했을 때, 이미 뇌는 최초에 들어온 감각정보를 처리하고 관련 스키마를 활성화하여 새로운 지식표상 하나를 만들어 놓은 후이다. 우리는 그렇게 형성된 지식표상을 이용해 생각하고 판단하며 상황에 맞게 반응한다. 실제로 생각하고 배우고 행동할 때마다 뇌는 장기기억 속에 저장된 스키마를 불러와 작동하고 있는 것이다.

감각 세계의 정보가 기억 체계로 곧바로 들어가는 것은 아니다. 뇌의 여러 영역들이 긴밀히 연결해 매우 빠른 속도[9]로 정보를 처리하다 보니 외부 자극에 대해 '즉각' 반응하는 것처럼 보이지만 실제로는 그렇지 않다. 말, 개념, 이미지, 감정, 좋고 싫음, 경험적 해석 등 각자가 머릿속에 구축해 놓은 구조를 통해 처리하고 인식하는 것이다.

학생은 주어진 정보를 무조건 받아들이고 저장하는 컴퓨터가 아니다. 각자의 내적 스키마를 바탕으로 교사의 설명을 해석하고, 의미를 만들고, 그 내용을 다시 구성하는 존재다. 학습은 외부에서 주입되는 설명이나 가르침보다 학습자 내부에서 일어나는 인지 과정에 의해 좌우되는 것이다. 따라서 수업을 설계할 때 뇌의 작동 원리를 감안한 다음 세 요소를 반드시 포함할 필요가 있다.

- 배경지식 구축
- 오개념 드러내기
- 학습 모니터링

▶ 배경지식 구축

'배경지식 구축'은 많은 교사들이 이미 하고 있는 일이다. 수업에 들어가기 전 학생들에게 이전에 배웠던 관련 내용이나 학교 밖에서 경험한 일을 떠올려보게 하는 것이 바로 그것이다.

기억 체계의 관점에서 보자면 어떤 수업에서든 해당 수업 내용과 연관된 스키마가 활성화되도록 하는 것이 중요하다. 어떤 주제에 대해 학습자들이 기억을 떠올리고 이야기할 시간을 충분히 주면 장기기억 내 연관 신경망을 활성화할 수 있다.

하지만 모든 학생들이 예전에 배운 내용을 지금까지 뚜렷하게 기억할 것으로 기대하기란 무리다. 과연 그들이 처음 그 내용을 접했을 때 새로운 정보를 장기기억 속에 저장하고 기존의 정보망과 잘 통합했을까? 대부분 그 내용을 어렴풋이 기억하는 데 그칠 것이다. 이런저런 이유로 수업에 빠졌거나 전혀 그 내용을 이해하지 못한 학생들도 당연히 있을 것이다.

따라서 학생들이 교실에서의 경험뿐만 아니라 교실 밖 개인적인 삶의 경험과도 연결되게 해야 한다. 모든 학습자들은 학교 외에도 가정과 이웃, 지역사회 속에서 살아가면서 다양한 지식과 경험을 쌓게 되므로 그것과 수업 내용의 연결고리를 찾는 것은 언제나 가능하다. 교사는 새로 가르칠 내용이 학생이 가장 잘 알고 친숙하게 느끼는 정보, 즉 학생의 삶과 연결될 수 있게 도와야 한다.

실제로 삶의 경험은 학교에서 배우는 거의 모든 내용과 어떤 식으로든 맞닿아 있다.[10] 한 예로 운동장에서 친구와 다투었던 경험을 토대로 미국 독립전쟁과 연결해 가르칠 수 있는데, 이는 둘 다 '갈등'이란 공통점이 있기 때문이다. 글쓰기를 가르치기 전 자신의 생일 파티를 어떻게 준비할지 이야기하게 해보라. 그러면 사전 계획 수립과 자료 조사의 중요성을 자연스럽게 이해하게 될 것이다.

추론, 곱셈, 과학적 탐구 방법 같은 주제를 실생활과 연결하려면 어떻게 해야 할까? 역사적 사건에 드러나는 '부당하게 자신의 힘을 정당화하는 논리'를 실생활 속에서 예를 들어 어떻게 설명할 수 있을까?(55~56쪽 예시 참고) 이렇게 생각하기 시작하면 실제 삶과 학습 사이의 연결고리가 점점 더 잘 보일 것이다.

학습이 가능한 것은 새로운 지식을 쌓아올릴 수 있는 배경지식이 존재하기 때문이다. 누구든 자기 경험은 신나게 이야기할 수 있으므로 수업에서 꺼내놓는 각자의 경험들도 새로운 학습의 출발점이자 기반이 될 수 있다. 이렇게 되면 학생들은 전 같으면 거의 관심을 두지 않았을 수업에 흥미와 의욕을 보이며 임하게 된다. '어, 이거 내가 알고 있는 거야!'라는 익숙함과 자신감을 갖게 해주고, '어렵고 따분한 걸 또 배워야 하네…….' 같은 부정적 감정을 줄여 준다.

학교 안 학습과 학교 밖 삶을 연결하는 것은 조상들로부터 물려받은 문화적 자원 및 인지도구를 자신의 의미기억 체계 속에 온전히 통합하는 일이기도 하다. 배경지식 구축은 기억 체계가 효율적으로 작동하는 데 매우 핵심적이고 중요한 요소이므로 앞으로 이 책을 읽는 동안 여러 번 다루게 될 것이다.

▸ 오개념 드러내기

학생들이 알고 있는 내용이 더러 잘못된 것일 수 있다. 어떤 개념을 잘못 이해한 채 받아들이고 그것이 새로운 학습에 대한 엉터리 바탕지식이 되기도 한다. 이렇게 형성된 오개념은 시간이 지날수록 더 굳어져 바로잡기 점점 더 어려워진다.

한번은 켄이 1988년 옐로우스톤 국립공원에서 발생한 대형 산불을 다룬 책으로 수업을 한 적이 있다. 산불 이후 불거진 논쟁을 다룬 책이었는데, 산불을 꺼야 하는지 그냥 두어야 하는지에 대해 저자는 이 책이 논쟁 자체를 다룰 뿐 어느 입장이 옳은지 판단하려는 것은 아니라고 뒤 표지에 분명히 밝히고 있었다. 학생들과 함께 책을 읽고 난 뒤 켄은 이해 여부를 확인하기 위해 물었다.

“저자는 옐로우스톤 국립공원에서 발생한 산불에 대해 좋다고 생각하는 걸까요, 나쁘게 생각하는 걸까요?”

학생들은 모두 하나같이 나쁘게 생각한다고 대답했다. 왜일까? 전년도에 이 학생들은 화재 안전 단원을 공부했는데 그때의 학습이 불은 위험하고 해로운 것이라는 오개념의 틀을 만들었던 것이다. 겉으로는 표지에 쓰인 저자의 생각을 이해한 것처럼 보였지만, 켄이 던진 질문이 아니었다면 학생들은 '불은 위험하고 나쁜 것'이라는 기존 틀에 근거해 수업 내용을 잘못 이해하고 넘어갔을 가능성이 있다. 이처럼 주제에 대해 학생이 이해하고 있는 내용을 점검하고 확인하기 위한 질문은 많을수록, 다양할수록 좋다.

▶ 학습 모니터링

학습이 진행되는 동안 학생이 제대로 잘 이해하고 있는지 확인할 필요가 있다. 이것이 바로 형성평가(formative assessment)로서, 학생이 잘못 이해했거나 제대로 이해하지 못한 내용, 오해, 틀린 정보 등이 머릿속에 뿌리박히기 전 바로잡을 기회가 된다.

형성평가 기법으로 흔히 사용되는 것들인 '순서대로 돌아가며 이야기하기(turn-and-talk)', '짝과 생각 나누기(think-pair-share),' '학습 일지(learning log reflections)' 등은 학생 스스로 자신의 학습을 돌아보고 자기 것으로 다지게 도와준다. 이런 활동에서 학생이 말하거나 쓰는 내용을 주의 깊게 살피면 실제로 이 내용을 어느 정도 이해했는지 파악할 수 있을 것이다.

다섯째,
감정의 뇌, 변연계를 고려해야 한다

변연계(limbic system)는 뇌의 감정 조절 중추다.[11] 감정에 대해 우리가 꼭 알아야 할 중요한 사실은, 감정 역시 그 자체로 지능의 한 유형이라는 것이다. 분노, 두려움, 기쁨과 같은 감정은 주어진 상황에 대한 '변연계의 평가'라고 할 수 있다.

변연계는 장기기억에 저장된 지식표상을 바탕으로 현재 처한 상황을 해석하고 우선순위를 판단한다. 지금 학습하는 내용에 대해 변연계가 중요하다고 판단하지 않거나, 학습 환경에서 위협적인 요소를 감지할 경우, 또는 그냥 막연히 불편함을 느끼는 경우, 기억 체계에서 학습을 위한 활성화가 일어나기 어려워진다. 교사의 입장에서 생각해보자. 그리 흥미롭지도 필요하지도 않은 주제에 대해 교육청에서 연수교육을 실시한다고 하면 어떨까? 억지로 참석한다 해도 강사가 그저 슬라이드 내용을 읽기만 한다면 어떻게 될까? 변연계의 반발로 인해 연수 내용은 머릿속에 거의 남지 않고 짜증만 치솟을 것이다.

불안, 두려움, 단절감, 혼란, 분노 같은 감정은 모두 변연계로 하여금 뇌에 움츠리거나 관심을 끊으라는 신호를 보내게 한다. 만약 그런 느낌을 학생들이 수업에서 받게 된다면 학습은 제대로 이루어질 수 없다. '선생님이 나를 싫어하는 것 같아.' '친구들이 나를 따돌리는 게 아닐까?' '나는 공부를 못하니까 어차피 안 돼.' '진도가 너무 빨라. 도저히 못 따라가겠어.' 어떤 이유에서든 학생이 이렇게 느낀다면 학습에 필요한 기억 체계를 활성화하기란 거의 불가능하다. 감정적 반응이 활성화를 막아서기 때문이다.

학생의 변연계가 긍정적으로 작동하지 못하면 수업이 아무리 훌륭해도, 최고의 교수법으로 아무리 열심히 지도한다 해도 학습은 제대로 일어나기 어렵다. 어쩌면 집이나 거리, 버스 안에서 겪었던 부정적 경험에 붙잡혀 헤어나지 못하고 있을 수도 있다. 그러기에 편안하고 안전하게 느껴지는, 마음을 열 수 있는 수업 환경을 조성하는 일은 무척이나 중요하다. 그러지 못하면 학생이 학습할 수 있는 가능성 자체를 완전히 닫아버릴 수가 있다. 스트레스를 받으면 뇌에서는 스트레스 호르몬이 분비되어 '동굴 모드(hunker down mode)'로 빠져들게 된다.[12] 이 경우 변연계가 과도한 경계 상태를 취하기 때문에 명쾌한 사고가 힘들어지고 학습이 어려워지며, 작업기억도 장기기억 시스템도 제대로 작동하기 힘들다.

안타깝게도 많은 아이들이 스트레스가 많은 환경에서 살아가고 있다. 등교할 때 이미 스트레스 호르몬과 힘겨운 싸움 중인 경우도 많다. 이는 학생 스스로 학습하는 능력을 키우는 데 직접적이고 부정적인 영향을 끼친다. 3장과 5장에서는 이에 대해 좀 더 자세히 살펴볼 것이다.

지금까지의 논의를 통해 학생에게 따뜻하고 안전하며 스트레스가 없는 교실을 만드는 일이 얼마나 중요한지 많은 교사들이 인식하기 바란다. 이런 교실과 수업 환경을 만들기 위해 시간과 정성을 쏟을 필요가 있다는 사실 또한 분명하다.

| 수업 적용 |

어떤 것이든 더 많이 알수록 더 잘 활용할 수 있다. 교수학습 전문가가 된다는 것은 이런 점에서 분명 가치가 있다. 학습의 생리학적, 신경학적 실체를 잘 알고 더 깊이 이해할수록 이러한 원리를 잘 활용하여 가르칠 수 있기 때문이다. 이는 학생에게도 마찬가지로 적용될 수 있다. 교사가 알아야 할 모든 것은 학생에게도 유용하고 도움이 된다.[13] 예를 들어 '배경지식 없이는 학습이 일어나지 않는다.'라는 사실을 학생들이 알게 되면 어떨까? 학생 스스로 이전에 배운 내용을 떠올려보거나 모르는 내용을 알아보기 위해 적극적으로 노력할 것이다.

'수초화(myelination)'라는 현상을 알게 된다면 어떨까? "전에 다 배우고 연습한 건데 왜 자꾸 또 해요?"라고 불평할 때 "자꾸 반복하고 연습할수록 '끈적이'가 많아져서 더 잘 기억될 거야."라고 설득할 수 있을 것이다.

이 장에서 언급한 다섯 가지 핵심 개념들은 학생 자신의 학습이 어떻게 이루어지는지 배우는 수업의 재료가 될 수 있다. 개념을 배우고 나면 직접 그 과정을 몸으로 표현해 보거나, 노래로 만들어 부르거나,

만화나 인포그래픽으로 흐름도를 그려보아도 좋다.

작업기억이나 장기기억 등 서로 다른 기억 체계에 대해서도 학생들이 배울 기회를 주도록 한다. 공부할 때 자신의 뇌가 어떻게 작동하는지, 무엇이 학습을 더 쉽게 만드는지, 무엇 때문에 공부가 복잡해지고 방해를 받는지 알게 되면 한층 더 나은 학습자가 될 수 있다. 또한 자신의 학습 방식을 스스로 조율하거나 학급 전체를 위해 함께 목소리를 낼 줄 아는 주체적인 학습자로 성장하게 될 것이다.

맺으며

앞으로 기억 체계의 각 부분을 자세히 살펴보겠지만, 그 전에 학교교육의 바탕이 되는 사회문화적 맥락을 먼저 짚고 넘어가려 한다. 지금까지 생리학적, 신경학적으로 설명한 기억 체계의 주요 요소들은 본질적으로 문화적 영향에 깊이 좌우되기 때문이다. 그렇다. 학습은 사회문화적 과정이다. 기억이 어떻게 구축되고 작동하는지, 그리고 어떤 아이들은 왜 학습에서 어려움을 겪는지 온전히 이해하려면 다음 장의 내용에 관심을 기울일 필요가 있다.

● 추론 연습

추론이란 직접적으로 제시되지 않은 정보를 맥락이나 단서를 통해 스스로 알아내는 사고 과정이다. 모든 아이들은 부모, 교사, 친구 등 주변 사람들의 표정과 말투, 몸짓, 눈빛 등을 통해 그 사람의 기분이나 상황을 읽어낼 수 있다. 즉 아이들은 이미 일상 속에서 자연스럽게 추론을 하고 있는 셈이며, 교사는 질문을 통해 이를 확인할 수 있다. 다음과 같이 질문해 보자.

- 엄마나 아빠께 무언가 부탁하고 싶었는데, 막상 다가선 순간 '지금 그럴 때가 아니구나.' 싶었던 적이 있는가?
- 부모님께서 하지 말라셨던 일을 했을 때, 표정만 보고도 부모님께서 화가 나신 것을 눈치챘던 적이 있는가?

● 곱셈 연습

일상생활에서 우리는 묶음 단위로 전체를 헤아리는 경우가 많다. 즉 곱셈이라는 개념이 이미 생활 속에 존재하고 있는 것이다. 다음과 같이 질문해 보자.

- 쿠키나 봉지 과자를 먹은 적이 있는가? (이 질문 이후 자연스럽게 한 봉지에 과자가 몇 개 들어 있었는지 물어볼 수 있다.)
- 부모님께서 자동차에 주유하는 모습을 본 적이 있는가? (이 질문 후 자연스럽게 휘발유 단가와 주유한 수량을 물을 수 있다.)

- 농구에서 슛이 성공했을 때 점수는 어떻게 되는가? (이 질문 후 자연스럽게 성공 횟수와 점수 사이의 곱셈이 연결된다.)

● 과학적 탐구 연습

과학적 탐구는 어떤 문제에 대해 가설을 세우고 이에 따라 시행과 조정을 진행하는 과정이다. 다음과 같이 질문해 보자.

- 부모님께 무언가 부탁드렸을 때 안 된다고 거절당할 경우 어떻게 하는가? 나중에 다시 부탁하는가, 아니면 다른 방식으로 바꾸어 부탁하는가?
- 컴퓨터 게임에서 레벨업 방법을 어떻게 알아내는가?

아이들은 이런 상황에서 자신의 기존 경험을 바탕으로 가설을 세우고, 그에 따라 시도하고, 결과에 맞게 행동을 조정할 것이다. 즉 생활 속에서 끊임없이 과학적 탐구를 연습하고 있는 셈이다.

● 부당하게 자신의 힘을 정당화하는 논리

힘이나 우위를 가진 쪽에서 자기 뜻대로 행동하고서 당연한 일인 양 정당화하는 사례는 참으로 많다. 다음 질문을 통해 경험을 이끌어내고 왜 부당하게 느껴졌는지 이야기해 보도록 하자.

- 형이나 누나는 언제든 내 방에 들어와 내 물건에 함부로 손대고 가져가곤 한다. 하지만 동생인 나는 그렇게 하지 못한다. 이런 상황을 경험한 적이 있는가?
- 위 상황에서 동생이 아니라 형이나 누나로서 그렇게 한 적이 있는가?

3장

학습의 사회문화적 기반

학습자는 뇌라는 신경생물학적 측면과 동시에 사회문화적 배경을 지닌 존재다.[1] 따라서 뇌를 어떻게 활용해 학습하는지 알아야 하는 것은 물론이고 사람들과의 관계, 대화, 협동 같은 사회적 상호작용이 뇌와 학습에 어떤 영향을 미치는지 이해해야만 수업의 효과를 높일 수 있다.

학습 과정에서 기억 체계가 작동하는 방식과 더불어 학습이 지닌 사회문화적 뿌리를 함께 파악할 때, 교사는 문화적·언어적으로 다양한 배경을 가진 학생들을 더욱 잘 이해할 수 있다. 실제로 학습에 어려움을 겪는 학생들 중 상당수는 이런 학생들일 것이다.

먼저 학습을 사회문화적 활동으로 이해하는 데 핵심이 되는 세 가지 개념을 자세히 살펴보자. 이들은 책 전체를 관통하는 핵심적인 개념으로 앞으로도 계속 언급될 것이다.

세 가지 핵심 개념

▸ 첫째, 기억은 사회문화적으로 구성된다

뇌는 장기기억에 저장된 지식표상을 바탕으로 현실 세계를 이해하도록 설계되어 있다. 학생들은 각자 구축해 놓은 지식표상을 통해 수업 내용을 해석하는데 이 해석은 문화의 영향을 깊이 받는다. 문화는 세상을 바라보고 이해하는 방식을 형성하는 토대다. 다시 말해 무엇을 중요하게 여기는지, 사물을 어떻게 나누고 구분하는지, 어떤 근거로 생각을 이어가며, 무엇과 무엇을 비교할지 결정하는 것이다. 이렇게 볼 때 '학습과 기억에 관한 핵심 개념'(2장)과 '학습의 사회문화적 기반'(3장)은 인간의 내부에서 일어나는 뇌의 작용과 외부에서 일어나는 사회문화적 영향이 어떻게 학습을 형성하는지 설명해주는 연결고리라 하겠다. 학습은 본질적으로 사회문화적 과정[2]이라는 사실을 반드시 유념하기 바란다.

다섯 살짜리 아이가 있는 한 가족이 동물원을 방문했다. 가족들은 지금 코끼리 우리 앞에 서 있고 부모와 아이가 대화를 나눈다. 무슨 내용일까? 아마 눈앞에서 보고 있는 코끼리에 대한 대화일 것이다. 부모는 코끼리 코가 뱀처럼 생겼다든지 귀가 엄청나게 큰 부채 같다든지 하는 말로 아이의 관심이 코끼리의 특징에 쏠리도록 이끈다. 대화는 집으로 돌아오는 차 안에서도 계속 이어진다. 아마도 오늘 구경한 것에 대한 이야기일 것이다. 이렇게 해서 아이의 머릿속에는 코끼리를 포함해 동물원 구경을 하며 보고 들은 것들, 부모와 나눈 이야기 중심으로 기억이 형성된다. 그날 저녁식사 무렵 아이는 또다시 질문을 받을 수 있다. “우리 처음에 본 게 뭐였지?” “코끼리는 코로 뭘 했더라?” “넌 뭐가 제일 좋았니?” 아이는 질문에 대답하기 위해 기억을 떠올리고, ‘동물원’이라는 주제에 대해 아이와 부모가 합작하여 이야기를 구성해 나간다. 이 과정에서 아이는 코끼리 외의 다른 동물들, 동물원 방문 경험, 질문하는 방식과 중요성을 배우게 되며, 더 주의깊게 집중해야 하는 정보는 무엇인지 구분하는 등 지식의 범주를 확장할 수 있다.

직접 경험은 중요하지만, 그 경험 역시 이미 머릿속에 형성된 지식과 개념, 즉 내적 지식표상을 바탕으로 해석되는 것이다. 이 말은 학습이 직접 경험 자체가 아니라 그 경험을 어떻게 다루고 해석하는가에 따라 이루어진다는 것을 시사한다. 가족, 친구, 선생님을 비롯한 타인과 나누는 대화와 상호작용 속에서 아이들은 세상이 어떻게 돌아가는지, 자신이 어떤 위치에 있는지 배워나간다.[3] 특정한 유형의 경험에 주목하고 기억하며, 그것을 해석하고 이야기로 구성하고, 결론을 이끌어내도록 훈련받는다. 시간이 지날수록 이러한 경험은 각자의 지식 기반이 되고 세상에 대한 개념의 토대를 이룬다. 타인과 경험하는 상호작용은 이처럼 학생의 지식, 사고방식, 언어 사용 방식을 형성하는 데 중요한 역할을 하며, 이러한 특성은 향후 학교 공부에 적합할 수도, 그렇지 않을 수도 있다.

앞에서 예로 든 동물원 구경 이야기(60~61쪽)는 익숙한 독자들이 많을 것이다. 하지만 똑같은 경험이라도 부모가 어떤 점에 주목하는가에 따라 아이가 배우는 내용은 달라질 수 있다. 즉 부모마다 자신이 속한 문화적 특성이나 생활 환경에 따라 주목하는 측면이 다르다는 뜻이다.

코끼리를 힘든 노동에 주로 쓰는 동남아시아의 어느 마을 부모라면 어떨까? 코로 커다란 통나무를 들어올리는 동작이나 사람을 태울 만큼 튼튼하고 굵은 목과 다리 같은 것을 언급할 수도 있고, 아예 그런 이야기를 하지 않을 수도 있다. 그들에게 코끼리는 감상하거나 구경하는 대상이 아니라 집안과 마을의 생계를 떠받치는 노동력이기에 설령 동물원에 가서 코끼리를 본다고 해도 "무엇이 가장 좋았니?" "이 동물의 어떤 점이 마음에 들어?"와 같은 감성적인 대화는 시도하지 않을 것이다. 이런 대화를 수백 번 거치다 보면 아이들 역시 그러한 사회문화적 맥락에서 코끼리와 주변 세계의 정보를 저장하게 된다. 동시에 대화는 어른이 주도해 이끌어간다는 사실도 자연스럽게 배울 것이다.

아이들은 부모, 지역사회 구성원, 교사, 또래 친구들을 통해 언어를 사용하고 경험을 해석하는 방식을 배워나간다.[4] 이렇게 형성되고 발달한 기억 체계는 훗날 학교에서 진행되는 학습과 평생의 배움에 직접적인 영향을 끼친다. 한마디로 말해 '기억은 사회문화적으로 구성된다.'

▶ 둘째, 학습자는 크게 두 가지 성향으로 구분된다

학습에는 뚜렷하게 구분되는 두 성향이 있다. 교실 안의 학생들은 대부분 이 둘 중 하나에 속하기 마련이다.

문해지향성이 높은(literacy-oriented) 학습자[5]

학교 공부에 익숙하고 우수한 학생들은 대체로 글을 읽고 쓰는 데 거부감이 없다. 이런 성향은 학교에서 이루어지는 수업이나 시험 상황에 유리하게 작용한다. 이들은 정규교육을 많이 받은 부모나 보호자 밑에서 성장했고 어릴 때부터 언어 및 인지 스킬을 빠르게 터득한 덕분에 학교 공부에 유리한 위치에 선다. 앞서 예로 든 동물원 이야기에 등장한 부모와 자녀가 이런 유형이다. 실제로 문해지향적인 환경에서 자란 아이는 그렇지 않은 환경, 특히 교육 수준이 낮은 부모 아래서 자란 아이에 비해 높은 학업성취도를 보여준다.

도표 3.1은 국가학업성취도평가(NAEP) 자료를 바탕으로 중학교 3학년 학생들의 성적을 부모의 최종 학력 수준별로 구분해 나타낸 것이다. 부모의 학력이 대졸 이상인 아이들은 고등학교 졸업인 부모의 아이들보다 훨씬 성적이 높았다. 고등학교를 졸업하지 못한 부모의 아이들과는 그 격차가 더욱 크게 나타났고, 이러한 격차 양상은 최근 13~15년 동안 거의 그대로 유지되고 있다.

정규교육을 받은 부모는 공부를 해내는 데 필요한 역량을 대체로 갖추고 있다. 그런 부모는 자녀가 학교에서 공부를 해내는 데 필요한 기본 스킬과 습관을 자연스럽게 키워주는 편이다. 이런 경향은 인종, 문화, 민족, 언어에 관계없이 볼 수 있고 학교교육과정은 대체로 이런 학생들에게 유리하게 설계되어 있다.

문해지향성이 낮은(non-literacy-oriented) 학습자[6]

이 학생들은 대체로 정규 교육과 거리가 먼 공동체에서 태어나고 자란다. 물론 부모와 가족들은 자녀가 학교에서 공부를 잘하기 바라지만 학교교육에 필요한 언어 및 인지 스킬에 대해서는 잘 알지 못한다. 부모들 자신이 그다지 학교 공부를 잘한 경험이 없고 졸업까지 학

[도표 3.1] 읽기 영역 점수와 부모의 학력 간 상관관계

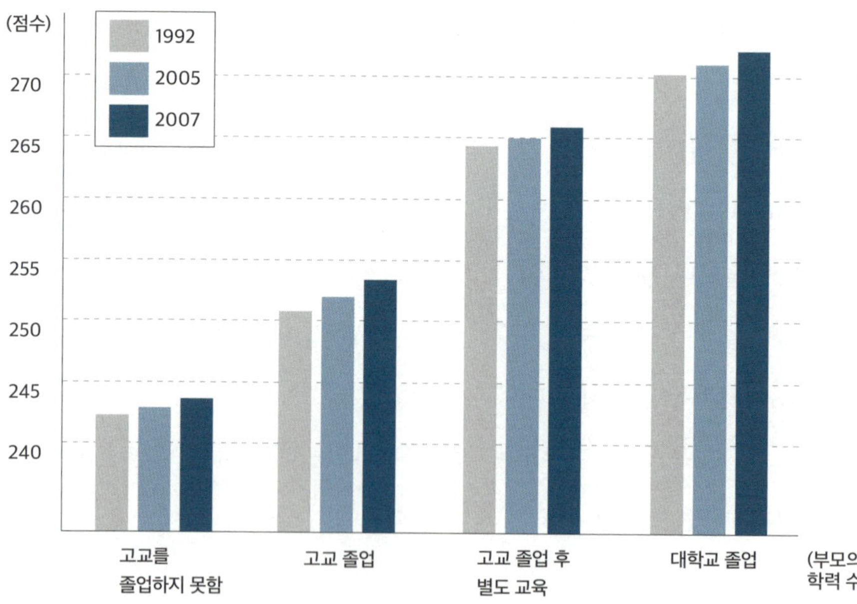

업을 이어갈 사정이 안 됐거나, 공교육의 혜택을 받기 어려운 사회에 태어났을 가능성이 있다. 또는 교육이 그다지 중시되지 않는 공동체에서 태어나고 자란 경우, 즉 앞서 든 동물원 사례의 두 번째 이야기(62쪽)에 해당하는 부모들이다.

여기서 분명히 짚고 넘어가야 할 사실은 문해지향적 학습에 익숙하지 않다고 해서 그러한 공동체의 관습이나 언어 사용 방식이 가치가 없다고 생각하면 안 된다는 것이다. 이런 공동체 출신 아이들의 잠재력이나 학습 능력은 결코 뒤떨어지지 않는다. 그럼에도 이 아이들이 학교 공부에 어려움을 겪는 까닭은, 현대 사회에서 특히 중시되는 '글'을 읽고 쓰는 스킬을 기초부터 체득하지 못했기 때문이다. 자신들이 속한 사회나 문화권 안에서는 풍부한 어휘와 다양한 문장을 활용해 능숙하게 의사소통을 할 수 있지만 학교교육에서 요구하는 학문적 어휘, 문법, 담화 방식에는 익숙하지 않아 어려움을 겪는 것이다. 이런 요소를 잘 이해하고 능숙하게 사용할 수 있는 지식과 스킬을 갖추지 못하면 학교에서 공부를 성공적으로 해나갈 수 없다. 실제로 현대의 학교교육은 문자 언어를 중심으로 설계되어 있으며 높은 문해지향성을 갖추는 것이 주된 교육 목표의 하나다.[7]

도표 3.2에는 문해지향성이 높은 학생과 낮은 학생 간의 여러 중요한 차이점이 제시되어 있다. 문해지향성이 낮은 학습자들이 오랫동안 겪어온 학습부진의 악순환 고리를 끊어내려면 다음 두 가지가 꼭 필요하다.

[도표 3.2] 문해지향성이 낮은 학생과 높은 학생의 특성

학습에 영향을 미치는 요인	문해지향성이 낮은 학생	문해지향성이 높은 학생
중재 요인의 활용 mediate learning 사전, 참고자료, 교과 관련 텍스트 등을 활용, 필요한 정보를 스스로 찾아보고, 이해하고, 문제해결에 적용하는 능력	부족함	우수함
메타언어적 인식 metalinguistic awareness 언어를 단지 읽고 쓰는 데 그치지 않고 언어 그 자체의 구성 요소와 규칙성 등을 분석하고 생각하는 능력	부족함	우수함
메타인지적 인식 metacognitive awareness 자신의 인지와 사고에 대해 인식하는 능력. 즉 무엇을 알고 모르는지, 배우려면 무엇을 해야 하는지 파악하는 능력	어린 시절 상대적으로 낮은 발달 수준	어린 시절 상대적으로 높은 발달 수준
문식성 관련 지식 knowledge of multiple functions and genres of literacy 글의 목적, 형식, 기능에 대한 지식	부족한 편이고 활용하는 능력도 제한적임	상대적으로 높은 수준임
다양한 종류의 텍스트를 읽고 활용하는 능력 과학 이론, 소설, 역사물, 뉴스 기사 등 다양한 종류의 텍스트를 스스로 읽고 이해하며 학습에 활용할 수 있는 능력	부족한 편이고 활용하는 능력도 제한적임	다양한 장르의 글을 능숙히 읽고 활용함
학습 내용에 끈기를 갖고 꾸준히 몰입하는 태도 즉각적인 도움이 되거나 개인적으로 흥미 있는 내용이 아닌 경우에도 꾸준히 몰입하며 공부해나가는 태도	학년이 올라갈수록 줄어듦	학년이 올라갈수록 더 커짐
어휘력 (모국어와 외국어 모두에서) 다양하고 다층적인 뜻과 쓰임을 이해하고 활용하는 능력	폭이 좁고 수준도 낮음	폭이 넓고 수준이 높음
어법에 맞는 문장 구사 능력 (모국어와 외국어 모두에서) 사용 맥락과 문법에 알맞는 문장을 말과 글로 구사하는 능력	수준이 낮음	수준이 높음
자기주도적인 학습 능력 self-directed learner in academic settings 스스로 학습을 이끌어가는 능력	자신감 부족으로 교사의 안내와 지도가 더 많이 필요함	자신감이 높아 최소한의 도움으로도 스스로 학습을 이어갈 수 있음

- 문해지향성이 높을수록 정규교육 환경(유치원 포함)에서 본격적인 공부를 시작할 때 유리하게 작용한다는 사실을 인식하는 것
- 학습에 어려움을 겪는 학습자들이 이러한 문해지향적 스킬을 터득할 수 있도록 체계적으로 지원하는 것

이 책의 주된 목표는 바로 이를 실현할 방안을 제시하려는 데 있다. 문해지향성 스킬을 상대적으로 원활히 구사하지 못한다는 것만으로 취약계층 가정 출신 학생들의 학업성취도가 낮은 이유를 다 설명할 수는 없다. 하지만 이는 분명 학습부진의 핵심적 요인이며 그 중요성에도 불구하고 이제까지 교육계에서 가장 무심히 취급된 부분이기도 하다.

교육자와 연구자들에 따르면, 학습에 필요한 인지 스킬은 이미 습득해 놓은 상태가 아니라면 학교에 아무리 오래 앉혀놓는다고 해도 저절로 발달하는 것이 아니다.[8] 그게 아니라면 모든 아이들은 고등학생이 되었을 때 대부분 비슷한 수준의 학습 능력을 갖추게 될 것이지만 실제로는 어떠한가. 고등학교 교사라면 학생들의 학습 능력은 제각기 천차만별이란 것을 누구보다 잘 알고 있을 것이다. 게다가 초중등 시기에 공부를 잘 하지 못한 학생들은 고등학교에 와서도 여전히 어려움을 겪는 경우가 많다. 이것이 바로 분명한 증거다.

이런 현실을 감안할 때 교실의 모든 학생에게 동일한 방식으로 수업하는 것은 특히 문해지향성이 부족한 학생들의 학업적 필요를 외

면하는 것이나 다름없다. 이 학생들에게 가장 필요한 수업은 인지적, 언어적, 문화적 스킬(문해지향성이 높은 학생들이 이미 갖추고 있는)을 더욱 많이 의도적으로 키워주는 것이다. 그래야만 문해지향성 기반으로 구축된 교육과정과 정규수업을 따라갈 수 있기 때문이다.

문해지향적 스킬과 기억 체계, 학습의 연결성은 이 책을 읽는 내내 보게 될 주요 내용이기도 하다. 도표 3.2를 활용하면 개별 학생의 문해지향성 정도를 어느 정도 파악할 수 있을 것이다. 단, 문해지향성이란 여러 요소를 기준으로 정도의 차이를 살펴보는 연속적인 스펙트럼이므로, 도표 3.2는 그중에서 학생이 어디쯤 위치하는지 파악하는 데 도움을 주는 정도로만 생각하기 바란다. 말하자면 현재 교사가 가르치는 학년에서 '일반적으로 기대하는 문해력 수준'이라는 맥락 속에서 해석해야 한다는 뜻이다. 이에 더해 학생의 사회문화적 배경에 대해 가능한 한 충분히 파악할수록 학생을 더 잘 이해하게 될 것이다.

또하나 덧붙여 강조하고 싶은 것은, 도표 3.2는 교실에서 학생의 실제 수행 양상을 관찰하기 전 미리 학생의 수준을 분류하거나 규정하는 수단이 될 수 없다는 것이다. 그보다는 수업을 잘 못 따라오는 학생에게 교과 내용 외에 더 가르쳐야 할 내용은 무엇인지 고민될 때 도움을 주는 사고의 틀로 활용하기 바란다.

학습자 집단 중에서 특히 '문화적 단절을 겪은 학습자(culturally disrupted learners)'[9] 그룹은 주목할 필요가 있다. 이 표현은 이스라엘의 저명한 심리학자인 루벤 포이에르스타인(Reuven Feuerstein, 2006)

의 용어를 조금 변형한 것으로 한 공동체 내에서 일반적으로 이루어지는 양육 방식이 상당 기간, 심각하게 중단 또는 방치된 경험을 가진 사람들을 가리킨다. 포이에르스타인이 개발한 인지교육 프로그램 FIE(Feuerstein Instrumental Enrichment)'는 문해지향성이 낮은 학습자와 문화적 단절을 겪은 학습자들에게 매우 큰 효과를 보이고 있으며[10] 학습이 어떻게 일어나는지에 대한 최신 학습과학 이론과 타당성이 입증된 연구 성과를 체계적으로 잘 반영하고 있어 전 세계 60개국 이상에서 폭넓게 활용되고 있다.[11]

문화적 단절은 문해지향성이 낮은 경우 나타나기 쉽지만 문해지향성이 높은 공동체 내에서도 관찰되곤 한다. 앞서 살펴본 바와 같이 양육이란 아이가 가족과 그들이 속한 문화 속에서 자연스럽고 편안하게 상호작용하는 과정 속에서 이루어진다. 아이들은 이를 통해 학습이 어떻게 이루어지는지 배워나간다. 따라서 이러한 상호작용이 오랜 기간 중단되거나 급격히 변화되면 아이들의 인지 발달에도 부정적 영향을 끼칠 수 있다. 예를 들어 전쟁이나 장기화된 내전, 알콜 중독, 가정 내에 오랫동안 지속된 스트레스, 극심한 빈곤 등이 그러하며, 영유아기에 부모 대신 TV에 과도하게 장기간 노출될 경우에도 문화적 단절을 초래할 수 있다. 이와 같은 조건은 아이가 자라나는 가정 환경이 가난하든 부유하든 상관없이 인지 발달에 영향을 미칠 수 있다.

문화적 단절이 장기간 지속되면 학습에 요구되는 기억 체계의 효율적 작동에도 영향을 준다. 따라서 교사는 이들 학습자에게 실제로 필요한 것이 무엇인지, 이들의 기억 체계가 문화적 단절로 인해 어떤 영향을 받았는지 이해함으로써 훨씬 효과적으로 대처할 수 있다.

도표 3.3에는 교과 수업에서 문해지향성이 낮은 학습자 및 문화적 단절을 겪은 학습자들이 문해지향적 스킬을 키울 수 있게 지원하는 여러 방안들이 제시되어 있다.

[도표 3.3] 문해지향성이 낮은 학습자와 문화적 단절을 겪은 학습자를 위한 지원

문해지향성이 낮은 학습자 기존 교육과정에서 요구되는 것에 더하여 다음 지원이 추가로 필요함	문화적 단절을 겪은 학습자 왼쪽의 모든 지원에 더하여 다음 지원이 추가로 필요함
• 보다 많은 어휘 학습 • 보다 구체적인 학습 과제 • 보다 많은 시각자료 • 보다 많은 연습 기회 • 보다 많은 과제 지원 • 학습 내용을 더 세분화하여 제시 • 더 많이 기다려 주기 • 발표 기회를 더 많이, 더 자주 주기 • 생각해볼 시간 더 주기 • 기존 지식과 새로운 지식을 연결할 수 있는 지원 • 교사와 학생 간 관계 구축 • 자기주도적인 학습자가 되도록 돕기	• 집중력 키우기 • 충동 조절 • 학습의 의미와 가치 찾기 • 비교 및 분류 • 언어를 정확히 구사하기 • 문제해결 • 배운 내용을 새로운 상황에 일반화하기 • 인과 관계 추론 • 꾸준히 끈기 있게 학습하기 • 목표 설정 및 조직화 스킬

▶ 셋째, 수준 높은 상호작용은 중재학습경험을 바탕으로 이루어진다

포이에르스타인(Feuerstein, 2006, 2010, 2012)의 연구에서 주목할 만한 핵심 개념으로 '중재학습경험(mediated learning experience, MLE)'[12]이 있다. 이는 간단히 말해 학습자와 숙련된 안내자 사이에서 이루어지는, 특정 문화 기반의 학습 상호작용이다. 성장과 발달 시기에 중재학습경험을 얼마나 풍부하게 가졌는지에 따라 학교 공부에 필요한 인지 능력도 달라질 수 있다. 물론 신경가소성에 관한 연구는 인간의 인지 능력이 고정된 것이 아니며 한계가 존재하지 않는다는 점을 보여주고 있다. 즉 학습 능력은 언제든, 누구나 향상될 가능성이 있다.

앞서 살펴본 동물원 이야기 두 가지(60~62쪽)를 다시 떠올려보자. 부모들은 아이와 함께 코끼리에 대해 이야기를 나눔으로써 각각의 문화에 어울리는 방식으로 코끼리에 대한 인식을 중재하고 있다. 부모가 사용하는 언어와 설명을 통해 아이는 오감으로 느낀 것 그 이상으로 코끼리를 이해하게 되는 것이다. 이렇게 반복되는 수많은 상호작용을 통해 아이의 삶 속에 문화적 지식이 채워진다. 반면 이러한 상호작용이 거의 이루어지지 못하면, 즉 중재학습경험이 부족할수록 '문화적 단절을 겪은' 학습자에 가까워진다.

상호작용이 중재학습경험으로 이어지려면 몇 가지 조건이 필요하다.[13] 도표 3.4를 살펴보자. 세 요소 외에도 중재학습경험은 일반적인 교사와 학생 간 상호작용과 다른 점이 있다. 첫째, 앞의 동물원 이야기 속 부모들이 그러했던 것처럼, 학생이 경험하는 사건과 학생 사이에 숙련된 중재자가 개입한다. 중재자의 개입 덕분에 학생은 그 경험을 수준 높게 해석할 수 있고, 지식표상을 형성하게 되며, 사건에 다양하게 대응할 수 있다. 개입이 없었다면 학생 혼자만의 힘으로는 어려운 수준이다. 둘째, 중재학습경험의 진정한 목표는 무언가 배우는 일이 아니라 학습자의 성장에 있다. 학습자가 더 유능하고 유연하게 사고할 수 있는 사람이 되고 더 잘 적응할 수 있게 돕는 데 목표를 둔다는 뜻이다. 일반적인 교수학습 상황에서는 학생이 무엇을 알게 되었는지가 평가의 핵심이다. 반면 중재학습경험에서는 지금 하고 있는 상호작용을 통해 내일 이 학생이 좀더 나은 사고를 하고 독립적인 문제해결자로 성장할 수 있는가가 핵심 질문이 된다.

[도표 3.4] 중재학습경험에 나타나는 특성들

중재의 특성	중재자가 해야 할 일
의미	상호작용이나 학습목표가 학습자에게 의미와 가치를 지니게 할 것
의도성/상호성[14] (조율)	• 상호작용 및 과제는 학습자에게 맞추어 조정할 것 • 학습자가 중재자와 과제에 적응할 수 있게 도울 것 • 학습자가 흥미와 관심을 가질 수 있게 할 것 • 더 나은 학습자가 되게 하는 데 상호작용의 목표를 둘 것
(경험의) 확장	학습자가 이미 알고 있는 지식을 토대로 하되 앞으로 배울 내용과 연관되며 문제해결에 이를 수 있게 할 것

쉬는 시간에 조이가 에즈라를 괴롭힌 사건이 발생했다. 사실 조이는 에즈라와 놀고 싶었던 것뿐인데 에즈라의 기분을 상하게 한 것이었다. 화가 난 에즈라가 조이에게 욕설을 퍼붓자 조이도 주먹으로 에즈라를 때리려 들었다. 지켜보던 교사가 있었지만 그의 주된 관심은 잘못된 행동을 통제하는 데 있었기에 둘을 떼어놓고 부모님께 알리겠다고 말하는 데 그쳤다.

반면 중재자로 개입하는 어른은 다르다. 조이에게는 충동적으로 행동했을 때 벌어질 일이나 그 파급 효과가 어떨지, 기분 나쁜 말을 들었을 때 좀 더 현명하게 대처하는 법은 없겠는지 생각해보게 도울 것이다. 조이가 진정된 다음에는 누군가를 괴롭히는 행동이 친구를 사귀는 데 도움이 되지 않는다는 점을 이해하게 하고, 원하는 결과를 얻기 위해 다음에는 어떤 행동을 시도할 수 있을지 함께 이야기해 볼 것이다. 또한 에즈라에게도 욕을 하면 바로 상대방의 주먹이 날아온다는 것과 기분이 상했을 때 욕하는 것 말고 다른 방법은 없겠는지, 친구의 마음을 제대로 받아주지 못하고 거칠게 행동하면 어떤 결과를 초래하게 될지 생각해보게 도울 것이다. 즉, 관점의 '조율(alignment)', 경험의 '확장(transcendence)', 그리고 '의미(meaning)' 형성이 이루어진다. 중재자는 두 아이가 문제를 일으킨 원인을 새로운 관점에서 바라보게 하고(조율), 같은 상황에서 다르게 반응하는 방식(확장)을 안내함으로써 앞으로 이런 상황에 더 잘 대처(의미)할 수 있게 돕는다.

대부분의 교사들은 이런 상황에서 아이들을 통제하기보다 본능적으로 중재자의 역할을 택한다. 학습부진을 지도하는 교사들 역시 이러한 방식을 택해 교실에 적용해야 한다. 학생이 수업을 힘들어하는 진짜 이유는 교과 내용이 어려워서라기보다 그것을 감당할 준비가 충분하지 않은, 학생의 내적 상태에서 찾아야 한다.

수학 수업을 예로 들어보자. 한 학생이 두 자리 수의 곱셈을 하느라 골머리를 앓고 있다. 계산 중 나오는 숫자들을 어느 줄에 맞춰 써야 하는지 계속 잊어버리고 헷갈려하다가 결국 자신은 계산을 잘 못하는 사람이라고 자포자기해 버린다. 이때 한 교사가 학생을 도울 방법을 고민한 끝에 모눈종이를 가져다 주고, 줄과 열에 맞추어 작은 칸에 숫자를 써 넣게 한다. 이는 학생이 숫자를 자릿수에 맞추어 정확히 쓸 수 있게 돕는 외적 비계가 되어주는 훌륭한 교수개입 사례다.

중재자로서의 교사는 여기서 조금 더 나아가 학생의 근본적인 문제에 집중한다. 그는 학생이 조직화 스킬과 자신감 부족의 문제를 겪고 있다고 보고, 개별 학생에 맞춰 우선순위가 높은 하나를 정해 학습경험을 구성한다. 그러고 나서 자연스럽게 모눈종이를 활용하는 전략으로 넘어가 '의미 확장'을 마무리한다. 이후 학생은 비슷한 유형의 수학 문제를 풀 때 어떤 방법을 쓰면 더 수월할지 스스로 생각해보게 될 것이다.

이 사례에서 핵심적인 목표는 학생이 두 자릿수 곱셈을 정확히 하는 데 있지 않다. 물론 그것도 중요한 일이긴 하지만 지금 가장 중요한 것은 학생이 아주 조금이라도 자신감을 끌어올리는 것, 혹은 문제의 핵심이 조직화 스킬의 부족임을 학생이 깨닫는 것이다. 이러한 경험은 학생이 이후 비슷한 어려움을 겪을 때 되돌아보고 참고할 수 있는 토대가 된다. 학생은 행동을 달리하여 더 긍정적인 결과를 만들었던 경험을 떠올리며 새로운 학습을 이어가게 될 것이다.

따라서 우리는 이 책에서 '교수(teaching)'와 '중재(mediation)'를 구분하여 사용하고자 한다. '교수'는 학교의 공식적인 교육과정 내용을 가르치는 일이고, '중재'는 학습 방법과 사고 스킬을 기르는 데 초점을 둔 것이다. 실제로 학생에게 학교교육과정에 나온 지식이나 내용을 '가르치는' 일과 달리 학습하는 능력 자체를 발달시키려면 중재적 지원이 필요하다.

도표 3.5는 두 용어의 기본적인 차이점을 정리한 것이다.

[도표 3.5] 교수와 중재적 지원의 차이점

교수	중재적 지원
내용을 배우는 데 초점을 둠	학습 과정 자체에 초점을 둠
현재 배우고 있는 것에 집중함	앞으로 배우게 될 것에 집중함
교육과정과 교과 내용을 기준으로 학습자를 바라봄	'학습하는 방식'을 기준으로 학습자를 바라봄
교수기법, 방법론, 모범적 사례, 프로그램 중심이 됨	개별 학습자의 필요에 맞추어 유연하게 운영함

중재학습경험이 부족할수록 충동적이고 사고의 유연성이 떨어지며 자기중심적 사고가 오래 지속되는 경향이 있다. 포이에르스타인은 이런 특성을 '현실을 단편적으로 이해한다(episodic grasp of reality)'고 표현했는데, 이는 경험을 일반화하고 일관되게 통합하는 능력이 부족하다는 뜻으로, 그 결과 학습의 연결성과 지속성도 저하된다. 문화적 단절을 겪은 학습자들에게서도 이런 특성을 발견할 수 있다. 이 내용을 중재학습경험이 풍부한 학습자들에게서 볼 수 있는 다음 특성과 비교해보기 바란다.

- 문제 상황에 맞게 유연한 해결 방안을 찾는다.
- 자신이 주변 세계와 긴밀히 연결되어 있다고 느낀다.[15]
- 시공간 개념이 발달되어 있다.
- 배운 것을 새로운 상황과 문제에 맞게 일반화할 수 있다.
- 계획을 세울 필요성을 이해한다.
- 논리적 증거의 필요성을 이해한다.
- 타인의 관점을 더 잘 받아들인다.
- 집중력을 더 잘 유지한다.
- 스스로 비교하며 사고할 수 있다.
- 경험이나 생각을 명확한 언어로 말할 수 있다.

수업 적용

중재적 지원의 세 가지 핵심 요소인 조율, 경험의 확장, 의미 형성을 반영하면 기억 체계가 작동하는 방식과도 자연스럽게 맞아떨어지는 좋은 수업을 구상할 수 있다. 본래 중재적 지원은 개별 학생과의 상호작용에서 효과를 발휘하지만 이를 어떻게 활용하느냐에 따라 교실 수업의 질을 높이는 데 도움이 된다. 이들 핵심 요소는 초중고 전학년에 걸쳐 일관되게 적용될 수 있다는 점에 주목하라.

지금부터 이 세 가지 핵심 요소들을 수업에서 어떻게 구현할 수 있는지 간략히 소개하겠다. 이 내용들은 뒤에 이어지는 각 장에서 기억 체계와 관련지어 좀더 깊이 있게 설명할 것이다.

첫째, 새로운 과목이나 단원을 시작할 때 학생들이 그 학습에 의미와 가치를 느낄 수 있도록 충분한 시간을 가져야 한다. 또한 그것이 학습동기와 배움의 의지로 이어져 잘 유지되고 있는지 주기적으로 점검할 필요가 있다(5장에서 자세히 다룬다). 이 과정에서 교사는 '의미 형성'과 '조율'을 중재적 지원으로 제공하게 된다.

중학교 3학년 대상의 생물 수업을 예로 들어보자. 만약 학생들이 이 과목이나 수업에 의미나 가치를 느끼지 못한다면, 또 학습에 자신감을 갖지 못하고 있다면, 이 순간 왜 모두가 이 내용을 함께 배우고 있는지, 그리고 이 과목은 왜 나의 삶과 아무 상관도 없다고 느꼈는지부터 이야기를 시작해야 한다. 교사 자신이 이 질문에 답할 수 없다면 학생들 역시 새로 배울 내용은 자기들과 아무런 상관도 없다고 생각할 수밖에 없다. 우리가 먹는 음식이 신체의 여러 기관에 어떤 영향을 미치는지, 학생들이 집에서 어떤 음식을 먹고 있는지, 주변에서 쉽게 사먹을 수 있는 패스트푸드는 무엇이 있는지 살펴보고, 이 주제를 가지고 가족들과 어떤 대화를 나눌 수 있는지에 대해서도 말해보게 하자. 어떤 방식을 택해도 좋다. 단, 모든 대화의 중심은 교사나 교과가 아니라 학생이어야 한다.

둘째, 학생 각자의 경험과 배경이 새로운 학습과 '연결'되는 것이 중요하다(2장부터 10장까지 전체적으로 다루게 된다). 새로 배운 내용을 학교 밖에서의 삶과 연결할 수 있게 돕는 것, 이는 '경험의 확장'에 해당하는 중재적 지원이다. 단순히 이전에 배웠던 내용을 떠올려보게 하는 데 그치지 않고 과거의 경험이나 지식과 '연결'하는 것이 중요하다. 뒤에 나올 각 장에서 그 구체적인 방법을 제시할 것이다.

셋째, 수업을 시작할 때 최대한 학생들의 관심을 깨우고 생각을 열어주며, 배워보고 싶다는 마음이 생기도록 해야 한다(4장과 5장에서 설명한다). 이렇게 수업을 시작하는 것은 학생들이 지금 이 순간 수업에 마음을 열고 집중할 수 있도록 돕겠다는 교사의 '의도'를 자연스럽게 드러내는 출발점이자 학습에 필요한 에너지를 깨우는 중재적 지원이다. 여러 가지 방법이 있겠지만 가능하면 수업 내용이나 활동과 직접적으로 연결되는 것이면 좋다. 다만 학생들이 전혀 의욕을 보이지 않을 경우 내용만으로 흥미를 끌기는 어려우므로, 약간의 유머나 장난스러운 행동, 놀라움의 요소 등을 활용하는 '조율'도 필요하다. 그렇게 하면 학생들이 교사와 함께하는 지금 이 순간에 집중하게 만들 수 있다. 교사가 먼저 주말에 있었던 일을 이야기하며 학생들의 이야기를 자연스럽게 이끌어내는 방식도 이러한 조율의 하나다. 즉 학생과 신뢰 관계를 구축하는 것인데, 이는 수업에 대한 학생의 정서적, 인지적 참여를 높이는 좋은 방법이다. 저학년 때는 교사가 좋아하고 관심을 보이는 것에 흥미를 느끼고 따라가지만 고학년이 될수록 이런 모습은 보기 어려워진다. 다양하고 개별적인 학습자의 성향과 필요에 부응하자면 교사가 더욱 의도적으로 노력할 필요가 있다.

화학수업이라면 학생들이 교실에 막 들어올 때쯤 몇 가지 화학물질을 섞어 연기가 피어오르는 장면을 보여줄 수도 있다. 초등학교 고학년 학생들에게 역사를 가르치는 상황이라면 이렇게 수업을 시작해 보아도 좋겠다. "자, 지난 역사를 아는 게 중요하다고 생각하는 사람은 저쪽 벽 앞으로 서고, 역사 공부는 지루하고 시간 낭비라고 생각하는 사람은 창가쪽 벽 앞에 서볼까요?"

넷째, 학습에 어려움을 겪는 학생들에게는 구체적이고 명확한 목표를 제시하는 것이 매우 중요하다(5장에서 자세히 설명한다). 목표가 분명하면 교육과정의 목표와 수업활동, 학습자 사이를 '조율'하는 중재적 지원이 자연스럽게 이루어질 수 있다.

다섯째, 학생의 주의가 집중될 때 가르치는 것은 정말 중요하며(4장과 5장에서 다룬다), '조율'이라는 중재적 지원 역시 이때 이루어질 수 있다. 당연한 말 아닌가 싶겠지만 실제로는 일부 학생들이 집중하지 않고 있는데도 수업을 시작해 버리는 경우가 흔하다. 이 경우 교사는 책상을 살짝 치거나 작은 종을 울려 신호를 주고 아주 작은 목소리로 말을 시작하기, 또는 "어, 큰일났네!" 하고 외친 뒤 학생들이 놀라 "왜요? 뭔데요?"라고 묻는 순간 "음, 그냥 여러분이 내 말에 집중하고 있는지 확인하려는 거예요."라고 말하기 등, 학생의 주의를 먼저 집중시키는 데 주력해야 한다. 사람은 주의를 집중할 때만 배울 수 있다. 따라서 교사는 학습자의 관심을 끌고 주의 집중을 유지하는 데 능숙해야 한다.

여섯째, 새롭게 배운 내용에 학생이 적극적으로 반응하고 연습을 통해 자기 것으로 만들 기회를 최대한 많이 주어야 한다(2장, 10장에서 다룬다). 이는 중재적 지원의 '조율'에 해당하며 이를 실천하는 구체적인 방법은 책의 여러 장에서 소개될 것이다.

일곱째, 수업이 끝날 때는 학생들이 오늘 배운 내용과 배움의 과정을 되새겨보고 미래의 가능성과 연결해 볼 시간을 주도록 하라. 이렇게 마무리함으로써 '경험의 확장'이라는 중재적 지원을 할 수 있다(10장). 모든 수업은 종료 시각 5분 전에 마무리하고 학생에게 짧게라도 성찰 시간을 준다. 이때 다음과 같은 발문을 사용할 수 있다.

"오늘 배운 내용 중 곧바로 써먹을 수 있는 것이 있나요?"

"어제보다 오늘 더 이해하기 쉽고 잘 배울 수 있었던 내용 또는 방법은 무엇인가요?"

이러한 질문은 "오늘 뭘 배웠나요?"와 같은 단순한 질문에 비해 학생의 생각을 더 잘 이끌어낼 수 있어 가치가 있다. 학생이 대답하는 문장도 단순히 "저는 ~을 배웠어요." 보다는 "저는 ~가 ……라는 걸 배웠어요."와 같이 구체화된 문장 틀로 제시해 보자. 이렇게 하면 실제로 무엇을 어떻게 배웠는지 잘 알 수 있다.

교사라면 대부분 위에서 말한 중재적 지원을 이미 수업 속에서 일부 또는 상당 부분 실행하고 있을 것이다. 특히 문해지향성이 낮거나 문화적 단절을 겪은 학습자와 같이 학습에 어려움을 겪는 학생들에게는 내용 학습뿐만 아니라 학습하는 방법 그 자체, 그리고 사고 스킬 자체를 집중적으로 배울 기회를 주어야 한다. 매일의 수업을 이러한 원리에 따라 구성한다면 어느 순간 어느 과목에서든 교사는 학생에게 중재적 지원을 할 수 있게 된다. 이 책은 이러한 요소들이 기억 및 학습과 어떻게 관련되는지 다루고 있으므로 교사들이 갖고 있던 기존 아이디어를 활용하는 데에도 도움을 줄 것이다.

맺으며

학습의 문화적 기반은 매우 중요하다. 학생들은 다양한 사회문화적 공동체에서 나고 자라며 문해지향성과 학습에 대한 수용성도 저마다 다른 상태로 학교에 온다. 교실 안에 존재하는 이러한 차이를 인식하지 못하고 섬세하게 생산적으로 지원하지 못하면 좋은 수업이 될 수 없다. 기억 체계에 대해 아무리 잘 알고 많은 아이디어를 가지고 이끌더라도 말이다.

지금까지 학습과 기억에 관한 핵심 개념과 학습의 사회문화적 기반에 대해 이야기했다. 이들은 학습에 어려움을 겪는 학생들을 이해하기 위한 개념적 틀에 해당한다. 이 틀을 바탕으로 지금부터 이 학생들의 어려움에 대처할 수 있는 강력한 접근 방법을 살펴보자.

4장

작업기억,
학습의 관문

중학교 3학년 과학 수업 시간, 학생들은 지구과학 단원 중 하나로 달에 대해 이틀째 배우고 있다. 수업에서 학생들은 달의 위상 변화(달이 지구 주위를 도는 동안 보이는 각도와 위치에 따라 달의 모양이 달라지는 현상—옮긴이)와 공전 주기, 월식, 그리고 조수가 달의 영향으로 어떻게 달라지는지에 대해 교사의 설명을 들었다.

수업이 끝나갈 즈음 교사는 공부한 내용을 점검하는 활동지를 나누어 주고 빈칸에 답을 쓰게 했다. 열심히 가르쳤고 학생들의 수업 태도도 나쁘지 않았기에 교사는 좋은 결과를 기대했지만 학생들이 제출한 답안지를 보고 실망했다. 많은 학생들이 빈칸을 채우지 못한데다 달의 위상 변화와 관련된 개념을 기억하고 있는 학생은 3분의 1도 채 되지 않았다. 대체 왜 이렇게 많은 학생들이 내용을 제대로 이해하고 기억하지 못하는지 교사는 의아할 뿐이다.

들어가며

기억에 대한 연구는 일상생활과 학습에 중추적인 역할을 하는 작업기억(working memory)에서 시작한다. 작업기억은 뇌의 놀라운 정보처리 능력 중 하나인 동시에 가장 취약하고 오작동이 심한 부분이기도 하다. 어떤 사람을 처음 소개받고 돌아서자마자 이름을 잊어버린 경험, 몇 번이나 되뇌며 외운 전화번호인데 막상 써야 할 순간에는 생각나지 않는 경험, 가게에서 물건을 집어들고 값을 더해나가다 어느새 숫자를 놓쳐버린 경험, 글을 읽어내려가다 어느 순간 조금 전 읽은 내용을 모조리 까먹은 경험 등, 이 모든 오류가 작업기억의 한계 때문에 일어난다. 지금부터는 이런 오류가 왜, 어떤 이유로 일어나는지, 그리고 교실 학습에서 이것이 어떤 양상으로 나타나는지, 작업기억을 고려한 교수학습 방안에는 어떤 것들이 있는지 알아보기로 한다.

작업기억은 학습에 무척 중요하지만 동시에 매우 취약하기 때문에 교사는 학습 전문가로서 그 작동 원리를 반드시 이해할 필요가 있다. 세심하게 준비한 수업 계획안이 제대로 실행되지 못하는 이유 중 상당 부분도 바로 작업기억에 있다.

작업기억은 짧은 시간 동안 정보를 머릿속에 담아두고 조작할 수 있게 하는 기억 체계다. 마치 메모장처럼 일상생활 속에서 필요한 정보를 잠시 올려두고 다루는 작업공간 같은 역할을 한다.[1] 하지만 두 가지 면에서 근본적인 제약이 있다. 첫째, 새로운 정보를 유지할 수 있는 시간이 매우 짧다. 둘째, 한 번에 처리하고 머리 속에서 '굴릴' 수 있는 정보의 양이 매우 적다.

작업기억은 오감을 통해 쏟아져 들어오는 정보를 처리하기 위한 기억 체계의 관문이자, 여러 정보를 결합하고 새로운 아이디어를 만들어내는 데 필요한 인지적 작업공간이다. 지금 읽고 있는 이 글을 이해할 수 있는 것은 조금 전 읽은 문장의 앞부분을 잠시 기억해 두고 그 정보를 바탕으로 이어지는 내용을 해석할 수 있기 때문이다.[2] 누군가로부터 질문을 받았을 때에도 작업기억이 머릿속에 질문 내용을 잠시 붙잡아둔 덕분에 장기기억 속에서 적절한 답을 찾아낼 수 있다. 글을 읽고 이해하는 것, 계산하는 것, 목표를 세우고 실행하는 것, 새로운 언어를 배우는 것 등이 모두 작업기억 안에서 일어난다.[3]

작업기억, 뇌 안의 정보중계기

믿기 어려울 정도로 방대한 뇌 안의 가상 세계에 접근할 수 있는 것은 작업기억이라는 정보중계기 덕분이다. 이 장치는 인터넷 검색이나 이메일 사용을 위한 컴퓨터, 영화를 보기 위한 블루레이 플레이어처럼 정보를 보내 주는 통로 역할을 한다. 한 번에 처리할 수 있는 정보량에는 한계가 있지만 통로를 지나가는 정보의 종류가 무엇이든 본질은 변함이 없다. 어떤 정보를 어떻게 처리하고 사용할지도 결정하지 않는다. 다만 들어오는 정보를 그냥 받아 전달할 뿐이다. 이런 점에서 정보중계기와 작업기억은 매우 비슷하다.

작업기억에 대해 설명하기에 앞서 우선 이 용어에 담긴 뜻을 짚고 넘어갈 필요가 있다. 이 용어는 사람마다 다르게 쓰는 경우가 많아 혼란을 초래하기 쉽다. 이 책에 쓰인 '작업기억(working memory)'과 '단기 작업기억(short-term working memory)'이라는 용어는 심리학에서 일반적으로 통용되는 의미를 기준으로 할 것이기에 교사들이 아는 뜻과 동일하지 않을 수도 있다. 이 점을 염두에 두고 책을 읽어나가길 바란다.

'작업기억'이라는 용어는 인지과학, 교육, 심리학 등 관련 분야에서 서로 밀접하게 연결되면서도 구분되는 두 가지 의미로 쓰이고 있다. 하나는 작업기억의 특정한 무의식적 구조(unconscious structure)와 처리과정에 초점을 두어 '뇌 안에 실재로 존재하는 인지적 체계'로 보는 것이고, 또하나는 집행기능(executive functions)에 초점을 두는 것이다. 집행기능은 문제를 해결하고, 목표를 세우고, 계획을 수립할 때 작업기억 안에서 활용되는 여러 인지 스킬의 묶음으로 학습에 매우 중요한 역할을 한다. 이 내용은 5장에서 좀더 자세히 다루게 되며 여기서는 '작업기억'이라는 용어의 의미를 최대한 분명하게 밝히는 데 주력할 것이다.

작업기억의 기본 구조와 처리과정

작업기억은 수많은 정보처리 체계로 구성되어 있으며 그 하나하나가 교실 학습에서 핵심적인 역할을 한다.

▸ 단기 작업기억

단기 작업기억은 오감을 통해 들어오는 새로운 정보를 처리하는 곳으로, 정보중계기로 보면 인터넷과 연결되는 바로 그 지점이 될 것이다. 환경 속에 포함된 수많은 언어와 이미지들은 쉴새없이 뇌를 두드리며 자극하지만 이들 중 극히 일부만이 아주 작은 인지적 관문[4]을 통해 걸러진다. 이 체계는 정보를 자동으로 처리하며, 의식적으로 주의를 기울이지 않고도 작동된다는 점에서 '종속 체계(slave systems)'라고도 불린다.

새로 들어온 정보는 눈 깜박할 정도의 짧은 시간 동안만 유지되었다가 단기 작업기억이 이를 처리하지 못할 경우 기억에서 사라져 버린다. 학습에 어려움을 겪는 학생들의 경우, 대체로 이 과정에서 정보의 상당 부분을 잃어버리는 편이다.

오감을 통해 들어오는 정보들은 끊임없는 분류 과정을 거쳐 일부만 걸러지고 나머지는 대부분 버려진다. 소방 호스로 물을 마시는 상황과 비슷하다. 입과 목구멍에 비해 호스에서 쏟아지는 물의 양은 너무 많아서 대부분의 물은 삼키기도 전에 흘러넘친다. 작업기억도 마찬가지다. 처리할 수 있는 용량에 비해 유입되는 정보량은 지나치게 많다. 단기 작업기억은 홍수처럼 밀려드는 정보들 중 대부분을 걸러내고 일부만 다음 단계의 기억 체계로 흘러가 처리, 저장되게 한다.[5] 도표 4.1은 듣고, 보고, 읽는 과정에서 들어오는 감각정보가 어떤 식으로 작업기억에서 처리되고 장기기억으로 연결되는지 보여준다.[6] 작업기억에는 단기 작업기억 외에도 이렇게 들어온 정보를 잠시 저장하고 조작할 수 있는 능동 작업기억이 있다.

새롭게 들어온 정보가 의미 있게 다가오지 않으면 붙잡아 둘 수 있는 정보의 양은 극히 제한된다. 의미와 연결되지 않은 낯선 정보는 처리하기도 어렵고 금세 잊히기 쉽다. 심리학자 조지 밀러(George Miller, 1956)에 의하면 단기기억이 식별하고 잠시나마 저장할 수 있는 글자열, 숫자열, 단어열 등의 정보는 최대 일곱 단위 정도라고 한다.[7]

[도표 4.1] 작업기억

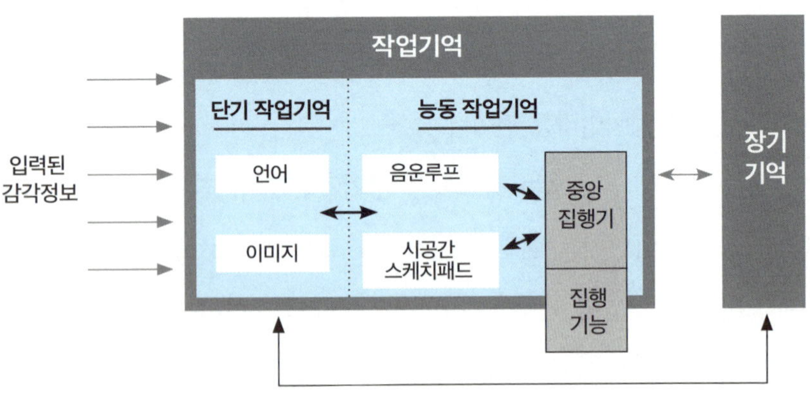

예를 들어 컴퓨터 화면에 '698375429601'과 같은 임의의 숫자열이 나오면 기억해 적을 수 있는 것은 5~7개 정도라는 것이다.

밀러는 이 한계가 생물학적 제약이므로 어떤 훈련으로도 극복할 수 없다고 보았다. 비범한 기억력을 지닌 사람들조차 이 한계를 넘어서기 어렵다. 결국 우리 인간이 태어나 평생 살아가는 동안 처리하고 기억할 수 있는 정보의 양에는 분명 한계가 있다는 것이다.

▸ 능동 작업기억: 시각정보 및 언어정보 처리자

영국의 심리학자 앨런 배들리(Alan Baddeley)[8]는 언어정보와 시각정보를 처리하고 통합하는 인간의 능력에 초점을 맞춘, 두 부분으로 구성된 작업기억 모형을 제안했다.

음운루프

입력되는 언어정보는 작업기억의 음운루프(phonological loop)를 통해 장기기억과 연결된다. 다만 음운루프가 지속되는 시간은 약 2초 정도에 불과하기 때문에 입력되는 언어를 기억하려면 들어온 즉시 장기기억과 연결짓거나, 아니면 작업기억에서 사라지지 않게 머릿속으로 계속 되뇌고 반복하면서 유지해야 한다. 어떤 사람의 이름을 들었을 때, 이름을 적어둘 필기구를 찾는 동안에도 머리 속에서 계속 그 이름을 되뇌어야 하는 것이다. 그러지 않으면 작업기억은 곧 '초기화(reset)'되어 그 정보를 잊어버리고 만다.

이 당황스러운 사실을 교사는 어떻게 다룰 것인가? 자세한 내용은 뒤에서 다시 살펴보겠지만, 이 과정은 머리 속에 이미 저장된 배경지식을 떠올리는 것과는 전혀 다른 방식으로 진행된다. 2초 남짓에 불과한 작업기억의 한계를 뛰어넘게 만들어야 하기 때문이다. 작업기억의 음운루프 용량은 관련 배경지식과 연결되지 않을 경우 금방 과부하되기 쉽다. 따라서 새로운 정보를 가르칠 때에는 학생들의 배경지식이나 관련 경험과 자연스럽게 연결되도록 도와주는 일이 무엇보다 중요하다.

시공간 스케치패드

작업기억의 시공간 스케치패드(visual-spatial sketchpad)는 사물의 위치나 움직임에 대한 이미지 및 정보를 저장한다.[9] 시공간 스케치패드 또한 정보를 아주 잠깐 동안 보유할 뿐 시시각각 시각정보가 쏟아져 들어오면서 계속 초기화된다.

어떤 이미지가 '기억난다'는 것은 실제로는 그 이미지를 작업기억 안에서 재구성한 결과라고 말할 수 있다. 예를 들어 "지금 우리가 살고 있는 지역과 인접한 시도는 어디인가?" 하고 물었을 때 학생들은 작업기억을 작동시켜 해당 지도를 머릿속에 떠올리고 재구성한 다음에야 그 질문에 대답할 수 있다.[10]

다행히 시공간 스케치패드와 음운루프는 정보 저장 및 처리 공간을 서로 많이 차지하려고 경쟁하는 관계는 아니다. 두 체계는 상호 보완적으로 작동한다. 그러기에 수업에서 그림이나 시각자료를 활용한다고 해서 작업기억 안에서 언어정보를 처리하는 일이 더 어려워지는 것은 아니다. 오히려 시각자료는 언어정보의 의미를 더 풍부하게 만들어 이해를 도울 수 있다. 음운루프와 시공간 스케치패드는 서로의 작용을 강화하고 보완할 수 있으므로, 시각자료를 가능한 많이 활용하여 언어적 설명을 뒷받침하는 것이 좋다.

| 수업 적용 | 작업기억의 한계를 보완하기

작업기억은 학습에서 종종 가장 취약한 고리가 된다. 다음은 이러한 작업기억의 한계를 보완하고 작동을 도와주는 수업 계획과 실행 전략들이다.

▶ 내용은 적게, 연습은 많이

교육과정 내용은 너무나 많고 진도마저 빠르게 나가야 한다. 그러다 보면 수업은 소방호스에서 쏟아지는 물처럼 정보를 쏟아붓고 학생들은 제대로 소화하지 못하는 식으로 지나가기 쉽다. 이런 수업에서 학습에 어려움을 겪는 학생들은 압박받고 허우적거리게 된다. 작업기억의 한계를 이해하는 교사라면 이미 알고 있는 사실이다. 교실을 변화시켜야 한다. 정보의 바다 속에서 학생들이 정보를 깊이 들이켜고

맛볼 수 있는 곳으로 만들어야 한다. 그러자면 학습 부담을 관리해 주어야 한다. 교육과정을 작은 단위로 나누고, 다음 단계로 넘어가기 전 학생들이 핵심 개념과 용어를 충분히 이해했는지 확인함으로써 작업기억의 부담을 줄일 수 있다.

이 장의 첫 부분에 소개한 과학 수업을 다시 떠올려보라. 만약 달의 위상만 집중적으로 다루었다면 어떠했을까? 새로운 용어와 개념을 충분히 이해하고 나면 달의 위상 변화가 일어나는 원리를 좀더 깊이 이해하게 되지 않았을까? 공전 주기나 월식, 그리고 조수에 미치는 영향 등에 대해서는 그다음 수업으로 넘겼어도 좋았을 것이다. 실제로 대부분의 교사들은 자신의 계획과 의도대로 학습이 일어나지 않으면 자연스럽게 이러한 조정을 한다. 하지만 작업기억에 대해 알게 된 지금 이러한 접근은 조금 더 선제적이고 의도적으로, 수업 계획과 실행 단계에서 반영할 필요가 있다. 그래야 학생들의 작업기억 한계를 더 효과적으로 관리할 수 있다. 우선 한 번에 다루는 정보의 양부터 줄여야 한다. 그리고 교과에서 다루려는 지식을 좀더 깊이 있게 이해할 기회를 만들어주어야 한다. 그래야 기억의 본질에 맞는 수업을 펼칠 수 있다.

그러자면 무엇보다 새로 익힌 스킬을 반복해서 연습할 기회를 '충분히' 주어야 한다. 말하기, 읽기, 듣기, 쓰기, 어떤 방법이든 상관없다. 반복 연습은 작업기억의 부담을 줄이고 스트레스를 덜어주는 좋은 방법이다. 학생이 이해하는 속도에 맞춰 수업 진도와 교육과정 속도를 조절하는 것도 필요하다. 학교 관리자들은 그 이유를 이해하지 못하고 교사를 압박할 수도 있다. 그럴 때 작업기억에 대한 이해를 바탕으로, 왜 그 학생들에게 충분한 시간이 필요한지 설명할 수 있어야 한다. 과학적 연구 결과를 들어 뒷받침하고 꾸준히, 끈기 있게 설득하면 분명 효과를 거둘 것이다.

예를 들어 "선생님의 수업은 왜 예정된 교육과정 진도보다 늦어졌습니까?"라는 교무 담당자의 질문에 "지금쯤이면 교육과정에 정해진 ○○○ 단원을 가르쳐야 한다는 것을 저도 잘 압니다. 하지만 자세히 살펴보니 새로운 지식과 정보량의 부담으로 작업기억이 과부하된 학생들이 너무 많습니다. 이런 학생들에게는 충분한 반복 연습이 필요합니다. 그래서 저는 핵심적인 내용에 대해 학생들이 더 충분히 연습할 시간을 주기로 했습니다. 그래야 학생들이 내용을 자기 것으로 이해하고 그다음 학습으로 나아갈 수 있습니다. 저는 그렇게 해야 학생들이 더 잘 배울 수 있으리라 판단했습니다."라고 말했다고 하자. 과연 어떤 관리자가 이런 말을 무시하고 여전히 진도 나가기를 고집하겠는가.

학습에 어려움을 겪는 학생들에게는 필요에 맞게 수업을 조정해 주는 것이 정말 중요하다. 이 책을 읽는 내내 그 이유와 근거를 여러 곳에서 발견할 수 있을 것이다.

▸ 배경지식 활용

앞에서 배경지식이 학습에 얼마나 중요한 역할을 하는지 강조한 바 있다(2장). 학교에서 이미 배운 내용만이 아니라 학교 밖에서의 경험, 학생들의 삶까지 새로 배우는 내용의 배경지식으로 연결될 필요가 있다. 방법이 무엇이든 배경지식을 활성화하는 일은 작업기억의 한계를 완화하며 학습을 가능하게 만드는 가장 핵심적인 전략이다.

▸ 시각자료와 언어정보의 결합

이미지와 언어는 서로의 의미를 이해하는 데 도움을 준다. 그림이나 그래프의 내용을 언어로 다시 해석할 수 있고, 언어로 제시된 개념을 이미지로 재구성해 표현할 수도 있다. 앞서도 언급했듯이 언어와 이미지를 처리하는 기억 체계는 작업기억 내에서 제한된 인지적 자원을 두고 경쟁하는 관계가 아닌 만큼, 서로를 보완하며 학습을 강화하는 데 함께 활용될 수 있다.

저자 프랜시스의 경험을 예로 들겠다. 프랜시스는 예전에 영어를 배우는 중국인 학생 치 린을 지도한 적이 있다. 미국에 처음 올 무렵 치 린은 중국어는 읽고 쓸 수 있었지만 영어는 거의 모르는 상태였다. 그 상태로 학교에 들어왔기에 공부를 하는 것뿐만 아니라 의사소통을 하는 것도 힘겨워했다. 프랜시스를 만날 무렵에는 알파벳을 깨치고 가까스로 단어를 읽어낼 수 있었지만 뜻은 잘 이해하지 못했고 영어로 된 글도 거의 읽지 못했다.

프랜시스는 글자 없는 그림책을 가져와 치 린과 함께 이야기를 나누었다. 치 린은 책의 각 페이지를 넘기며 자기 생각을 이야기했고, 시간이 갈수록 그림과 이야기를 자세히 묘사했다. 프랜시스는 치 린이 말한 내용을 영어로 옮겨 타이핑한 다음 책의 각 페이지마다 붙였다. 그러자 놀랍게도 치 린은 영어로 씌어진 각 문장을 바로 읽고 이해할 수 있었다. 자기가 한 말을 읽는 것처럼 쉽고 재미있는 독서는 없다. 치 린은 그 책을 너무 좋아해서 몇 번이고 반복해 읽었다. 그림으로 포착한 이야기의 흐름과 자신이 구사한 말들이 결합되어 치 린은 난생 처음으로 영어로 된 책을 읽을 수 있게 되었다. 프랜시스는 치 린의 장기기억과 작업기억의 언어 및 시각 처리 체계를 활용, 외국어를 읽고 깨치는 과정을 도울 방법을 찾아낸 것이다.

▶ 청킹

작업기억의 구조와 한계를 이해하면 실제로 작업기억이 감당할 수 있는 수준에 맞게 수업을 설계할 수 있다. 지금부터 이러한 방법에 대해 조금 더 자세히 알아보기로 하자.

앞에서 단기 작업기억이 한 번에 내보낼 수 있는 정보는 고작 일곱 단위 정도라고 말했다. 하지만 장기기억 체계를 효과적으로 활용하면 그보다 더 많은 정보를 처리할 수 있다. 작업기억에 정보를 붙잡아 유지하는 데에는 한계가 있지만 입력되는 정보 속에서 패턴을 찾고 의미를 생성하면 훨씬 큰 덩어리로 정보를 파악하게 되는 것이다.

다음 글자들을 잠깐 훑어보라.

'V CVEU HUR IUEO LRMYY'

대부분 이들 중 일곱 개 정도의 글자만 기억할 수 있을 것이다. 그러나 같은 글자들이라도 의미 있는 덩어리로 묶여 있다면, 즉 'I LOVE YOU VERY MUCH'로 되어 있다면 아주 잠깐만 보더라도 문장을 빠르게 파악하고 기억할 수 있다. 들어오는 정보를 의미 단위로 묶는 청킹(chunking)은 이처럼 작업기억의 한계를 넘어서는 효과가 있다. 여전히 한 번에 처리할 수 있는 단위는 일곱 개 남짓이지만 그 단위가 얼마나 큰 덩어리가 되느냐에 따라 실제로 처리할 수 있는 정보량은 크게 늘어난다.

저학년 학생들의 읽기 수업에 청킹이 어떻게 적용되는지 살펴보자. 처음에는 낱글자 하나하나를 개별적으로 처리해 읽어내지만 많은 연습을 거치면 음절, 단어 등*을 만들어낸다. 낱글자마다 소리를 확인하고 그것을 음절과 단어로 연결하는 데 시간을 많이 들이게 되면 작업기억은 과부하된다. 그러나 청킹이 원활히 이루어지면, 즉 낱글자를 더 큰 덩어리로 묶어서 처리하는 데 능숙해지면 작업기억의 부담이 줄어들고 그만큼 의미를 이해하는 데 더 많은 인지적 자원을 쓸 수 있게 된다.[11] 고학년이 되어서도 마찬가지다. 처음 보는 단어나 표현을

---

* 영문 원서에서는 'word family(cat/rat)', 'sigh words(the, end)', 'phrases(on the top of, at school)' 등을 이용해 설명하고 있으나 한국어 번역서에서는 이 내용을 생략하고 '음절, 단어 등'으로 제시함 — 편집자

만나면 글자를 해독하는 데 신경쓰느라 문장의 흐름과 의미를 따라가는 데 어려움을 겪는다. 그래서 글자를 읽는 데는 별 문제가 없지만 글을 더듬더듬 따라가느라 내용을 잘 이해하지 못하는 학생들이 나오는 것이다.

읽기에서는 다양한 방식으로 청킹을 활용할 수 있다. 'a piece of cake(케이크 한 조각)'는 'a, piece, of, cake'를 각각 따로 처리했을 때와 전혀 다른 뜻을 만든다. 단어를 덩어리로 묶어 처리할 때 의미가 선명해지는 경우다. 문맥 속에서 낯선 단어의 의미를 추측하는 과정도 마찬가지다. 이는 그 단어가 포함된 문장이나 어구를 하나의 덩어리로 파악하고 그 단어의 의미와 역할을 추론하는 것으로, 의미나 문법으로 이루어진 하나의 덩어리에서 빠진 조각을 채워넣는 일, 즉 청킹의 또 다른 형태라고 볼 수 있다. 독자가 의미 파악과 유창성 획득을 위해 이러한 덩어리 단위 처리에 집중할수록 읽기 능력은 한층 더 향상될 수 있다.

수학에서 구구단을 배울 때도 청킹이 활용된다. '6×3=18' 같은 계산식은 사실 학교 워크시트에서나 볼 수 있을 뿐 실제 생활에서는 그대로 등장하는 경우가 거의 없다(Pransky, 2008). '6×3=18'이라는 계산식을 외웠지만 똑같은 형태로 주어지지 않으면 적용하지 못하는 학생, '6×3=18'이라는 계산식 자체를 외우지 못하는 학생도 많다. 이런 학생들은 '6, ×, 3, =, 18'이라는 각각의 숫자와 기호를 한꺼번에 처리하느라 작업기억에 금방 과부하가 걸린다. 반면 이들을 하나의 수학적 의미 단위로 인식하게 되면 세 개의 숫자가 모두 제시되지 않고 일부만 나오더라도 다음과 같이 유연하게 적용할 수 있다.

- 수식 형태의 빈칸을 채워넣기 (6×□=18)
- 나눗셈으로 바꾸기 (18÷6=□)
- 확장된 곱셈 또는 나눗셈의 계산식 (13×6=□)
- 서술형 문제 (상자 하나에 사과가 6개씩 들어 있고, 상자가 3개 있습니다. 사과는 모두 몇 개일까요?)
- 같은 값이 되도록 하는 분수 문제 ($\frac{1}{3}=\frac{\square}{18}$)

정보를 의미 단위별로 묶어 처리할 수 있다는 것은 새로운 내용을 제대로 익혔음을 의미한다. 이는 기본적인 학습 스킬의 자동화, 배경지식의 활성화, 의미 구성 능력과도 직접적으로 연결된다.

중앙집행기

배들리(Baddeley, 2007)의 작업기억 모형에 포함된 요소로 중앙집행기(central executive)가 있다. 중앙집행기는 장기기억과 연결, 의식적인 노력이 필요한 온갖 종류의 정신 활동을 담당하는 곳이다.[12] 암산을 하거나 글을 써야 할 때 중앙집행기는 장기기억에서 필요한 정보를 찾고, 과제에 대한 주의력을 유지하며, 주의를 흐트러뜨리는 요소를 억제하고, 새로운 정보를 다시 조합하는 등 문제를 해결하거나 과제를 완성하는 데 필요한 인지적 자원을 조정하고 지휘하도록 설계되어 있다.

중앙집행기는 복잡한 읽기 과제나 강의 내용을 해석하는 등 주변 세계를 이해하는 데에도 중요한 역할을 한다. 오감을 통해 들어온 정보와 장기기억에서 활성화된 정보가 만나 통합된 경험으로 결합되는 것도 작업기억의 중앙집행기에서다.[13] 중앙집행기는 인간의 의식이 작동하는 핵심적인 영역으로 생각된다.[14]

중앙집행기는 '집행기능(executive functions)'이라는 상위 인지 체계의 일부다. 집행기능은 계획을 세우고 복잡한 문제를 해결하고 감정을 조절하게 해주는 인지·행동 스킬이자, 언어를 사용해 정신 활동을 조절하는 자기조절(self-regulate) 능력의 기반이 된다.[15] 수학 문제를 풀거나 문장을 써내려갈 수 있는 것은, 중앙집행기가 장기기억에 저장된 기존 지식에 더하여 충동을 억제하는 스킬, 다른 과제로 주의를 전환하는 스킬, 목표 설정 스킬, 조직화 스킬 등 다양한 기능을 함께 엮어낸[16] 덕분이다. 작업기억 안에서 여러 정보를 동시에 다루는 능력 또한 중요한 집행기능 스킬의 하나다.

작업기억에서 중앙집행기의 기능과 다른 하위 요소들 간에는 중요한 차이가 있다. 중앙집행기는 의식적인 처리에 관여하지만 단기기억의 언어 및 시각정보 처리는 자동적으로, 즉 무의식적으로 이루어진다는 점이다. 글을 읽을 때 특별한 노력을 들이지 않고도 내용을 받아들이고 이해할 수 있다. 그런데 어느 순간 단어를 잘못 읽었거나 처음 보는 낯선 단어를 만나면 그 흐름이 끊어진다. 그 순간 중앙집행기와 관련된 여러 집행기능이 작동하면서 방금 마주한 단어에 의식적으로 주의를 기울인다. 단어의 의미나 소리를 바로잡아 방해 요소를 해결하고 나면, 다시 원래의 상태, 별 힘들이지 않고 읽을 수 있는 상태로 돌아갈 수 있다.

중앙집행기는 작업기억과 장기기억이 함께 잘 작동하도록 조율하는 역할을 한다. '작업기억'이라는 용어가 중앙집행기의 의미로 쓰일 때에는 입력된 정보를 처음 처리하는 것이 아닌, 작업기억상에서 여러 정보를 한꺼번에 처리하고 유지하고 조작하는 기능에 초점을 둔다. 바로 이것이 여러 집행기능들이 통합되어 작동하는 영역이다.

어떤 정신적 노력을 기울일 때에는 그만큼 작업기억 공간을 사용해야 한다. 만약 장기기억에서 정보를 '의식적으로' 꺼내와야 한다면 작업기억은 금세 부담을 느낄 것이다. 반면 '크게 애쓰지 않고도' 정보를 꺼내올 수 있다면 작업기억에 여유가 생겨 다른 것에 좀 더 주의를 기울일 수 있다. 어제 새로 배운 단어나 개념은 장기기억에 저장되어 있더라도 접근하는 데 시간이 걸리거나 꺼내기 쉽지 않다. 학습자가 그 정보를 기억 속에서 찾아내려 애쓰는 동안에는 지금 읽고 있는 글이나 교사의 강의 내용을 작업기억에서 처리하기 어려울 것이다. 이런 이유로 작업기억의 여유 공간을 확보하는 것은 매우 중요하다.

관련된 개념 중 하나로 '주의(attention)'가 있다. 주의 또한 학습에서 무척 중요한 역할을 하는데, 작업기억에서 중앙집행기에 의해 관리되며 다른 작업기억 기능들과 마찬가지로 용량이 제한된 자원이다. 실제로 우리는 한 번에 한 가지 일에만 주의 집중을 지속할 수 있다. 등 뒤에서 끓고 있는 주전자 정도를 어렴풋이 감지하는 것은 가능하지만 하나 이상의 일을 동시에 깊이 있게 처리하기는 어렵다. 따라서 새롭고 복잡한 내용을 배우고자 할 때는 그 주제에 지속적으로 주의를 유지하고 방해하는 요소를 차단 또는 억제할 수 있어야 한다.[17] 이를 잘 정리한 말이 있다(Medina, 2008).

> 객관적인 연구 결과로 볼 때 인간은 멀티태스킹(multi-tasking)을 할 수 없음이 분명하다. 생물학적으로 인간은 주의가 필요한 여러 입력을 동시에 처리할 수 있지 않다(p. 85).

도표 4.2는 중앙집행기와 연관된 작업기억 기능에 어떤 것들이 있으며 수업에 어떻게 실행될 수 있는지 보여준다.[18]

[도표 4.2] 작업기억과 교실 학습

작업기억 중앙집행기 기능	교실 학습과의 연결
새로 배운 정보를 장기기억으로 보내기	학생들은 수업 시간에 배운 어휘나 과학 개념처럼 새롭게 배운 정보를 기억해야 한다.
장기기억에 이미 저장된 정보와 새 정보를 적극적으로 처리하며 의미를 구성하기	학생들은 언어, 이미지, 기호 등 다양한 유형의 새 정보를 이해해야 하는 학습 과제를 수행한다.
주의 조절과 방해 요소 억제	무엇에 주의를 기울여야 하는지 배운다. 새 정보를 받아들이기 위해서는 주의를 집중하고 다른 방해 요소를 차단하는 능력이 필요하다.
정보 변환하기	제시된 수학 공식을 언어로 바꾸거나, 시각자료를 그래프로 다시 재구성하는 활동을 한다.
여러 단계가 필요한 문제해결에 참여하기	여러 단계를 포함한 복잡한 수학 문제나 과학 문제를 해결한다.
장기기억에서 정보를 의식적이고 목표 지향적으로 검색하기	수업 중 필요한 단어, 이름, 날짜, 기호, 공식 등을 기억해내야 한다.
비슷한 항목들을 공통 범주로 묶기	세상을 바라보고 분류하는 새로운 방식들을 배운다.
새로운 의미 단위를 장기기억의 지식표상과 연결하기	새로운 학습 내용을 기존 지식과 연결하여 이해하고, 이를 바탕으로 새로운 학습 기반을 구축한다.

작업기억 중앙집행기와 학습

중학교 1학년 학생 하나가 식민지 시기 미국을 주제로 사회과 보고서를 쓰고 있다. 교사가 학생을 개별 지도하려고 살펴보니 두 가지 점이 눈에 띈다. 첫째, 이 학생은 그 주 내내 공부한 사회과 주제 단원의 핵심 개념을 대체로 잘 파악하고 있다. 하지만 둘째, 지금 쓰고 있는 글은 문단도 구분되지 않고 마침표도 거의 없는 긴 문장들로만 줄줄이 이어지고 있다.

교사는 속으로 한숨을 쉰다.

'이 학생은 초등학교 저학년 때 이미 문장 부호 사용법을 배웠으니 마침표를 언제 찍어야 하는지 잘 알 것이다. 실제로 연습할 때는 마침표를 그럭저럭 잘 사용하는 편이다. 그런데 막상 글을 쓰는 상황에서는 도무지 마침표를 쓰지 않고 있다!'

이미 갖고 있는 배경지식을 불러올 수 있고 새로운 학습이나 문제해결에 적극적으로 몰두할 수 있을 때 작업기억 중앙집행기는 놀라울 만큼 많은 일을 해낼 수 있다. 하지만 문제는 학생들 모두가 항상 이런 조건을 갖춘 것은 아니라는 점이다. 배경지식을 제대로 떠올리지 못하거나, 작업기억이 원활히 작동하지 않거나, 수업에 충분히 몰입하지 못하는 경우가 흔하다.

▸ 작업기억 중앙집행기의 한계

작업기억이 제 기능을 발휘하지 못하는 것은 구조적 특성 때문으로 대략 세 가지 정도의 이유를 찾을 수 있다. 그중 두 가지는 앞에서 이미 살펴본 것으로 새로운 정보를 처리할 수 있는 용량이 매우 제한적이라는 점, 그리고 작업기억에 정보가 유지되는 시간이 매우 짧다는 점이다. 나머지 하나는 작업기억 중앙집행기의 용량도 제한적이라는 점이다.

글쓰기 과정을 들여다보면 작업기억의 중앙집행기가 갖고 있는 한계를 이해할 수 있다. 특히 학술적인 글쓰기는 학교에서 수행하는 과제 중에서도 가장 높은 지적 부담을 주는 활동으로, 글의 주제, 대상 독자, 어휘 선택, 글의 전체 구성, 문체, 철자, 어법, 구두점 등 수많은 요소를 동시에 다뤄야 한다.

앞에서 언급한 중학교 1학년 학생의 사회과 보고서를 떠올려보라. 학생의 작업기억은 금세 과부하되어 문장부호나 문단 구분 같은 것은 모두 잊어버리고 말았다. 교사들이 수없이 접하는 문제 상황이다. 이럴 때 교사들은 학생이 부주의하거나 노력하지 않는다고 생각하고 '중학생인데 왜 아직도 마침표 하나 제대로 못 쓰는지' 불만스러워하기 쉽다.

그러나 진짜 문제는 학습자에게만 있는 것이 아니다. 과제 자체의 복잡성, 그리고 그 과제가 학습자의 작업기억에 가하는 부담을 먼저 생각해봐야 한다. 아마도 글쓰기 전 교사는 이렇게 말했을 것이다.

"글은 명료하고 설득력 있게 써야 합니다. 독자를 염두에 두고 자기 목소리를 담아 써보세요. 적절한 단어와 문장 부호를 선택해 정확히 쓰는 것도 잊지 마세요."

어떤가? 듣기만 해도 부담이 치솟는다. 학생의 글쓰기를 지도하는 교사에게는 당연히, 이 과제를 통해 특별히 기대하는 요소가 있고 평가기준표도 마련되어 있을 것이다. 하지만 학술적 글쓰기는 모든 학생에게 꽤나 어려운 과제로 작업기억에 큰 부담을 주는 편이다. 조금 전 말한 교사의 지시를 기억하는 것만으로도 이미 작업기억 용량의 상당 부분을 차지할 정도다. 학생들이 글쓰기를 어려워하는 것은 어쩌면 너무도 당연한 일이다.

인간의 뇌가 아무리 경이로운 능력을 지녔다고 해도 여러 일을 동시에 처리하는 멀티태스킹은 본질적으로 힘든 일이다. 개념이 복잡하고 추상적이거나, 동시에 두세 가지 개념을 조작해야 할 때면 특히 그렇다.[19] 486×785와 같은 곱셈을 암산으로 바로 해내는 사람은 많지 않은데, 이는 곱하기를 못해서가 아니라 계산 과정에서 나오는 여러 중간 계산값들을 빠짐없이 기억할 만큼 작업기억 용량이 충분하지 않아서다. 즉 계산을 마치기 전, 그 전 단계에서 내놓은 중간값들이 무엇이었는지 잊어버리기 때문이다.

하지만 종이에 써 가면서 풀면 이 문제는 대부분 해결된다. 이렇게 '적어 두는' 행위는 외장 하드디스크를 활용하는 것과 같아서 작업기억의 한계를 벗어나게 도와줄 수 있다.

이처럼 제한적인 작업기억 체계를 지닌 상태로 학생들은 수많은 교과를 배우고 소화해야 한다. 모든 학생이 이 일을 감당할 수 있는 것은 아니며, 혼자서는 감당이 어려운 학생들도 많다. 주변에서 이런 모습을 보이는 학생들이 있다면 왜 그런지 이해할 수 있을 것이다.

| 수업 적용 | 중앙집행기의 한계를 보완하기

작업기억의 한계는 모든 학습자에게 존재하며, 학습에 어려움을 준다. 새로 배울 내용과 관련된 배경지식을 충분히 마련해주면 부담과 어려움을 덜어줄 수 있다.

다음은 교사가 학습자의 허약한 작업기억을 지원하여 수업을 성공적으로 잘 이끌어갈 수 있도록 돕는 방법들이다.

▸ 적어 두고, 눈에 띄게 비치하라

앞에서 '적어 두는' 행위는 외장 하드디스크를 활용하는 것과 같다고 했다(107쪽). 이 방법을 활용하면 학생들의 작업기억을 지원하는 데 효과적이다. 수업과 관련된 중요 내용들로 외장 하드디스크를 만들어보자. 마인드맵, 개념 구조도, 단어장, 중요 내용 메모, 그림, 그래픽 오거나이저 등을 만들어 게시해 두면 언제든 필요할 때마다 다시 들여다보며 복습할 수 있다. 학생들은 이를 시작으로 그 내용을 다시 떠올리거나 이야기를 나누고, 새로 배우는 내용과 연결하며, 글쓰기 등 다양한 활동을 진행할 수 있다.

작업기억이 최적으로 작동하기 위해서는 이와 같이 외부에서 정보를 단기적으로, 또 장기적으로 '붙들어 주는' 지원이 필요하다. 그래픽 오거나이저, 단어벽(word wall), 차트지 등 시각자료의 구체적 활용 방안에 대해서는 앞으로도 계속해서 다룰 것이다.

▸ 학생에게 의미 있는 내용이 되게 하라

어떤 지식이 진정한 자기 것이 되려면 그 안에서 의미와 목적을 찾아야 한다. 교사의 역할은 바로 학생들이 지금 배우는 학습 내용과 과제에서 의미를 발견하도록 돕는 데 있다.

과제를 '고쳐쓰는' 활동을 예로 들어보자. 대부분의 학생들은 쓴 글을 왜 다시 고치고 다듬어야 하는지 모르거니와 그런 활동을 좋아하지도 않고 실제로 잘 못한다. 여기에 '자기표현'이란 의미를 부여해 보자. 지저분한 방과 깔끔하게 정돈된 방을 비교해보라. 종이로 대충 감싼 선물 사진과 리본에 카드를 곁들여 정성스럽게 포장한 선물 사진을 동시에 보여주고, 어느 쪽이 더 보기 좋은지, 그 이유는 무엇인지, 저렇게 '보기 좋은 모습'이 꼭 필요할 경우는 언제인지 등을 함께 이야기해 보자.

그런 다음 과제로 돌아가서, 고쳐쓰기 전의 글과 고쳐쓴 글을 비교해보면서 앞서 나눈 이야기를 연결한다. 비록 지겹고 귀찮게 느껴지더라도 글을 고쳐쓰고 다듬는 것은 꼭 필요하며 그렇게 한 결과는 확실히 더 낫다는 것을 알려줄 필요가 있다.

중앙집행기를 작동시키는 것은 의식적인 노력이 필요하다. 글쓰기 과제에서 문장부호나 맞춤법 같은 '기계적 요소'든, 혹은 학교에서 요구하는 다른 과제든 그 활동을 학생 자신의 삶과 목표와 연결해 주면, 학생은 "이걸 왜 해야 하지?"가 아니라 "이게 내게 도움이 되는 일이구나!"라고 느낄 수 있다. 이렇게 연결점을 만들어 주는 것이 바로 의미를 '중재'하는 것이며, 그 순간 학생은 그 일에 주의를 기울이고 노력할 이유를 스스로 발견하게 된다. 이 내용은 6장에서 의미기억을 다루면서 좀더 자세히 설명할 것이다.

▸ 기억할 만하게 만들라

학습은 온전히 몰입할 때 더 잘 이루어질 수 있다. 주의 집중을 조절하는 중앙집행기가 학습에 중요한 이유다.

여러 감각을 자극하는 경험, 학습자에게 놀라움, 호감, 흥미를 느끼게 하는 활동을 넣어 수업을 설계하면 기억 체계가 활발히 작동할 가능성도 한층 높아진다. 교육자이자 신경과학자인 주디 윌리스(Judy Willis, 2006)는 자신이 어떻게 학생들을 과학 수업에 몰입하게 만들었는지 이렇게 설명한다.

> 연구를 통해 나는 놀라움과 흥분을 활용하는 여러 전략을 수

업에 도입하게 되었다. 예기치 않은 활동으로 깜짝 놀라게 만들기, 캐릭터 의상 입고 등장하기, 음악, 재미있는 동영상, 만화나 착시 그림 보여주기, 심지어 썰렁한 농담 던지기까지, 이 모든 것은 학생들의 주의를 끌고 유지하기 위한 시도였다(p.38).

이런 수업은 오랫동안 기억에 남게 된다. 당시의 사건 기억이 뇌의 변연계를 자극하여 정서적 반응을 유발하고 여러 감각을 동시에 활성화하기 때문이다. 작업기억은 이 다양한 감각 자극을 한데 묶어 전체적이고 통합된 하나의 경험으로 만드는 곳이다.[20] 바로 작업기억이 가장 잘하는 일 중 하나다.

이 개념은 뒤에 나올 장기기억을 다루는 장에서 구체적인 교수학습 과정과 관련하여 더 자세히 살펴볼 것이다.

작업기억과 교실학습

처리 용량이나 시간에 한계가 있긴 하지만 작업기억은 교실 수업에서 중요한 역할을 한다. 교사의 설명을 듣고, 교과서 지문을 읽고, 새로운 어휘를 외우고, 노트에 필기를 하는 등의 모든 과정은 작업기억의 효율적인 작동 없이는 제대로 이루어지지 않는다. 학생에게 에세이를 쓰라고 할 때, 암산을 하라고 할 때, 역사적 사건의 연도를 물을 때,

읽기 지문을 해석하라고 요구할 때, 교사는 "자, 어서 여러분의 작업기억을 적극적으로 작동하세요."라고 말하는 것이나 다름없다.

▶ 작업기억의 개인차

학습자마다 작업기억 능력은 큰 차이를 보인다. 수전 개더콜(Susan Gathercole)과 트레이시 앨로웨이(Tracy Alloway)는 작업기억이 교실에서 어떻게 작동되는지에 대한 연구를 주도하는 대표적 학자들이다. 초등학교 저학년을 가르치는 교사라면 누구나 알고 있는 사실이지만 이들의 중요한 연구 중 하나가 바로 어린이들의 작업기억 용량은 매우 작고 제한적이라는 것이다(2010). 이는 경험적으로만 막연히 가정했던 사실을 실증적으로 확인한 것이었고, 저학년 시기에도 엄정하고 수준 높은 교육과정을 운영해야 한다는 주장을 경계하는 데 중요한 근거가 되었다.

연구에 의하면 어린이들의 작업기억 용량은 성장하면서 계속 커지고 청소년기에 이르면 성인과 비슷한 수준에 도달한다. 또 한 교실 안에서도 학생들마다 작업기억 능력이 천차만별이라는 사실도 보여준다. 6학년 학생이 3학년 수준의 작업기억 용량을 지닐 수도 있고, 그 반대일 수도 있다. 따라서 교사는 학생들의 작업기억 능력에 상당한 차이가 있다는 전제 하에서 개별화된 수업을 설계하고 조정할 필요가 있다. 이 장에서 제시하는 다양한 비계와 중재적 지원이 도움을 줄 것이다.

작업기억 능력에서 나타나는 또 다른 차이점들도 추가로 밝혀졌다. 외국어 학습자의 경우 모국어보다 외국어를 학습하거나 사용할 때 작업기억 용량이 더 떨어진다.[21] 공부를 잘하는 학생이라도 어떤 내용을 외국어로 배울 때는 작업기억 소모가 더 커져 인지과부하가 일어나기 쉽다는 뜻이다. 이는 작업기억에서 외국어를 처리하는 속도가 상대적으로 느리기 때문일 것이다. 이 사실은 중요한 시사점을 준다. 모국어가 아니라 외국어로 학교 공부를 해야 하는 학습자들의 경우 학습장애가 있는 것처럼 보일지라도 실제로는 아닐 가능성이 있다. 이런 학생들에게는 교사가 제공하는 다양한 비계와 중재적 지원이 큰 도움이 된다. 초등학생을 대상으로 한 대규모 검사 결과에 의하면[22] 작업기억 부족으로 학습에 어려움을 겪는 학생들은 대략 10퍼센트 정도로 추정되며, 중고교 학업성취도에서도 부정적인 결과를 보이고 있다. 유치원 시기에 작업기억 부족을 겪었던 학생들은 초등 3학년 과정 문해력 검사에서 평균 이하의 점수를 받았다.[23] 작업기억 용량은 이처럼 학업성취를 예측하는 데 매우 중요한 지표다.

그러면 작업기억 능력을 향상시킬 방법은 무엇일까? 언어적, 시각적 처리 기능이나 주의 집중력 같은 핵심적인 기능을 향상시킬 수 있는 직접적인 방법으로 아직까지 공식 인정된 것은 없다.[24] 하지만 작업기억 용량이 부족하거나 쉽게 과부하되는 학생들을 교사가 도울 수 있는 방법은 여러 가지가 있으며, 작업기억의 집행기능 향상 방안은 5장에서 자세히 살펴볼 것이다.

▸ 인지부하

인지부하 이론(cognitive load theory)은 호주의 심리학자 및 교육자들의 연구[25]에 기반을 두고 있으며 이 장에서 계속 강조해온 다음 두 가지 사실과도 관련된다.

- 작업기억은 상당히 제한적이다.
- 많은 학습자가 수업 중 정보 과부하에 빠질 위험이 있다.

이 문제에 대응하고자 연구자들은 작업기억 기능을 뒷받침하는 수업 설계 방법과 실행 방안을 꾸준히 탐구해왔다. 이들은 교사의 설명 방식이 지나치게 복잡하거나, 학습 자료에 정보가 너무 많이 담겨 있거나, 한 번에 요구되는 과제가 과도하면 학생들의 작업기억이 쉽게 포화 상태에 이르고 학습이 무너질 수 있다고 경고한다.[26]

그렇다면 우리는 어떻게 이 문제를 해결할 수 있을까.

| 수업 적용 | 인지부하를 줄이는 수업

▸ 연습, 연습, 또 연습

연산이나 철자법 등의 학습 스킬을 익히는 목표는 장기기억에서의 인출을 자동화하는 데 있다. 그래야 작업기억에 거의 부담을 주지 않고 문제해결이나 새로운 정보 습득에 집중할 수 있다. 자동화는 대개 반복적 연습을 통해 이루어진다. 수초화(myelination)를 떠올려보라. 교사는 특정 스킬이 자동화될 때까지 충분히 연습할 수 있도록 수업을 설계해야 한다.

연습은 단순한 반복 이상의 의미를 지닌다. 장기기억에 저장되는 것은 개별 스킬만이 아니라 개념, 전략, 지식의 연결망처럼 훨씬 복합적인 내용이기 때문이다. 이런 종류의 지식은 기계적인 반복만으로는 충분히 다져지지 않으며, 다른 방식의 연습을 필요로 한다. 어제 수업에서 배운 새로운 정보가 장기기억에 저장되었다고 해도, 막상 꺼내 쓰려 하면 여전히 많은 노력이 들 수 있다.[27]

결국 중요한 것은 필요할 때 힘 들이지 않고 떠올릴 수 있는 수준으로 만드는 일이다. 연습을 통해 장기기억에서의 정보 인출이 수월해지면 작업기억의 부담을 줄여 학습이 더 잘 이루어질 수 있다. 이 내용은 10장에서 더 자세히 다룰 예정이며, 자동화를 위한 반복 연습과 함께 개념적 이해를 깊게 하고 기억을 쉽게 불러올 수 있는 다양한 연습 방법도 제시할 것이다.

▶ 의미 없는 것을 없애기[28]

의미 없는 정보는 작업기억을 빠르게 과부하시킨다. '의미 없는', 즉 학생과 관련성이 없고 맥락도 없는 새로운 정보는 기억하기도 처리하기도 어려워 작업기억 과부하의 원인이 된다. 이름, 연도, 공식 같은 것들은 내용과 어떻게 연결되는지 이해하지 못하면 당연히 기억하기 어렵다. 대학생조차 의미 없는 짧은 단어는 불과 몇 초밖에 기억하지 못한다는 연구[29]도 있다.

다음 단어 목록을 15초 간 살펴본 뒤 몇 개나 기억나는지 적어보라. 아마 몇 개 이상 기억하지 못할 것이다.

zaxon, munderly, chud, tuncler, jombly, tekkin, rondis, ploz, inquistical.

이 연구는 새로운 정보와 이미 알고 있는 정보 간에 연결고리가 전혀 없을 때 작업기억이 얼마나 제한적으로 작동하는지 보여준다. 배경지식과 연결되지 않으면 '의미 없는' 것으로 생각되고 만다. 학습에 어려움을 겪는 학생들에게는 학교에서 배우는 것들이 이렇게 '의미 없게' 느껴질 수 있다. 교사가 할 일은 '의미 없게' 느껴지는 지점을 다음과 같이 줄여주는 것이다.

- 새로운 내용을 학생들의 배경지식과 연결해 주기
- 일부 학생에게 부족한 배경지식을 보충해 주기[30]
- 오늘 배우는 내용을 이전 학습과 의도적으로 연결해 주기

한 마디로 모든 수업에서 '의미 없는 것을 없애라'는 것이다.

▸ 전체와 부분의 연결 돕기

사람은 경험의 세부 내용보다 전체적인 요지를 더 오래 기억한

다.[31] 그런데 학생들이 수업의 주제나 활동 목표, 즉 전체 요지와 관련된 맥락을 파악하지 못하면 무엇이 중요한지 알지 못해 결국 멍해지고 만다. 또 이미 알고 있는 것과 연결할 단서를 찾기 위해 작업기억을 불필요하게 소모하게 된다. 단어나 연도, 날짜, 인물, 숫자 같은 부분적인 요소는 반드시 전체 주제와 어떻게 연결되는지 보여주어야 한다. 그래야만 학생들은 배우는 내용을 잘 이해하게 되고, 작업기억의 부담을 덜고 학습의 흐름을 잡을 수 있다.

새로운 정보가 더 큰 주제나 흐름 속에서 어떤 위치에 자리하는지 연결하게 도와주면 작업기억 부담을 줄일 수 있다. 이를 위해 타임라인, 순서도, 그래픽 오거나이저를 적극적으로 활용하자. 복잡한 수학 문제를 풀 때 종이 위에 쓰면서 푸는 것이 외장 하드디스크 역할을 한다고 했다. 이런 시각자료들도 교실에서 정보가 한꺼번에 쏟아질 때 같은 방식으로 학습을 도울 수 있다. 또 학생들이 개별 정보를 따로따로 기억하는 것이 아니라 더 큰 지식 구조나 개념 속에서 서로 연결된 채 자리 잡도록 한다.

인지부하 측정

수업 자체의 내재적 부하(intrinsic load) 정도를 가늠하는 것도 교사의 일 중 하나다. 이는 학습과제의 복잡성 때문에 학생들이 느끼는 작업기억의 부담 정도를 말한다.[32] 예를 들어 다양한 출처의 정보를 통합하고 조작해야 하는 활동은 인지부하가 높다고 볼 수 있다.

사실 학교에서 이루어지는 거의 모든 학습은 본질적으로 인지부하가 높아 작업기억 중앙집행기의 부담도 큰 편이다. 서술형 수학 문제를 생각해보라. 글을 읽고 문제의 조건을 파악하고, 핵심 정보를 기억하고, 적절한 연산을 선택하고, 몇 단계의 풀이 과정을 거치며 숫자를 다루는 일은 작업기억에 상당한 부담이다.

역사 시간은 어떤가. 글을 읽고 인명과 지명, 날짜, 주제, 수많은 어휘들, 도표, 지도를 모두 기억해야 한다. 그런 다음 그 내용을 토대로 논리적 구조를 갖춘 문장을 쓰되 문법적으로 정확하며 글의 흐름도 자연스럽게, 사실 관계까지 모두 맞는 에세이를 작성하는 것은 얼마나 큰 부담인가. 하지만 안타깝게도 교과 내용의 복잡성을 줄일 방법은 없다. 그렇다면 교사가 할 수 있는 것은 가르치는 방식을 바꾸는 일이다.

교사가 통제할 수 있는 인지부하에는 어떤 것이 있을까? 스웰러와 동료들(Sweller et al., 2018)의 인지부하 이론에 의하면, 학습 자료의 불필요한 복잡성이나 비효율적인 제시 방식 때문에 '외재적 인지부하(extraneous cognitive load)'가 발생할 수 있다. 만약 학생의 인지부하가 한계에 도달하는 순간을 알아볼 수 있다면 교사가 취해야 할 조치로는 다음과 같은 것들이 있다.

- 수업 속도 늦추기
- 학습목표를 다시 짚어주기
- 수업의 리듬을 잠시 바꾸기. 즉 학생들에게 자리에서 일어나 잠시 몸을 움직이게 하거나, 지금 배우고 있는 내용에 대해 옆 사람과 간단히 이야기하게 하기
- 아직까지 시각자료를 사용하지 않았다면 바로 제시하기
- 쉽고 간단한 설명으로 바꾸기. 어려운 어휘는 빼고 제시하기
- 학생의 배경지식과 관련되는지 확인하고 다시 연결해 주기

학생의 인지과부하 징후를 포착하는 일은 매우 중요하다. 도표 4.3에 교사가 알아볼 수 있는 인지과부하 징후를 제시한다.[33] 학생이 이러한 징후를 보이며 힘들어할 때 이렇게 생각해보자. "아, 이 학생은 지금 내 수업과 과제가 자신에게 인지부담이 너무 크다는 신호를 보내고 있구나. 이건 게으른 것도 열의가 없어서도 아니야. 어느 부분에서 막히는지 함께 찾아봐야겠어. 그리고 학생 혼자 극복하기 어려운 단계를 내가 받쳐주고 다시 해볼 수 있게 지원해야겠어."

연구에 의하면 학습자의 작업기억 상태를 가장 정확하게 판단할 수 있는 것은 바로 학습자 자신이다.[34] 따라서 학생들이 교실에서 겪는 어려움을 파악하려면 정기적으로 학생의 목소리를 직접 들어볼 필요가 있다. 간단한 대화로든 정식으로 된 서면 피드백이든 좋다. 학생이 지금 배우는 내용을 잘 따라오고 있는지, 어떤 부분이 버거운지,

교사가 무엇을 달리하면 도움이 될지 등을 물어보자. 학생이 지금 수업에서 보고 듣고 느끼는 경험을 파악하는 일은 매우 중요하다.

작업기억을 고려한다는 것은 단지 작업기억이 어떻게 작동하는지, 언제 흔들리는지 알고 있는 데서 끝나지 않는다. 학생이 겪고 있는 학습 어려움을 직접 묻고 파악하는 것까지 포함해야 한다.

[도표 4.3] 수업에 나타나는 인지과부하 징후와 그 의미

인지과부하로 볼 수 있는 행동	인지과부하 관련 의미
과제를 어떤 순서로 진행해야 할지 몰라 혼란스러워한다.	과제 수행에 필요한 지식 및 단계를 떠올리지 못한다. 필요한 정보를 머릿속에서 정리하고 유지하는 데 과부하가 걸린 상태다.
과제를 회피하거나 중도에 포기한다	인지과부하로 작업기억에 여유가 없어 회피나 포기로 반응하는 것이다.
과제가 벅차다, 재미없다, 어떻게 해야 좋을지 모르겠다고 불평한다	과제의 복잡성과 어려움, 작업기억 용량 사이의 불일치로 인해 지속적 처리와 의미 구성이 어렵다.
오늘 배운 내용을 이전에 공부한 내용들과 연결하지 못한다.	작업기억에 부담이 커서 관련된 정보를 장기기억에서 찾고 인출하는 것이 제대로 이루어지지 못한다. 당장의 정보 처리에 모든 인지적 자원을 소모한다.
흥미를 잃고 자꾸 산만해진다.	중앙집행기가 제 기능을 하지 못해 주의 유지 기능이 약화된 상태다.
철자, 문장 부호, 간단한 계산 등 이미 배운 지식과 스킬을 제대로 사용하지 못한다.	작업기억 용량이 초과되어 자동화된 스킬 사용과 장기기억으로부터의 인출 모두에서 오류가 발생한다.

수업 적용 | 인지과부하를 피하려면

문학 수업을 듣는 중학교 2학년 학생들에게 글쓰기 과제를 냈다. 교사는 최근 배운 형용사 10개를 넣어 쓰되, 문체, 접속어, 문장의 흐름, 구조, 전개, 어휘 선택 등 작문의 6개 요소를 적용하고, 평가기준에 따라 스스로 점검하는 것도 잊지 말라고 덧붙인다. 대부분의 학생들이 과제를 완성해 제출했다. 하지만 교사의 지시를 일부라도 기억해 반영한 학생들은 절반도 되지 않는다.

다음은 인지과부하를 피할 수 있는 교수기법과 전략들이다.

▸ 주의 분산

여러 곳에 흩어진 정보를 왔다갔다 하며 확인해야 할 때 학습자의 작업기억은 부담을 느끼고 그 정보를 한데 통합하는 데 어려움을 겪는다. 이는 '주의 분산(split attention)' 효과로 알려졌다.[35]

생물 시간에 식물의 구조를 배운다고 하자. 설명글과 함께 그림이 제시되면 도움이 되겠지만 이보다 더 효과적인 방식은 그림과 설명을 하나의 통합된 형태로 제시하는 것이다. 즉, 식물의 각 부분에 대한 설명을 그림 위에 직접 제시하는 방식이, 한쪽 페이지에는 그림만 있고 다른 페이지에는 설명이 따로 있는 방식보다 훨씬 좋다는 말이다. 이렇게 되면 학습자가 이미지와 글 사이를 계속 오가며 주의를 전환하는 데 쓸 정신적 에너지를 아낄 수 있다. 주의를 전환할 때마다 적지 않은 노력이 들고 작업기억의 소중한 자원을 소모하기 때문이다(주의 전환에 대해서는 5장에서 자세히 설명한다).

연구에 따르면 학생 혼자서 칠판에 판서된 내용을 그대로 옮겨 쓰거나, 교실에 게시된 차트와 포스터를 활용하여 공부하는 일도 결코 쉽지 않다.[36] 그 이유는 작업기억 용량 때문이다. 칠판이나 차트를 보려고 고개를 들고, 필요한 정보를 찾느라 집중해서 읽고, 그 내용을 머리 속에 잠시 붙들어 두었다가, 다시 시선을 내려 아까 보았던 정보를 떠올리고, 이렇게 과제를 계속해야 한다. 이러한 일련의 과정 모두가 작업기억에 부담을 주어 결국 인지과부하가 발생한다.

수업에서 이런 문제가 보일 경우 책상에 놓을 만한 작은 크기의 차트를 만들어 개인별로 제공한다. 또 하나의 방법은 차트나 시청각 자료, 그래픽 오거나이저, 어휘 카드 등 기억을 돕는 도구를 충분히 다루어보게 하는 것이다. 그렇게 하면 이런 도구를 다루는 것 자체에 부담을 줄일 수 있어 도움이 된다. 단, 학생들이 매우 잘 알고 익숙한 내용으로 연습하는 편이 좋다. 그래야 새로운 정보를 처리하느라 작업기억을 소모하지 않고 연습에 더 많이 작업기억 자원을 투입할 수 있을 것이다. 또 특수지원이 필요한 학생들에게는 차트의 내용을 음성으로 들려주는 방법도 사용할 수 있다.

최근 켄은 초등학교 1학년 담임교사를 도와 수업 코칭을 진행했다. 아이들이 칠판에 적힌 문장을 노트에 적는 동안 학생 하나가 갑자기 "안 보여, 안 보인다고!" 하며 소란을 피우기 시작했다. 평소 담임 교사가 대하기 힘들어 하던 학생이었다. 고개만 조금 움직여도 충분히 보일 자리였기에 켄은 이 상황이 학생이 아니라 과제 자체에 있지 않은가 생각했다. 다른 학생들은 모두 필기를 마친 터라 교사는 곧바로 동화 읽기 활동을 시작했다. 그리고 소란을 피운 학생에게 주의를 주며, 필기를 다 마치기 전에는 활동에 참여할 수 없다고 설명했다. 학생은 몹시 흥분해 안절부절 못했다. 교사는 보조교사에게 학생을 지도해 달라고 부탁했지만 학생은 누구의 말도 들으려 하지 않았다. 교사도, 보조교사도 어찌할 바를 몰랐다.

그 순간 켄의 머리에 한 가지 생각이 떠올랐다. 켄이 칠판에 적힌 문장을 종이에 적어 학생 옆에 놓아 주자, 학생은 놀란 듯 켄을 쳐다보더니 "고맙습니다!" 하고 외쳤다. 그리고 나서 종이에 적힌 문장을 노트에 옮겨 썼고 몇 분 지나지 않아 친구들 곁으로 갈 수 있었다.

▸ 과제를 단순화하라

교실에서 이루어지는 학습은 본질적으로 내재적 인지부하가 높은 편이다. 학습에 어려움을 겪는 학생에게는 학습 내용을 더 작은 단위로 나누어 주어야 한다.

앞에 든 중학생들의 사례(121쪽)에서 보듯 글쓰기는 작업기억에 매우 큰 부담을 주는 활동이다. 하루아침에 좋은 글을 쓰기란 불가능하며, 이런저런 요구를 할수록 상황은 더욱 악화된다. 그보다는 작문에 필요한 여러 요소 중 한 번에 하나씩만 집중적으로 가르치는 편이 낫다. 쓴 글을 다시 살피며 고치는 단계에서도 마찬가지로 학생이 신경 쓸 것들을 최대한 줄여주고 그 외의 것들은 과감히 넘어가야 한다.[37] 신경써야 하는 것이 많아질수록 어느 하나에도 제대로 주의를 기울이기 어려워진다.

▸ 쉬운 예를 사용하라

새로운 개념을 소개할 때는 쉽고 단순한 예부터 시작해서 차곡차곡 단계를 올리는 것이 좋다. 6학년 수학교사 중에 이런 분이 있다. 새로운 개념을 가르치는 수업에서 다루는 숫자는 1이나 5처럼 계산하기 아주 쉬운 것들로만 설계하는 것이다. 개념이 다소 어렵고 복잡하더라도 계산이 쉽고 간단하면 작업기억의 부담을 줄이고 개념 이해에 더 많은 인지적 자원을 쓸 수 있기 때문이다.

확률을 처음 가르칠 때 교사들은 흔히 동전 던지기를 예로 들곤 한다. 확률이 반반이고 쉽게 이해할 수 있기 때문에 불필요하게 계산에 매달리지 않고 새로운 개념에 집중할 수 있다.

▸ 확실히 이해했는지 점검하라

'의미 구성(meaning making)'이란 새로운 정보를 기존 지식과 경험에 연결하여 이해 가능한 형태로 재구성하는 일이다. 즉 교사가 설명한 내용을 잘 받아들이고 '아, 이게 이런 뜻이구나. 이럴 때 쓰는구나.'

와 같이 스스로 머리 속에서 의미 있게 엮어 내는 과정을 말한다. 수업에서 의미 구성이 활발히 이루어지려면 대화와 질문, 적극적인 수업 참여가 필요하다.

의미 구성을 돕는 수업 전략의 핵심은 새로운 지식과 기존 지식의 연결이 일어나도록 이끌어주는 데 있다. 새로운 주제를 다루기 전, 이전 수업에서 배웠던 개념을 상기시켜 짚어주는 식이다. 이때 배경지식의 빈칸을 미리 채워줄 필요가 있다. 개념과 관련된 중요한 이름, 날짜, 단어의 의미 같은 것들 말이다. 예를 들어 '뉴턴의 중력 법칙'을 배운다고 하자. 뉴턴이 누구인지, 중력이 무엇인지 모르는 상태에서 이 개념을 배우면 작업기억의 부담이 커져 금세 인지과부하를 겪게 될 것이다. 배경지식의 빈칸을 채워주고 새로 배울 개념과 어떻게 연결되는지 미리 알게 하면, '의미 구성'까지 나아갈 수 있는 인지적 자원을 확보하게 된다.

의미 구성을 위해 중요한 것은 학생이 제대로 이해하고 있는지 자주 확인하는 일이다. 이런 확인은 형식적인 평가가 아니어도 수업 중에 언제든 가볍게 할 수 있다. 수업 중에 질문을 던지고 학생들에게 손가락을 이용해 '맞다/틀리다'라고 대답하게 해보자. 이때 맞는지 틀리는지 잘 모르는 경우 엄지를 옆으로 눕히는 것까지 허용해도 된다. 방법은 얼마든지 다양하게 할 수 있다. 핵심은 정규 시험이 치러지기 전, 학생들이 새로운 내용을 제대로 이해하고 성공적으로 의미 구성을 하고 있는지 미리 확인하는 데 있다.

▸ 일상화된 루틴과 과정에 익숙해지게 하라

교실에서 이루어지는 모든 학습은 본질적으로 인지부담을 증가시킨다. 짝 활동이나 교사 설명 듣고 필기하기 등 간단하게 진행되는 것도 있지만 소그룹 학습이나 인터넷 탐색처럼 복잡한 절차로 진행되는 것도 있다. 수업과정이 단순하든 복잡하든 작업기억에는 부담이다. 소그룹 학습은 집단 속에서 다른 사람의 말을 듣고 참여하며 협력하는 일련의 과정으로 이루어지지만 학생들은 이 과정에 그리 익숙하지 않다. 고등학생들도 서툰 경우가 많다. 교사는 학생들이 '당연히' 알고 있을 거라 생각하지만 실제로는 그렇지 않다. 이 때문에 수업에서 일상화된 루틴(routine)과 과정을 반복적 연습으로 익숙하게 만들어주면 인지부하를 줄일 수 있고, 그런 스킬 자체에 서툰 학생들에게는 배움의 기회가 된다.[38]

새로운 학습과정이나 수행과정을 시도할 경우 학생들에게 매우 익숙한 주제를 활용하면 인지부담을 덜 수 있다. 예를 들어 협력학습을 시도한다면 첫 시간에는 학생들이 아주 잘 알고 익숙한 주제로 진행하라는 것이다. 그래야 낯선 내용 때문에 산만해지지 않고 소그룹 안에서 협력적으로 학습하는 방법 그 자체에 집중할 수 있다. 익숙하게 일상화된 활동으로 자리잡고 나면, 비로소 협력학습을 활용하여 본격적인 교과 내용 학습을 해나갈 수 있다.

소그룹 활동에서 학생들은 '책임감 있는 말하기(accountable talk)'를 익힐 필요가 있다. 이는 공통핵심기준(CCSS)에서 말하는 '과제중심적 학습대화(on-task academic conversation)'로 학생들은 다음 세 가지를 익혀야 한다. 첫째, 과제중심적 학습대화에 참여하는 방법으로, 듣기와 말하기 모두 해당한다. 둘째, 과제중심적 학습대화에서 사용되는 말하기 방식으로, 상세한 설명, 사례 제시, 아이디어 통합, 요약 등이 해당한다. 셋째, 과제중심적 학습대화를 구성하는 문장 표현으로, 시작하는 표현이나 내용의 전환을 이끄는 말 등이 해당한다.[39] 이 세 가지 방법을 자신이 잘 알고 있는 주제 속에서 반복적으로 연습하다 보면 어느새 익숙해져, 이후 본격적인 교과 내용을 배울 때도 큰 부담 없이 사용할 수 있는 숙련도를 기르게 된다. 필요한 언어 표현을 정리한 차트를 교사가 제시해주고, 일정 시간 동안 그러한 표현을 넣어 선생님처럼 말해 보는 활동을 한다든가 할 수 있다. 이런 방식은 학습대화에 쓰이는 언어 표현을 즐겁게 연습할 수 있는 방법이다.

학습부진과 작업기억

인지부하와 작업기억의 취약성을 알지 못하는 교사는 어쩌면 학생들의 작업기억을 과부하시키는 수업을 일상적으로 하고 있을지 모른다. 분명 그럴 의도는 전혀 없었겠지만 말이다.

　문해지향성이 낮은 학생과 문화적으로 단절을 경험한 학생들은 특히 취약하다. 이유는 여러 가지가 있지만 이들이 사실상 교육과정을 두 배로 학습하고 있다는 점도 무시할 수 없다. 이들은 교과 외에도 문해지향성이 높은 학생들이 성장 과정에서 이미 체화시킨 학습 스킬이나 습관까지 새롭게 배워야 하는 상황이다. 문화적, 언어적으로 다양한 배경을 지닌 학생들은 교과 내용 외에도 주류 사회의 관용적 표현, 사회문화적 관습, 가치관까지 배워야 한다. 영어 학습자들을 예로 들면, 영어라는 새로운 언어를 배우는 동시에 낯선 학교문화, 수업, 다양한 문화적 지식들을 추가로 익히고, 교과 내용까지 배워야 하는 것이다. 영어를 모국어로 쓰는 학생들과 비교하면 얼마나 막대한 학습 부담인가.

이 학생들에게 가해지는 엄청난 정보량은 취약한 작업기억 체계를 걸핏하면 위기에 빠뜨린다. 겉으로는 단지 '느린 학습자'처럼 보일 수 있지만 실제로는 누구도 알지 못할 엄청난 부담을 지고 있는 것이다. 교사는 이 점을 반드시 이해하고, 학습에 어려움을 겪는 학생들이 인지과부하를 피할 수 있도록 수업을 설계하고 실행해야 한다.

교사의 개입과 중재

켄은 초등학교 1학년 학생들에게 읽기를 가르친 경험이 있다. 여기서는 켄이 인지부하를 조절해 가면서 읽기를 가르친 방법을 관찰해 소개하고자 한다.

학생들은 이제 막 읽기를 시작한 단계로 트럭이 나오는 그림책을 읽고 있다.[40] 이 그림책은 같은 문장 구조가 반복되고 있어 그림을 보고 단어를 예측할 수 있게 만들어졌다. 학생들은 첫소리를 바탕으로 다음에 나올 단어를 예측하는 연습을 하고 있다. 덤프트럭 그림이 실린 페이지에서 켄이 질문한다. "트럭이 실어나르는 것이 무엇일까요?" 한 학생이 'sand(모래)'라고 대답한다. 해당 페이지에는 "Trucks carry dirt(흙)."라는 문장이 함께 실려 있다. 켄은 그 예측이 맞는지 확인할 수 있도록 학생들의 주의를 이끈다.

학생들_ 트럭이 'sand(모래)'를 실어요.

켄_ 내 손가락을 보세요. 내가 가리키는 게 마지막 단어 맞죠? 그럼 이 단어가 정말 'sand(모래)'인지 확인해 봅시다. (dirt의 'd'를 가리키며) 자, 내 손가락 아래 있는 게 어떤 글자인가요?

세이븐_ 'sand(모래)'요. 트럭이 모래를 실어 날라요.

켄_ 자, 내가 뭐라고 물어봤죠? 잘 들어봐요. 내 손가락 아래 어떤 글자가 있냐고 물었어요.

세이븐_ 'sand(모래)' … 아닌가요? (혼란스러운 표정)

켄_ 글자를 생각해봐요. 지금 내 손가락이 가리키는 글자, 그 글자가 뭐죠? (켄이 알파벳 노래를 부르기 시작하며 아이들도 따라 부르게 한다.)

호세_ 아, 'd' 예요!

켄_ 잘했어요, 호세. 맞아요, 'd'! 그럼 'd'는 어떤 소리가 나죠?

호세_ [d], [d], [d]

켄_ 맞아요! 아주 잘했어요. 그럼 's,s,s,s,s,s,sand(모래)'는 'd'로 시작하나요?

호세_ (고개를 막 흔들더니 선생님을 바라보며) 음…. 아니에요.

켄_ 그래요. 'sand(모래)'는 'd'로 시작하지 않아요. 그런데 이 책에 나온 단어는 'd'로 시작하죠. 생각해봅시다. 뜻은 '모래'와 비슷한데 'd'로 시작하는 게 뭘까요?

세이븐_ 오, 저 알아요. 'dirt(흙)'이에요!

세이븐은 첫 소리만으로 단어를 예측할 수 있는 학생이다. 그런데 처음에는 왜 그렇게 어려워했을까?

수업은 이처럼 아주 단순해 보이는 활동이라도 학생의 작업기억에 큰 부담을 준다. 여러 종류의 정보를 동시에, 빠짐없이 처리해야 하기 때문이다. 새로운 내용을 학습할 때 꼭 필요한 이 섬세한 균형잡기를 위해서는 작업기억의 제약을 잘 이해하고 복잡한 인지적, 사회문화적 과정을 고려할 줄 아는 교사의 능숙한 지도가 있어야 한다.

앞에서 예로 든 읽기 수업을 보자. 이 수업에서 학생들은 여러 가지 문해 개념을 동시에 처리해야 했다. 소리, 글자, 단어, 그리고 소리와 글자의 대응까지 기억해야 했고, 이것은 학생들이 어느 정도 배우고 연습해 온 내용이지만 아직 자동화된 상태는 아니었다. 시각적 단서로 제공된 덤프트럭 그림도 계속 머리 속에 떠올리고 있어야 했고 교사가 이끄는 대화에도 참여했다. 교사의 질문과 지시를 이해하고 대답하며, 알파벳 노래도 부르고, 친구들의 말도 들었다. 이 모든 것들이 바로 작업기억에 과부하를 일으킬 수 있는 상황이다.

이 읽기 과제는 분명 이제 막 읽기를 배우는 학생들이 해낼 만한 수준이지만 그럼에도 글자와 소리를 통합해 'dirt'라는 단어를 읽어내는 것은 쉬운 일은 아니다. 학생들은 모두 'd'라는 글자를 읽을 때 [d] 소리로 시작하고, 'dirt'라는 단어가 'd'로 시작한다는 것도, 이 단어의 뜻이 '흙'이며 트럭이 흙을 싣는다는 사실도 알고 있다. 이 정보들은 모두 장기기억 속에 저장된 것들이다. 작업기억의 도전은 바로 이 모든 정보를 한데 모아 'dirt'라는 단어를 읽어내는 일이다.

켄은 학생들의 작업기억이 과부하되지 않도록 다양한 기법을 사용해 학습을 중재했다. 다음은 이 사례에서 켄이 사용한 중재 지원이다.

- 주의 끌기: 켄은 학생들이 수업의 핵심 요소인 덤프트럭 그림과 'dirt(흙)'라는 낱말의 첫 글자에 계속 주의를 기울이게 이끌었다. 이를 통해 학생들은 읽기 과제의 핵심인 단어 식별과 의미 구성에 집중할 수 있었다.
- 장기기억 활성화: 켄은 학생들에게 트럭 그림을 보여주며 트럭이 무엇을 실어나르는지 예측하도록 했다. 이 과정에서 트럭에 관한 학생들의 장기기억이 활성화된다. 켄은 이렇게 활성화된 배경지식을 이용해 'dirt(흙)'를 읽도록 도왔고, 알파벳 노래를 함께 부르며

문자에 관한 지식도 활성화했다.

- 질문하기: 켄은 학생들에게 질문했다. “뜻은 ‘모래’와 비슷한데 ‘d’로 시작하는 게 뭘까요?” 이 질문은 트럭이 무엇을 실어나르는지에 관한 지식을 떠올리는 동시에 ‘d’로 시작하는 낱말로 주의를 집중시킨다. 그 결과 세이븐은 단어를 정확히 읽어낼 수 있었다.

맺으며

지금까지 살펴본 바와 같이 작업기억은 학습에서 핵심적인 역할을 하지만 종종 학습의 약한 고리가 되기도 한다. 작업기억에 대해 이해하고 작업기억 용량이 교실 수업에 어떤 영향을 미치는지 이해하려는 노력 그 자체가 학습 전문가로서 교사의 역할이다. 수업의 인지부하 정도를 능숙하게 파악하고 학생의 인지과부하 징후를 민감하게 알아차리는 것, 이는 수업의 효과를 높이고 학습을 성공적으로 이끄는 길이다. 이렇게 수업을 설계하고 실행한다면 특히 학습에 어려움을 겪는 학생들에게 많은 도움을 줄 수 있다.

오늘날 교사가 처한 환경은 녹록하지 않다. 방대한 분량의 교육과정을 소화하는 동시에 학습에 어려움을 겪는 학생들까지 지원해야 하는 일은 고민스러운 딜레마다. 학습에 어려움을 겪는 학생들일수록 ‘방대한’ 분량보다는 ‘최소한의’ 정보를 의미 있게 다루는 방식이 필요하기 때문이다. 최신 학습이론과 데이터를 바탕으로 교사의 판단과 결정을 뒷받침할 수 있다면 작더라도 긍정적 변화를 이끌어낼 수 있을 것이다. 교사를 학습 전문가로 바라보아야 한다고 주장하는 이유도 여기에 있다. 학습에 어려움을 겪는 학생들을 지원하는 교사는 실제 학습 과정에서 기억 체계가 신경생리학적, 생물학적 방식으로 어떻게 작동하는지 이해하는 것까지 포함, 자신이 내리는 결정을 정당한 근거로 뒷받침할 수 있어야 한다.

기억에 관한 연구 결과는 교사가 학생의 필요를 반영해 수업 속도를 조절해야 한다는 사실을 강조한다. 하지만 현실은 교육청이나 교육당국에서 교육과정의 흐름과 속도를 정해 놓고 밀어붙이는 추세다. 이러한 딜레마 속에서 교사는 고민에 빠진다. 학습에 어려움을 겪는 학생을 돕는다는 명분 아래 수많은 요구를 감당하고 있는데 정작 그 많은 것들 중 무엇도 학생에게 도움이 되지 않는 것 같다고 느끼는 것이다. 안타까운 일이다. 시시각각 전개되는 수업 속에서 학생을 직접, 가장 가까이에서 관찰할 수 있는 사람은 바로 교사다. 진정으로 학생의 필요에 맞는 수업을 할 수 없다면 학습에 어려움을 느끼는 학생의 성취도를 개선할 수 있는 희망은 거의 없다고 본다. 그러자면 교사가 내리는 결정이 학교 관리자나 교육청으로부터 신뢰와 지지를 얻어야 한다. 설득력 있는 언어, 학생에게 도움을 줄 수 있다는 객관적인 근거 데이터를 갖춰야 한다. 그럴수록 교사는 학교 안에서 실질적이고 긍정적인 변화를 만들어내는 변화 주체가 될 수 있을 것이다.

5장
집행기능

켄이 중학교 3학년 학생들의 과학수업을 코칭할 때였다. 학생들 대부분이 이전 학기 수료를 위한 성취기준을 충족하지 못해 다시 배우고 있는 상황이었다. 수업이 시작되자 교사는 즉시과제 활동을 칠판에 게시했다. 전날 배운 내용과 관련된 그래프를 보고 인구 증가에 관한 결론을 작성하라는 과제였다. 교사는 어떻게 해야 할지 잘 모를 경우 노트북을 활용해도 좋다고 덧붙였다.

즉시과제 활동에 배정된 15분 동안 켄은 학생들이 교사를 찾는 소리를 무려 43번이나 들었다. 교사가 다가올 때까지 학생들은 친구와 잡담을 나누며 시간을 보냈다. 교사가 도와주면 그 부분만 마무리하고 그다음에 또 다시 교사를 찾았다. 결국 수업에 참여한 11명의 학생들 중 노트북을 가져다 교사의 도움 없이 과제를 완성한 학생은 단 한 명뿐이었다.

위 사례 속에서 학생들이 직면하는 어려움의 핵심은 작업기억 외에도 집행기능(executive functions)이라는 일련의 인지 능력과 관련된다. 4장에서 다룬 작업기억 또한 집행기능 체계의 한 부분이다.

집행기능은 감정을 조절하고 계획을 세우며 문제를 해결하는 데 관여하는 행동적·인지적 스킬이다. 이러한 집행기능을 상황에 맞게 적절히 작동시켜 필요한 행동을 하도록 이끄는 능력이 바로 '자기조절(self-regulation)'이다. 집행기능 덕분에 인간은 생각과 상상만으로 미래에 벌어질 일이나 가상의 상황을 가늠할 수 있고, 지금 이 글을 읽으면서 머릿속으로 의미를 골똘히 생각하고 있는 자신의 행동을 스스로 인식할 수 있다. 교실 학습에서 집행기능이 필요한 경우는 셀 수 없이 많다. 다음은 그들 중 몇 가지다.

- 주의집중 유지
- 문제해결에 적절한 정보 선택
- 과제의 목표가 무엇인지 파악하기
- 과제가 어렵거나 다른 재미있는 것이 보여도 놓지 않고 과제에 계속 집중
- 수업을 위한 준비
- 모호하고 불확실한 상황을 견디며 학습을 지속
- 기존에 학습된 정보 및 사고 패턴을 새로운 상황에 적용
- 쓴 글 다듬고 고쳐쓰기[1]

목록을 보면 집행기능 스킬이 부족한 학생들이 수업을 따라가기가 얼마나 힘들지 알 수 있을 것이다. 도슨과 과어(Dawson and Guare)는 『Executive Skills in Children and Adolescents(아동과 청소년의 집행기능 스킬)』(2010)이라는 저서에서 이렇게 말한다.[2]

> 학생이 교실에서 흔히 마주치는 활동에 대해 그 절차와 방법을 직접적으로 가르치라. 이는 교과 지식을 배우는 것만큼이나 중요한 '사고 습관'을 기르는 데 도움이 된다(p. 75).

실제로 이 분야의 연구가 진행될수록 연구자들은 지능(IQ)이나 전 단계 읽기 스킬(prereading skills), 연산 스킬 같은 것보다 인지적 행동 조절(cognitive control of behavior) 능력이 학교 공부에 더 강력하게 작용한다는 결론을 내놓고 있다.[3] 실제로 집행기능은 학교생활 내내 학업성취도에 강력한 영향을 끼치게 되므로 교사가 '의도적으로' 가르칠 필요가 있다.

집행기능과 관련된 스킬은 학교에서의 여러 경험을 통해 저절로 배우는 것이라 생각할지 모르겠다. 교사가 거의 매일, 그것도 하루종일, 상황에 적절한 집행기능 스킬을 시범 보이고 있으며, 교실에서 이루어지는 대부분의 과제가 집행기능을 요구하는 터라 학생들의 집행기능도 조금씩 발달하는 것이 사실이다. 하지만 희망 섞인 기대는 여기서 끝이다. 집행기능 발달이 미약한 상태로 학교에 입학하는 학생들 중

극소수는 학교를 다니는 것만으로도 꽤 큰 진전을 보이기도 하지만 대부분의 학생들은 그렇지 않다. 고등학교 교사를 붙잡고 지금 가르치고 있는 학생들이 교사의 도움 없이도 학습에 문제가 없는지, 그 학생들이 문제해결, 조직화, 그 밖의 집행기능 스킬을 충분히 잘 갖추고 있는지 물어보라. 분명 "전혀 그렇지 않다."는 대답이 돌아올 것이다.

이유가 뭘까. 학생들은 유치원부터 고등학교까지 해마다 교실에서 집행기능 스킬을 배웠을 텐데 말이다. 교사들의 경험상 고등학교에서 높은 수준의 집행기능을 보여준 학생들은 이미 유치원 입학 시점에서도 그러했다. 반면 유치원 때 집행기능 발달이 부족했던 학생들은 고등학교에서도 여전히 그 스킬이 부족하다. 따라서 학습에 어려움을 겪는 학생들에게는 의도적이고 체계적인 개입이 필요하며 그렇지 않으면 집행기능의 차이로 인한 성취도 격차는 해소되지 않는다.

고도의 동시처리 스킬이 필요한 문해와 수리 학습

이야기글을 읽을 때 작업기억이 동시에 처리해야 하는 정보량은 정말 엄청나다. 먼저 글자로 표기된 음소를 처리하고[4] 그 소리를 순서대로 연결하고, 단어의 의미를 떠올리며, 문법 지식을 불러오고, 문장과 문장이 어떻게 이어지는지 파악한 뒤 이 모든 요소를 엮어 의미를 파악한다. 동시에 현 시점에서 벌어지고 있는 사건을 따라가야 하고, 등장

인물의 이전 행동 중 지금 벌어지고 있는 일과 관련 있는 것들을 기억해내야 한다. 처음 보는 단어의 의미를 유추하는 전략도 필요하다.

이뿐만이 아니다. 지금 읽고 있는 글이 삶에 어떤 의미가 있는지, 자신이 내용을 잘 이해하고 있는지도 점검하게 된다. 지금 읽고 있는 공간은 어느 곳이며(3학년 교실인가, 해변인가) 왜 읽고 있는지(재미를 위해서인가, 교사의 질문에 답하기 위해서인가)에 대해서도 의식하고 있어야 한다. 이 모든 일들이 허약하고 한정된 용량의 작업기억 공간 안에서 벌어지는 것이다. 도중에 멈춰버리거나 연기가 나지 않는 것이 놀라울 정도다. 이처럼 집행기능 스킬은 읽기를 성공적으로 해내기 위해 반드시 필요하다.[5]

수학도 마찬가지다.[6] 숫자, 기초연산지식(math facts), 순서, 개념, 그 외에 온갖 수학 용어들이 있다. 서술형 문제라면 문해력과 관련된 집행기능 스킬도 중요해진다.[7] 학교 수업에서 요구되는 이러한 요구들을 처리하자면 매우 높은 수준의 집행기능이 필요한데 이는 학생마다 다르고 어떤 학생은 한 가지 요구를 처리하는 것만으로도 금세 한계에 다다른다. 정보량과 과제의 복잡성에 눌려 아예 포기하는 학생들도 많다. 이런 상황은 학생의 학습동기와 흥미, 자존감을 떨어뜨리고 학교를 싫어하게 만들 수 있다.

모든 인지 활동은 소중한 작업기억 공간을 차지한다는 사실을 잊지 말자. 인지 활동이 자동화될수록 차지하는 공간이 줄어들고 노력이 많이 들수록 더 많은 공간을 차지한다. 집행기능이 자동화되면 작업기억이라는 인지적 작업장이 원활히 돌아가 정보를 잘 다루게 되므로 작업기억 역량도 최대로 발휘할 수 있다. 반면 집행기능 적용에 너무 많은 신경을 쓰게 되면 그만큼 작업기억 공간이 줄어들고 문제해결에 써야 할 여력이 남지 않는다. 따라서 학습에 어려움을 겪는 학생들에게는 집행기능 스킬을 높이기 위한 의도적, 직접적 수업이 반드시 포함되어야 한다.

문화적 차이를 고려한 집행기능 지원

집행기능은 성장과 함께 발달한다. 주의력을 예로 들면, 3개월 된 아기, 3살 아이, 13세 청소년의 주의 유지 능력은 확연히 다르다. 그래서 유치원이나 초등학교, 중학교 입학 무렵 학생에 대해서는 집행기능 발달 수준에 대한 어느 정도의 기대치가 있고, 교육과정도 이런 발달 단계를 토대로 구성된다. 대부분의 교사는 자신이 담당한 학년 학생들이 혼자서 해낼 수 있는 것과 아직 하기 어려운 것에 대해 인지하고 있으며, 또 그래야 한다.

일부 학생들의 경우 신경생리학적 문제로 인해 집행기능을 발휘하는 데 어려움이 있다. 대표적인 것이 주의력결핍과잉행동장애(ADHD)이다. 이런 학생은 특수교육 대상 학생으로 개별화교육계획(IEP)에 따라 집행기능 지원을 받게 된다.

하지만 과연 집행기능 지원이 필요한 학생이 이들뿐일까? 만약 그렇지 않다면, 집행기능 문제를 겪고 있는 학생들이 모두 개별화교육계획 대상이 되어야 할까? 여기에 대한 나의 답변은 '그렇지 않다'는 것이다. 집행기능에 어려움을 겪는 학생은 교실에 훨씬 광범위하게 많이 있으며 이 모든 학생들이 특수교육 대상자가 될 필요도 없다. 다만 집행기능 발달을 촉진할 의도적이고 직접적인 지도는 반드시 필요하다.

학생의 집행기능에 뭔가 문제가 있다는 생각으로 비공식적으로, 혹은 공식적인 절차를 거쳐 검사를 의뢰해야 한다면 주의해야 할 점이 있다. 집행기능의 어려움은 실제 교실수업 과제를 수행할 때 드러나는 것이므로 각각의 요소를 별도로 평가하는 일반적인 심리검사에서는 잘 드러나지 않을 수 있다는 것이다.[8] 수업 과제는 어휘, 개념, 수치 등 여러 요소를 동시에 처리해야 하므로 수많은 집행기능 스킬이 한꺼번에 관여한다. 교실에서 관찰되는 학생의 모습이 검사 때보다 더 정확하게 학생의 집행기능을 보여줄 때가 많다. 따라서 교사가 평소 학생을 관찰하고 체크리스트 등을 활용해 체계적으로 기록해 두면 매우 유용하다.[9]

최근 연구에서는 집행기능 발달이 사회문화적 배경의 영향을 받는 것으로 나오고 있다. 문화적 환경이 다르면 사회적 상호작용의 규범, 기대치, 과제의 유형이 모두 달라지게 되므로, 학생에게 요구되는 집행기능의 수준 역시 연령대마다 달라진다는 것이다.[10] 따라서 다양한 문화적 배경의 학생들이 함께하는 교실에서는 모든 학생들이 같은 수준의 집행기능을 갖추고 있다고 가정해서는 안 된다. 실제로 대부분의 교실은 이런 상황이며, 교사들은 이처럼 다양한 학습자들을 가르치고 있다.

문화와 언어가 다양한 학생들은 주류 문화권 학생들과 비교할 때 집행기능 스킬에서 차이가 있다. 하지만 그렇다고 해서 그들을 특수교육 대상자로 삼아야 한다는 것은 아니다. '차이'가 '장애'를 뜻하는 것은 아니다! 켄과 함께했던 캄보디아계 미국인 학생들의 경우를 예로 들겠다. 이 학생들은 정답이 정해지지 않은 개방형 과제 수행 능력이 그 지역 주류 문화권 학생들에 비해 낮게 평가되었다. 당시 켄이 근무했던 학교는 메사추세츠주 서부의 작은 대학 도시에 있었고 학력이 매우 높은 편이었다. 그래서 초등학생이라면 개방형 과제를 스스로 계획하고 목표를 수립해 수행할 수 있다는 것이 일반적인 기대치 수준이었고, 교육과정은 탐구학습 과제를 통해 수학 개념을 스스로 구성해가는 방식이었다.

캄보디아 출신 학생들은 이런 방식을 무척 어려워했다. 캄보디아에서는 어른이 명확하게 지시를 내리면 아이들은 이를 그대로 따라 수행하는 것이 보통이다.[11] 따라서 스스로 무엇을 해야 할지 계획하고 조직 실행하는 집행기능 스킬 발달에 대한 기대치도 상대적으로 적다. 즉 이들은 미국 주류 문화권 학생들과 '다른' 것이지 '잘못된' 것이 아니다.

미국의 주류 문화는 이와 다르다. 아이들이 어릴 때부터 스스로 생각하고 독립적으로 자라나길 기대한다.[12] 켄이 근무하던 학교의 주류 문화권 학생들은 자기주도성과 자율성을 요구하는 과제 유형에 그리 어려움을 느끼지 않았다. 하지만 이들과 다른 문화권의 학생들이 동일한 과제를 성공적으로 수행하자면 지속적 지원이 필요하며, 일부는 지원이 있어도 여전히 어려움을 겪었다. 이들의 문제는 수학 교과 내용 그 자체보다 과제가 요구하는 방식, 그리고 여러 개념을 동시에 다루며 작업을 조율해야 하는 집행기능의 부담 때문인 경우가 많았다.

캄보디아계 학생이었던 4학년 알렉산드라의 경우를 살펴보자. (알렉산드라는 수학 학습 과정을 디지털 포트폴리오로 기록하는 프로젝트 참여자로 선정된 학생이었다.) 수학 시간에 학생들은 100칸 차트(10×10칸 안에 1부터 100까지의 숫자가 들어 있는 도표—옮긴이) 위에 주사위 두 개(100칸 차트 활동에서는 흔히 0~9, 혹은 1~10의 숫자가 적힌 10면체 주사위를 사용함—옮긴이)를 동시에 던져 '동일한 크기의 묶음'이라는 곱셈의 핵심 개념을 공부하고 있었다. 예를 들어 주사위 두 개가 각각 5와 3이 나오면, 차트 위에서 '5칸을 3번 뛰기', '3칸을 5번 뛰기' 하는 식이다. 알렉산드라의 차례가 되었을 때 그녀는 7칸을 8번 뛰어 56에 도착하는 것을 자랑스럽게 보여주었다. 교사가 "그럼, 8×7은 어떻게 돼죠?"라고 묻자 알렉산드라는 심각한 표정으로 얼굴을 잔뜩 찌푸리며 잠시 생각하더니 이렇게 대답했다.

"음…. 한 100쯤 되지 않을까요?"

지금 언급한 알렉산드라의 이야기는 뒤에서, 목표 설정과 계획 수립이라는 집행기능 스킬을 분석할 때 다시 언급할 것이다.

문해지향성과 집행기능

집행기능 발달은 문화와 기억이 만나는 교차점에 있다. 문해지향성이 높은 환경에서 자란 아이들이 학교 공부에 유리한 까닭은 가정에서 이미 학교에서 요구되는 것들을 잘해 낼 수 있도록 준비시켜 주기 때문이다.

여기서 말하는 '준비'의 핵심에는 집행기능을 길러주는 경험이 포함된다. 집행기능 스킬의 발달 과정을 보면, 문해지향성이 높은 환경에서 자란 학생들과 그렇지 않은 학생들 사이에 학업성취도 격차가 왜 그렇게 클 수밖에 없는지 이해할 것이다. 즉 이는 지능의 차이가 아니라 집행기능 발달의 차이다.

브라질 연구자들이 진행한 흥미로운 연구[13]는 이 차이를 더욱 분명하게 설명해준다. 이들은 성격이 완전히 다른 두 곳의 공동체에서 성인과 아동 간의 상호작용을 조사하기 위해, 5~6세 아동이 퍼즐을 풀 때 성인이 어떻게 관여하고 영향을 끼치는지 분석했다. 공동체 두 곳은 각각 상파울루 시내의 초등학교 여교사들[14]과 아마존의 작은 마을에 사는 어머니들이었다.

교사들은 우리에게도 익숙한 방식으로 아이들과 상호작용했다. 즉 교사들은 아이들에게 '코칭', 즉 말로 방향을 제시하기만 했고 실제로 퍼즐을 맞추고 푸는 일은 아이들이 했다. 아이들이 틀리거나 답이 안 보여 도움을 요청해도 교사들은 "그럼 이 모양을 조금 더 자세히 볼까?"와 같은 언어적 안내로 길잡이 역할만 했다. 이렇게 해서 퍼즐은 아이들의 힘으로 완성되었고 교사는 한 걸음 떨어져 간접적으로 지도했다.

반면 아마존 마을의 어머니들은 퍼즐 조각을 어디어디에 놓으라고 아이에게 정확히 지시하며 '감독자' 역할을 했다. 이들의 모습을 연구자는 이렇게 표현하고 있다.

> 어떤 의미에서 아마존 마을의 어머니들은 자신이 퍼즐을 완성하는 도구로 아이를 사용했다(p. 10).

연구자들은 이처럼 뚜렷한 차이가 두 공동체의 문화적, 사회경제적 배경 차이와 관련된다고 보았다. 도시에서는 자녀 양육에 학교교육이 중요하고, 부모는 자녀가 스스로 문제를 해결할 수 있는 독립적인 사람으로 성장하길 바란다. 독립적인 학습 능력을 키우는 것, 즉 집행기능을 발달시키는 데 있어 실수는 중요한 경험이 된다. 반면 아마존 마을에서는 농사를 짓거나 공예품을 만들어 팔아 생계를 이어간다. 이런 환경에서 실수는 곧 귀중한 돈과 에너지, 시간 손실로 이어진다. 그래서 이 마을 어머니들의 목표는 자녀가 '실수를 하지 않는 정확한 수행'을 할 수 있게, 어른의 시연을 그대로 따라 하도록 돕는 데 있다.

이 사례를 지금 학교에 적용해 보자. 모든 조건이 같다면 여러분의 학교에서는 누가 더 나은 학습자가 될 것인가? 상파울루 도시 지역 출신 아이인가, 아니면 생계형 아마존 마을 출신 아이인가? 최근의 연구들은 집행기능 발달이 가정의 사회경제적 지위, 어머니의 교육 수준, 양육 방식에 따라 달라진다는 점에 주목하고 있다.[15] 교실 학습에서 집행기능 발달에 차이를 만드는 가장 큰 요인의 하나는 문해지향성이다. 문해지향성이 높은 환경에서 자란 학생과 그렇지 않은 학생은 교실이라는 환경에서 스스로 목표를 세우고 계획하며 독립적으로 학습해나가는 집행기능 스킬에서 그 차이가 두드러진다.

문화적 단절과 집행기능

3장에서 보았듯 중재학습경험은 학습방식을 포함한 문화를 아이들에게 전달하는 가장 중요한 경로다. 타고난 집행기능 역량은 유능한 성인이나 또래와의 중재학습경험을 통해 해당 문화가 기대하는 방식으로 발달하게 된다. 하지만 그런 상호작용을 기대하기 어려운 환경에서 자라는 학생도 많다. 극심한 빈곤, 폭력, 지속적 스트레스 등 '문화적으로 단절된' 환경에서 성장한 학생들은 대체로 집행기능에 심각한 어려움을 보인다.[16] 이들에게는 학교교육 속에서 집행기능을 기를 수 있도록 의도적·체계적인 중재학습경험을 지원해야 한다.

이 장에서는 문해지향성이 낮은 환경에서 자랐거나 문화적 단절을 경험한 학습자들에게 집행기능을 체계적으로 가르칠 수 있는 방법을 살펴볼 것이다. 여기에는 내적 스크립트(internalizing scripts), 억제 조절(inhibition control), 주의 조절(attention control), 조직화(organization), 계획(planning), 전환(shifting), 그리고 메타인지(metacognition) 등의 집행기능 스킬이 포함된다.[17]

집행기능 발달에는 시간이 필요하다

다음에 소개하는 사례는 어느 학년, 어떤 과목을 가르치는 교사라도 공감할 것이다.

> 읽기에 어려움을 겪는 학생들과 교사가 책상에 둘러앉아 있다. 교사는 아무 말도 하지 않고 지켜보는 중이며 학생들은 제법 잘 읽어나가고 있다. 잠시 학생들의 읽기를 지켜본 뒤 교사는 다른 그룹으로 이동하기 위해 조용히 몸을 일으킨다. 그리고 한 걸음, 두 걸음 책상에서 조금씩 멀어진다. 이와 동시에, 마치 교사와 보이지

않는 실로 연결된 것처럼, 고개를 숙이고 읽기에 몰두하던 학생들의 자세가 달라지기 시작한다. 교사와의 거리가 어느 정도 멀어지는 순간 아이들이 일제히 자세를 풀고 초조한 목소리로 외친다.
"선생님, 도와주세요, 도와주세요!"

왜 아이들이 이런 행동을 할까? 책상에 함께 앉아 있었을 때 교사의 도움 없이도 나름대로 잘 해나가던 아이들이 말이다. 하지만 교사는 읽기 과정에서 집행기능을 어떻게 활용해야 하는지를 몸으로 보여주는 '살아 있는 힌트'였다. 교사가 멀어지면 집행기능 사용법을 암묵적으로 보여주던 힌트도 함께 멀어지는 셈이다. 아직 집행기능 스킬을 완전히 자기 것으로 갖추지 못한 학생들에게는 외부에서 지원해줄 교사의 지지가 필요하다.

문화적으로 단절된 환경에서 자라온 6학년생 로자는 수학 공부를 유난히 어려워했다. 학교에서는 로자를 비롯한 몇몇 학생들을 모아 수학 전문교사의 지도를 받게 했다. 학생들 중에는 로자의 의붓자매인 여학생도 있었는데, 그녀는 명백한 인지발달장애로 특수교육 대상이었다. 수업이 몇 차례 진행되고 난 후 전문교사는 켄에게 이렇게 보고했다.

"로자는 수학 실력이 매우 떨어집니다. 심지어 그 자매인 특수교육 대상 학생이 더 나을 정도예요. 이 정도라면 로자에겐 특수교육 지원이 필요할 것 같습니다."

그날 오후 켄은 직접 수업을 참관하기 위해 교실로 가서 로자 옆에 앉았다. 로자는 놀란 얼굴로 켄을 올려다보며 "선생님은 왜 여기 계세요?" 하고 미심쩍은 어조로 물었다. 켄은 로자가 수학을 꽤 잘한다기에 보러 왔다고, 자신은 수학을 그리 잘하지 못한다고, 마침 시간도 나고 해서 수학 선생님께 양해를 구하고 여기 앉아 지켜보기로 했다고 말했다. 로자는 다시 정말이냐고 물었고 켄은 그렇다고 말하며 안심시켰다. 그 수업 내내 로자는 어떤 어려움도 없어 보였고 의붓자매 여학생보다 훨씬 높은 수준으로 문제를 풀어냈다. 수학 교사는 놀라서 "로자가 이렇게 잘하는 건 처음 봐요!" 하고 말했다.

이 사례 속에는 몇 가지 의미 있는 사건이 들어 있다. 우선 켄은 로자의 흔들리는 자신감을 북돋우기 위해 로자가 수학을 잘한다고 말했다. 더 중요한 것은 그동안 켄이 로자와 진행해왔던 집행기능 관련 작업들이었다.[18] 분명 로자는 아직까지 집행기능 스킬들을 자기 것으로 완전히 만들지 못한 상태였다. 그러나 그날 로자는 켄이 함께 있다는 사실, 즉 과제를 할 때 무엇을 어떻게 생각해야 하는지를 상기시키는 힌트인 교사가 옆에 있다는 사실만으로도 훨씬 좋은 수행을 보였다. 교사의 존재만으로 로자는 이전보다 훨씬 높은 수준에서 과제를 처리해냈다. 이는 앞서 제시했던 읽기에 어려움을 겪는 학생들(149쪽)과 비슷하다. 이 상호작용을 통해 켄은 자신이 수학 교사는 아니지만 로자와의 수업에서 수학과 관련된 이야기를 더 자주, 더 분명히 연결해 주어야겠다고 생각했다.

학습에 어려움을 겪는 학생들에게는 집행기능을 키울 수 있는 중재적 지원이 필요하다. 이때 학습 및 사고 스킬에 초점을 맞추면서 명시적인 교수까지 함께 이루어져야 한다. 교육과정 진도를 나가야 한다면 과제를 수행할 수 있도록 집행기능 사용에 비계를 제공한다. 이 학생들은 한 번에 한 가지 이상 주의를 기울이기 어려우므로 집행기능을 어떻게 사용할까보다는 어떤 내용인가에 더 주의를 쏟기 쉽다. 따라서 집행기능 스킬을 제대로 배우고 익힐 수 있도록, 수업 외 다른 시간에 명시적으로 중재지원할 필요가 있다.

집행기능 스킬을 기르는 데 있어 경험의 확장을 위한 중재적 지원, 즉 오늘 배우는 내용을 과거에 배운 것과 연결하고 앞으로 배울 학습 상황과 이어주는 일은 핵심이다. 물론 무척이나 시간이 오래 걸리는 과정이다. 로마가 하루아침에 지어진 것이 아니듯 집행기능도 결코 순식간에 길러지지 않는다.

집행기능을 다루려면 익숙한 주제, 일상적인 수업 활동, 요구 수준이 낮은 수월한 학습 과제 등과 같이 인지부담이 적은 상황에서가 좋다. 그래야 학생들이 작업기억의 여유 공간을 더 많이 확보하여 집행기능에 집중할 수 있기 때문이다. 과제를 할 때는 비계를 제공해 돕고, 인지부담이 적은 활동에서는 집행기능에 더 초점을 맞출 수 있게 안내하도록 한다. 이 두 가지가 바로 이 장에서 제시하는 여러 수업 전략의 기반이다.

| 수업 적용 | 차트 사용 전략

집행기능 스킬을 키우려면 복잡한 학습 과제를 스스로 정리하고 조절할 수 있도록 그 과정을 안내해 주는 '내면화된 언어(internalize language)'가 필요하다. 따라서 우리는 학습 과제나 문제해결 단계를 학생들과 함께 차트로 정리해볼 것을 제안한다. 예를 들어 수학 문제를 해결할 때 필요한 단계들, 능숙한 독자들이 비문학 글을 읽을 때 어떤 단계를 거치는지 등을 정리한 차트 등이 있을 것이다.[19] 이런 차트는 해결까지 거쳐야 하는 단계가 많고 동시에 여러 가지를 생각해야 하는 과제에 큰 도움이 된다. 작업기억의 부담을 줄여 학생들이 새로운 개념과 절차에 더 집중하게 해주기 때문이다.

학습이 잘 되지 않거나 어디에서 어려움을 겪는지 알 수 없을 때 교사는 차트를 가리키기만 하면 된다. 그러면 학생 스스로 자신의 어려움이나 막혀 있는 지점을 점검할 수 있다. 학생이 직접 생각하고 판단할수록 그러한 능력은 더욱 향상된다. 말로만 설명해 주면 대개 한 귀로 듣고 한 귀로 흘려버리기 쉬워 다음에도 똑같은 부분에서 다시 막히기 마련이다. 따라서 학생이 집행기능에서 어떤 부분이 잘 발휘되지 않는지 파악하고, 학생이 그 스킬을 자기 것으로 만들 때까지, 즉 내면화될 때까지 비계를 제공하며 발달을 도와야 한다.

교사들에게 익숙한 앵커 차트(anchor chart)를 예로 들어보자. 앵커 차트는 학습 과제를 효과적으로 수행하기 위한 단계들을 커다란 종이에 표현한 포스터다. 읽기용 앵커 차트에는 학생 혼자 읽기를 해나갈 때 따라야 할 단계, 어려움에 부딪칠 때 문제를 해결할 방법 등이 나와 있다. 도표 5.1은 비문학 읽기를 위한 앵커 차트의 한 예다.

앵커 차트를 만드는 것은 유익하지만 제대로 활용하자면 학생들이 그 차트에 적힌 단계들을 스스로 떠올리고 활용할 수 있도록 중재적 지원을 해야 한다. 이것은 장기적으로 집행기능 스킬을 스스로 개발할 수 있게 돕는 방법이다. 가능한 한 학생들이 학습 과정에서 더 능동적으로, 앵커 차트 내용을 스스로 내면화하게 도와야 한다. 이를 위해서는 같은 내용 전달을 반복하기보다는 질문을 던져 학생 스스로 내용을 떠올릴 수 있게 비계를 제공하는 방식이 바람직하다.

우리의 최종 목표는 학생들이 더 이상 차트에 의존하지 않아도 될 만큼 그 내용을 완전히 자기 것으로 만들고 외부의 도움 없이 스스로 활용할 수 있게 하는 데 있다. 즉 교실 벽에 차트가 붙어 있지 않더라도 학생들은 스스로 과제를 해결해내야 한다.

그동안 표준화시험을 볼 때면 규정상 벽면에 있는 차트를 모두 다 제거해야 했다. 평소 차트에 대한 의존도가 높았던 학생들은 그 순간 불안과 무력감이 치솟았을 것이다. 하지만 이는 차트에 담긴 핵심 내용을 제대로 배우고 익히지 못한 것이다. 교실 안이든 밖이든 제대로 문제를 해결하는 사람으로 성장하려면 학생들은 학교나 삶에서 주어지는 어려움에 맞서 '스스로 꺼내 쓸 수 있는 내면의 차트'를 풍부하게 갖추고 있어야 한다.

[도표 5.1] 앵커 차트 예시 (비문학 글 읽기 전략)

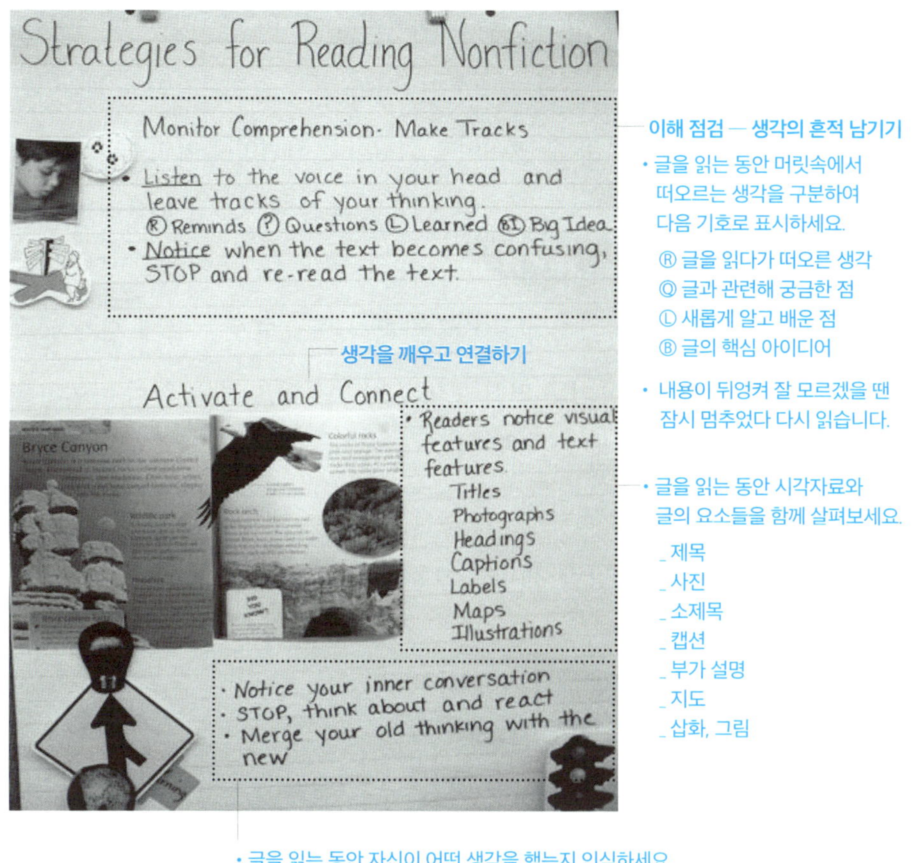

출처: Anchor chart created by Jane Costello (제인 코스텔로가 만든 앵커 차트)

'생각을 떠올리는' 방식은 말로만 이루어지는 것이 아니다. 특정 단어나 개념을 위해 함께 정한 아이콘이나 그림 같은 비언어적 표상도 가능하다. 또는 한 문장의 모든 단어를 점차 줄여나가면서 핵심어만 남기고, 최종적으로 그 핵심어를 상징하는 그림이나 아이콘만 남겨도 좋다. 학생들은 줄어든 문장만 보고도 빠진 단어들을 떠올려 원래의 문장을 완성하게 될 것이다.

최종적으로는 그림이나 아이콘 하나만 보고도 이렇게 생각할 수 있다. 만약 핵심용어를 열쇠 아이콘으로 정했을 경우, 열쇠 아이콘을 보면 학생들은 '아, 맞다, 열쇠! 그럼 문제에 나오는 핵심용어를 찾고 숫자들이 어떻게 연결되는지 생각해야 해. 그래야 어떤 식을 쓸지 알 수 있어.' 하고 생각할 것이다. 예를 들어 조금 더 자세히 설명한다.

- 먼저 차트에 문장 전체를 적어서 제시한다.

  (예: 문제에서 핵심용어를 찾으라)

- 문장에서 단어를 하나씩 제거하며 줄여나간다.

  (예: 문제에서 핵심용어를 찾으라)

- 마지막으로 그 개념을 하나의 그림이나 아이콘으로 바꾼다.

  (핵심용어 →)

학습 절차를 나타내는 문장 전체를 하나의 그림이나 아이콘으로 정하는 방법도 있다. 어떤 방식을 선택하든 우리의 목표는 학생들이 문제해결을 위해 가장 핵심적인 일을 스스로 해내도록 돕는 데 있다. 일부 학생들에게는 이것이 단순히 교육과정의 교과를 배우는 데 그치지 않고, 수업을 따라가는 데 필요한 집행기능을 작동시키는 언어를 내면화하는 과정이 된다. 이는 바로 지금부터 우리가 다루려 하는 첫 번째 집행기능 스킬인 '내적 스크립트'와 연결된다.

집행기능 스킬 1. 내적 스크립트

인간이 갖춘 중요한 집행기능 스킬 중 하나는 타인의 말을 내적 스크립트로 바꾸는 능력이다. 어른의 말을 아이가 자신의 언어로 바꾸어 내면화하는 이 능력 덕분에 다음 세대로 문화가 전승될 수 있다.

아이는 부모나 양육자와의 상호작용, 특히 중재학습경험을 통해 어른이 사용하는 언어를 받아들이고 문화와 관련된 활동을 해나가며 자신의 것으로 내면화한다.[20] 이렇게 형성된 온갖 종류의 스크립트는 장기기억에 저장되어(6장에서 자세히 설명한다), 앞으로 해나갈 문화적 활동과 일상적 행동양식의 모델이 된다.[21] 이것은 일종의 지침서 같은 성격으로, 행동의 목표, 역할, 이용할 수 있는 도구, 절차, 그리고 상황에 맞는 언어 표현 등이 담겨 있다. 즉 언어화된 '스크립트'는 무엇을 하고 어떤 순서로 움직여야 하는지 마음 속에서 스스로 지시하게 도와주며, 이 자기지시가 제대로 작동해야만 비로소 문제를 해결하고 목표를 수립하며 달성할 수 있게 하는 여타의 집행기능들이 함께 움직일 수 있다.

새로운 과제를 시작하기 전 필요한 자료들을 머릿속에서 하나씩 떠올리며 점검하는 행위도 이러한 '스크립트'에 따른 것이다. 앞에서 브라질 연구자들이 소개했던, 상파울루 시내 초등학교 교사들이 퍼즐 맞추기 활동을 지도했던 장면(146~147쪽)을 떠올려보라. "이 모양을 조금 더 자세히 볼까?"라는 일반적인 말을 아이가 '내적 스크립트'로 바꿀 수 있게 되면, 이후 비슷한 과제를 해야 할 때 곁에서 도와주는 어른이 없어도 그 지시문을 스스로 불러내어 활용하게 된다. 반면 생계를 유지하기 급급한 마을에서 자라는 아이가 어른에게서 자주 듣는 말은 "이거 여기에 놔!"와 같은 지시다. 이런 말들은 대개 특정 상황에 적용되는 명령의 형태여서, 이후 비슷한 상황에 처할 때도 어른이 옆에서 계속 지시하지 않는 한 아이 스스로 일반화하여 활용하기 어렵다.[22]

앞서 소개한 앵커 차트 활동들은 집행기능 스킬과 관련한 내적 스크립트를 가르칠 때 효과적인 도구가 되어줄 것이다. 지금까지 설명한 내용을 다시 정리한다.

- 첫째, 문해지향성이 높은 문화 속에서 자라는 아이들은 어른과의 상호작용을 통해 내적 스크립트를 자연스럽게 획득한다. 이는 학교 공부나 과제 수행과 관련된 집행기능을 효과적으로 작동시

키고 학교 활동에 자신감을 갖게 해준다.

- 둘째, 문해지향성이 낮은 환경에서 자라는 아이들은 이와 다른 형태의 집행기능 스크립트를 가질 가능성이 높고 집행기능 발달 수준도 다를 수 있다.
- 셋째, 문화적 단절을 경험한 아이들은 문화적으로 적절한 집행기능 스크립트가 충분하지 않아 학교 생활에 어려움을 겪는 경우가 많다.

교실에는 이 세 유형의 학생들이 함께 모여 있으므로 교사는 집행기능과 관련된 스크립트를 의도적으로 가르칠 필요가 있다. 이 책에서는 집행기능의 각 요소를 설명할 때 마지막 부분에 스크립트 예시를 수록하여 교사가 학생에게 직접 시연할 수 있게 할 것이다.

예시된 스크립트는 특정 학생과의 중재학습경험을 염두에 둔 대화 형태지만, 필요에 따라 교실 전체를 대상으로 시연하는 '사고구술(think-aloud)' 형태로 확장할 수도 있다. 스크립트를 시연하고 학생들이 내면화하도록 돕는 것은 집행기능 발달에 큰 도움을 주는 핵심적인 전략이다.

| 수업 적용 | 표어와 한 줄 문장을 활용한 수업

켄은 내적 스크립트 개념을 적용, 학습에 어려움을 겪는 학생을 돕기 위한 방안으로 '한 줄 문장(aphorisms)'과 '표어(slogan)'를 내놓았다. 이는 성공적인 학습자들이 교실에서 어떤 방식으로 행동하는지 나타낸 것으로, 한 줄 문장은 고학년 학생, 표어는 저학년 학생용이다. 이 문구들은 교실에서 어떻게 배워야 하는지 잘 몰라 헤매는 학생들이 보일 때 그 행동을 잡아주기 위해 만들어졌다. 짧은 문구를 따라 말하거나 의미를 곱씹다 보면 그 문구가 상징하는 내적 스크립트의 핵심 개념을 떠올리고 기억해내는 데 도움이 된다.

1학년 학생들을 위해 만든 표어는 "잘 듣지 않으면 배움도 없다!"였다.[23] 학습에 어려움을 겪는 아이들은 대개 '듣기'를 단순한 행동 지시로 생각한다. 집에서는 대개 이 말이 그런 뜻으로 쓰이기 때문이다. "어른이 말하면 가만히 듣는 거야!"라는 표현은 배울 때 주의를 기울이라는 요청보다 잘못된 행동을 반성하라는 뜻으로 들리기 쉽다. 또한 켄은 이런 아이들일수록 듣기를 '생각을 동반한 능동적 과정'으로 잘 인식하지 못한다는 사실을 발견했다. 듣는 데 귀보다 눈이나 몸이 더 중요하다고 오해하는 아이들이 실제로 꽤 많다. 교사들이 흔히 "잘 들어요."라는 말과 함께 "선생님을 봐요." "몸을 이쪽으로 돌리고." 같은 지시를 덧붙이는 경우가 많기 때문이다. 켄은 학생들에게 '듣기'라는 것이 '배우기 위해, 주의를 기울여, 생각하며 듣는 것'이라고 분명히 설명해 주었다. 그러고 나서 이 말을 "잘 듣지 않으면 배움도 없다!"라는 표어로 정리했다.

"잘 듣지 않으면……" 수업 시간에 학생들이 잘 듣지 않고 있으면 켄은 이렇게 표어를 꺼내든다. 그러면 "배움도 없다!"라는 학생들의 합창이 이어진다. 길고 복잡하게 설명해야 할 경우에도 켄이 "지금부터 아주 중요한 이야기를 할 거예요. 그러면 지금 무슨 생각을 해야 할까요?" 하고 말하면 아이들은 "잘 듣지 않으면 배움도 없다!"라고 외친다. 이 밖에도 켄이 만든 저학년용 표어에는 "열심히 노력하면 똑똑해진다!" "천천히, 꾸준하게"[24]가 있다.

고학년 학생들을 위해 만든 한 줄 문장은 이보다 좀더 철학적이고 생각할 여지가 많다. 이 문구들은 실제로 켄이 학생들과 학습 대화를 진행하다가 학생들이 어려워하는 지점을 포착했을 때의 경험에서 나왔다. 이렇게 나온 문구를 켄은 카드에 적어 교실에 게시했다.

- 운에 기대지 말기, 계획부터 세우기
- 대충대충 하지 말고 정리부터 시작
- 생각이 먼저, 행동은 그다음
- 비슷해 보여도 달라. 달라 보여도 비슷해!

학생이 과제를 어떻게 시작할지 생각해보지도 않고 바로 덤벼들 때, 켄은 "음…. 지금 네 모습을 보고 내가 어떤 문구를 떠올려 보라고 할 것 같니?" 하고 묻곤 한다. 이럴 때 학생들이 좋아하는 영화나 드라마 대사, 인기 가수의 노랫말 중에 상황에 딱 맞는 문장이 있다면 연결해 주는 것도 좋은 방법이다.

집행기능 스킬 2. 억제 조절

자동적이고 습관적인 행동을 멈추고 그것을 억제하는 것이 더 나은 선택인지 판단하는 능력, 이것은 가장 기본적인 집행기능 스킬의 하나다. 이런 행동적 집행기능이 발휘되어야 즉각적인 결과를 초래할 반응을 지연시키거나 멈추고, 효과 없이 하고 있는 행동을 중단할 수 있으며, 학습을 방해하는 주의 분산 요인이나 끼어드는 자극을 조절할 수 있다.[25]

'억제(inhibition)'는 '욕구, 믿음, 생각, 목표의 실행 조절(executive control)'이라는 정의가 있다.[26] 주의력결핍과잉행동장애(ADHD) 학생들이 특히 어려워하는 것이 바로 억제하기다. 하지만 교사들은 이들 외에도 점점 더 많은 학생들이 같은 문제를 겪는 추세라고 말한다. 포이에르스타인 등(Feuerstein et al., 2010)은 문화적 단절이 이와 같은 충동 억제 능력의 부족을 가져온다고 보고 있다.

충동은 학업 상황에서 심각한 어려움을 초래한다. 집행기능 전반을 무너뜨리고 학업능력을 떨어뜨리기 때문이다.[26] 충동을 억제하지 못하는 학생들에게 학교 공부는 마치 모래 위에 집짓기와 같은 불안정한 과정이다.

1학년 교실에서 켄은 읽기에 어려움을 겪는 학생들을 지도하고 있었다. 켄이 'b[ㅂ]' 소리로 시작하는 물건들, 즉 곰(bear) 인형, 부츠(boots), 벨트(belt), 플라스틱 바나나(banana) 등을 넣은 상자를 가져왔다. 학생들이 첫소리 'b[ㅂ]'를 단서로 삼아 물건의 이름을 맞출 수 있는지 알아보기 위해서였다. 이 능력이 갖춰져야만 초기 단계의 읽기책에서 그림을 보고 단어를 추론하는, 보다 어려운 상위 과제에 적용할 수 있기 때문이다. 켄이 상자 뚜껑을 열고 살짝 안을 들여다보자 플라스틱 바나나가 먼저 눈에 들어왔다.

켄_ 자, 여러분! 모두 보세요. 이것은 'b' 상자예요. 여기 있는 것들은 다 어떤 소리로 시작할까요?

학생들_ b[ㅂ], b[ㅂ], b[ㅂ]!

켄_ 맞아요. 그럼 이 상자 속에 있는 물건을 맞추는데 'd[ㄷ], d[ㄷ], dog(개)'라고 말해도 될까요?

학생들_ 아니에요! 안 돼요!

켄_ 그럼 'b[ㅂ], b[ㅂ], balloon(풍선)'은 어때요?

학생들_ 맞아요!

켄_ 왜 그럴까요?

학생 A_ 'balloon(풍선)'은 'b[ㅂ]'로 시작해요.

켄_ (학생 B에게) 친구 말이 맞나요?

학생 B_ 네. 맞아요.

켄_ 좋아요. 그럼 진짜로 시작해봅시다. 상자 안에……. 음, 내가 좋아해서 자주 먹는 게 보이네. 과일인데…….

'과일'이라는 말이 켄의 입에서 채 떨어지기도 전에 카보베르데 출신의 학생 루아나가 "apple(사과), apple(사과)!"라고 외쳤다.

켄_ 루아나, 이 상자 안에 든 것들은 전부 어떤 소리로 시작하나요?

루아나_ b[ㅂ], b[ㅂ], b[ㅂ] 예요.

켄_ 그럼 'apple(사과)'은 'b[ㅂ]'로 시작하나요?

루아나_ 아, 아니에요.

켄_ 그래요. 루아나는 'apple(사과)'를 아주 잘 알죠. 하지만 'apple(사과)'은 'b[ㅂ]'로 시작하는 단어가 아닌데 'apple(사과)'이라고 대답해도 될까요?

루아나_ 아니요.

켄_ 좋아요. 그럼 다시 해볼게요. 지금 나는 어떤 과일을 생각하고 있어요. 노란색이고…….

'노란색'이라는 말이 떨어지자마자 루아나가 "망고(mango)!" 하고 외쳤다. 이쯤 되면 아무래도 루아나가 'b[ㅂ]' 소리를 제대로 모르는 게 아닌가, 연습이 더 필요하지 않나 생각할 수도 있다. 'b[ㅂ]'로 시작하는 단어를 두 번이나 잘못 말했기 때문이다. 하지만 켄은 문제의 핵심이 충동에 있다고 판단했다. 평소 루아나는 이렇게 무언가 추측하는 게임에서 흥분한 나머지 답을 즉각 내뱉는 경향이 있었기 때문이다. 지금도 루아나는 너무 흥분한 나머지 숨을 헐떡이고 있었다. "루아나, 잠시 눈을 감고, 숨이 들어왔다 나갔다 하는 걸 느껴보자." 켄은 이렇게 말하고 루아나의 호흡이 가라앉기를 기다렸다.

> 켄_ 루아나, 내가 다시 힌트를 줄 건데, 눈은 계속 감고 있는 거예요. 눈 떠도 좋다고 말하기 전까지는 아무 말도 하면 안 돼요. 알겠어요?
>
> 루아나_ (고개를 끄덕인다)
>
> 켄_ 과일이에요. 노란색이고…… (3초 후) 자, 이제 눈을 뜨고, 무엇일까요?

루아나는 마치 벨소리처럼 또랑또랑하고 차분하게 대답했다.

"바나나예요!"

루아나는 문화적으로 단절된 환경에서 자란 학생이다. 그런 탓에 학교에서 지내는 시간 내내 억제 조절에 어려움을 겪었고 열정이나 에너지, 재능도 빛을 발하지 못했다.

위에 든 예시 속 루아나의 행동에는 집행기능상의 여러 문제가 얽혀 있다. 먼저 여러 정보를 동시에 다루는 상황에서, 새로운 정보가 들어와도 가장 중요한 정보를 작업기억에 계속 유지하는 능력이 필요한데 루아나에게는 쉽지 않다. 가장 자주 들어온 과일인 'apple(사과)', 자신이 가장 좋아하는 과일인 '망고(mango)', 이 두 가지 정보는 첫소리가 'b[ㅂ]'라는 가장 중요한 정보를 압도해 버렸다. 즉 루아나의 머리를 채운 것은 '나는 망고를 정말 좋아해', '사과는 항상 자주 듣는 말이야' 등 자기중심적이고 강렬한 생각이었고, 자신과 직접적인 관련은 없지만 수업의 핵심 요소인 'b[ㅂ] 소리로 시작하는 과일'로 전환하는 데 어려움을 겪은 것이다.

충동만 잘 조절해 주면 루아나는 음운 지식을 활용해 단어를 능숙하게 추측해낼 수 있다. 하지만 자기중심적으로 과제를 해석하려는 성향을 억제하지는 못했다. 충동을 억제하는 능력이 부족한 탓에 과제의 요구에 맞게 사고를 전환하고 정보를 작업기억 속에서 조작하는 데 어려움을 겪은 것이다. 루아나와 같이 어린 학습자들은 충동 억제 문제가 음소 인식 능력 부족으로 보일 경우가 있다. 4장에서 트럭이 실어나르는 것이 'dirt(흙)'이 아니라 'sand(모래)'라고 대답한 세이븐의 경우도 비슷하다.

이럴 때 교사들은 본능적으로 이렇게 생각하기 쉽다. '루아나는 b[ㅂ] 소리로 시작하는 단어를 추측하지 못하니까 이 소리를 집중적으로 연습해야겠군.' 하지만 문제의 핵심은, 과제를 수행하는 데 필요한 집행기능을 충분히 발휘하지 못하고 작업기억 속 여러 정보를 제대로 다루지 못하는 데 있다.

켄은 루아나의 충동 억제 문제에 관해 중재적 지원을 제공하기로 했다. 먼저 켄은 루아나가 자신의 학습을 어떻게 느끼는지에 대해, 교실에서 공부가 제일 잘 된다고 느낄 때와 그렇지 않을 때는 언제인지 이야기를 나누었다. 이 대화는 '의미'를 중재하는 과정으로, 루아나 자신, 교실에서 루아나가 느끼는 자신의 수행, 자기 스스로 잘해 나갈 수 있는 능력에 대한 이야기다.

대화를 진행하면서 켄은 루아나가 과거에 어떻게 했는지를 떠올리게 했고, 나중에 비슷한 게임을 하게 된다면 어떤 식으로 생각을 풀어나갈지도 물었다. 이는 '경험의 확장'을 중재한 셈이다. 대화 자체에 의도성(intentionality)과 상호성(reciprocity)이 자연스럽게 녹아들었다. 이 대화는 루아나 자신의 행동에 관한 것이었으므로 분명 루아나에게도 의미와 가치가 있었다. 또한 그 순간 루아나에게 가장 필요했던 집행기능, 즉 충동을 억제하고 생각의 초점을 옮기는 능력을 다루기 위한 상호작용이기도 했다. 루아나가 더 나은 사고를 할 수 있는 학습자가 될 수 있도록 켄은 루아나의 메타인지 능력 발달도 지원, 루아나가 스스로 자신의 행동을 인식할 수 있게 돕고 있었다.

단 한 번의 중재학습경험만으로 행동의 변화를 기대할 수는 없다. 이러한 경험들이 반복적으로, 체계적으로 오랫동안 축적됨으로써 비로소 학생의 발달과 행동 변화로 이어질 수 있다.

1960~1970년대 사이에 스탠포드대학교에서 실시된, 행동과학 분야의 기념비적 연구로 유명한 한 실험이 있다.[27] 실험 진행자는 4~6세 아이들을 작은 방에 앉히고 마시멜로를 하나씩 주었다. 그리고 잠시 방을 나갔다 다시 돌아올 때까지 마시멜로를 먹지 않고 기다리면 두 개씩 더 줄 것이라고 말했다. 아이들은 몇 분간 마시멜로와 함께 남겨졌다. 대부분의 아이들은 기다리지 못하고 마시멜로를 먹어버렸지만 어떤 아이들은 참고 기다린 끝에 마시멜로 두 개를 더 받을 수 있었다.

1990년대에 동일한 아이들을 대상으로 후속 연구가 진행되었는데, 당시 충동을 억제하고 참았던 아이들의 학업성취도가 훨씬 높게 나왔다. 또한 부모들도 이 아이들이 십 대 시기에 사회정서적 역량이 더 높아 보였다고 말했다. 어떤 욕구나 감정이 치솟더라도 충동을 억제하고, 그것이 자신에게 더 유익하다는 판단을 내릴 수 있는 능력은 훨씬 높은 수준의 학습과 수행으로 이어진다.

수업 적용 | 충동 조절을 돕는 수업

교사에게 중요한 것은 학생의 행동을 보고 집행기능에 어떤 어려움이 있는지 알아차리는 것이다. 학생의 행동을 정확히 구분하고 파악할 수 있어야 필요한 것을 직접적으로 지원할 수 있다.

충동 억제 능력이 충분하지 않을 때 학생이 보이는 행동들은 다음과 같다.

- 말할 때 끼어들거나 습관적으로 불쑥 대답한다.
- 글을 쓸 때 썼다 지웠다를 반복한다.
- 충분히 생각하지 않고 대충 답해버린다.
- 자기 차례를 잘 못 기다린다.
- 오랫동안 가만히 있지 못한다.

다음은 교실에서 충동 문제를 다룰 때 활용할 전략들이다.

- 수업에서 바라는 기대치와 규칙을 명확히 정하되, 학생들과 함께 만들고 정기적으로 확인한다.
- 수업 중 몸을 움직이는 활동을 배치한다.[28]
- 교실 전체가 한눈에 자연스럽게 들어오도록 공간을 배치한다. 개별 학생이나 소그룹을 지도할 때도 교사가 학급 전체를 볼 수 있는 위치에 있도록 한다. 그래야 학생들이 교사가 자신을 늘 보고 있다고 느낄 수 있다.

충동 조절을 돕기 위해 개별 학생에게 적용할 수 있는 중재 전략은 다음과 같다.[29]

- 잠시 눈을 감고 호흡에 집중하며 마음을 가라앉히게 한다.
- 학생이 보여준 긍정적인 행동을 찾아 구체적으로 칭찬한다.
- 학교 밖에서 좀 더 신중해지는 순간들이 언제인지 물어본다. 게임할 때, 원하는 무언가를 만들 때, 취미 활동을 할 때 등 다양한 순간이 있을 것이다. 그때 왜, 어떻게 더 신중하게 행동했는지 대화를 통해 파악한다. 그리고 그 내용을 교실 활동과 연결한다.
- 교사와 학생 둘만 아는 '천천히 하기' 비밀 신호를 만든다.

다음은 충동 조절을 돕기 위한 스크립트의 예다.

- [저학년 아동에게] "질문을 받고 그냥 불쑥 대답하고 싶을 때 내 몸은 어떤 느낌인가요?" (상황이 벌어진 뒤라면) "이런, 방금 깜빡한 게 있지요? 내 몸에 대해 어떤 걸 생각해야 했죠?"
- [내적 스크립트] "뭔가 불쑥 말해버리고 싶을 때는 대신 입술을 살짝 만져 멈춘다."
- [활동 시작 전] "샘, 이 활동을 시작하기 전 어떤 문구를 떠올려야 할까요?" (그 답의 예로 '생각이 먼저, 행동은 그다음' 등이 있다)

집행기능 스킬 3. 주의집중

학습에서 주의가 중요하다는 사실은 누구나 알 것이다.[30] 교실에서 하는 공부는 의도적인 학습으로 그만큼 노력이 드는 일이다.

4장에서 주의(attention)란 능동적으로 작동하는 작업기억 안에서 초점을 두어 집중하는 것임을 살펴보았다. 그 정보가 단기 작업기억을 통해 새로 들어온 것이든, 장기기억에서 활성화된 것이든 상관없다. 단 작업기억의 한계 때문에 한 번에 하나의 대상에만 지속적으로 주의를 기울일 수 있다. 만약 늘 배가 고픈 상태이거나, 등굣길 버스에서 괴롭힘을 당하고 있거나, 가정 불화에 시달리고 있거나, 교실에서 소외되고 있는 상태라면, 학생의 주의는 온통 그 문제에 쏠리게 될 것이고 교사의 설명이나 수업에 가 닿기는 어렵다. 또한 교실 뒤에서 친구들과 수다를 떨며 친구와 노닥거리는 게 가장 즐거운 학생이라면 생물 수업에 주의를 집중하기 어렵다. 이렇게 보면 주의가 학습의 핵심이라는 사실은 분명하다.

3장에서 중재학습경험에 기반한 전략으로 제안한 내용 중에 '조율'과 연결된 부분이 있다. '수업을 시작할 때 최대한 학생들의 관심을 깨우고 생각을 열어주며, 배워보고 싶다는 마음이 생기도록 해야 한다'는 것이다(78쪽). 학습에 어려움을 겪는 학생들이 지금 이 순간에 마음을 모으고 주의 집중할 수 있도록 도우려는 목적이다. 이런 '시동걸기'가 없다면 작업기억이 취약한 학생들은 학습 언어가 쏟아지기 시작하는 순간부터 수업을 따라가지 못할 것이다.

한 직업계 고등학교의 역사 수업시간이다. 이 학교 학생들은 주로 학업에 어려움을 겪고 교육에서 소외되어 온 라틴계 이민자가정 자녀들이었다. 월요일 아침 첫 시간, 교사는 19세기 미국 역사를 설명하며 프린트를 나누어 주었다. 그리고 앞으로 살펴볼 주요 주제들을 설명하며 수업을 시작했다. 수업은 대부분 교사의 설명으로만 이루어졌고 자료는 프린트뿐이었다. 이 학생들에게 19세기 미국 역사라는 주제는 아무 관심도 끌지 못한 것이 분명했다. 게다가 월요일 아침 8시 15분 아닌가. 10분도 지나지 않아 교실 곳곳에서 시끄럽게 떠드는 소리가 나오기 시작했다. 그때 교사가 한 장의 사진을 꺼냈다. 버팔로 사냥꾼이 버팔로의 두개골을 쌓아올린 작은 산 위에 서서 포즈를 취하고 있는, 서부 개척시대를 상징적으로 보여주는 사진이었다(도표 5.2).

[도표 5.2] 버팔로 사냥꾼의 사진

학생들의 관심이 사진으로 확 쏠리며 분위기가 순식간에 달라졌다. "와, 저거 다 쏜 거야?" "어떻게 저걸 다 잡았지?" "저 사람 대체 버팔로를 몇 마리나 죽인 거야!" 이런 식의 반응이 교실 여기저기서 튀어나오자 학생들의 관심을 끄는 건 아무 문제도 안 됐다. 모두가 사진에 빠져들었다. 하지만 잠시 후 교사가 다시 설명을 시작하자 학생들의 관심도 모두 흩어져 버렸다.

만약 교사가 이 사진처럼 강렬한 도입으로 수업을 시작했더라면 어땠을까. 학습목표와 학생들의 학습 동기를 조율하여 자연스럽게 주의집중을 유도했을 것이다. 19세기 당시의 미국을 학생들과 연결하여 수업을 구성했다면 학생들의 주의를 끌 수 있었을지 모른다. 일단 관심을 끌면 그다음에는 앉았다 섰다 하는 활동으로 전환하거나, 듣기 활동 뒤에 짝과 생각 나누기 활동을 배치하는 식으로 학생의 주의를 오래 유지하는 것도 한결 수월했을 것이다. 최선의 설계를 했음에도 결국 학생들의 주의가 흐트러지기 시작했다면, 그 지점을 잘 뛰어넘을 수 있도록 교사가 대화를 통해 이끌어준다. 이런 도움은 학생들이 보여준 관심과 몰입이 있을 때 더 효과적으로 작동한다.

바로 옆 교실 역사 수업에서는 학생들에게 교장 명의의 가정통신문이 배포되었다. 내용은 이러했다. 앞으로는 학교에서 사용하는 모든 종이에 대해 학부모들이 세금을 부담해야 하고, 장거리 통근하는 교사들의 부담을 덜기 위해 교사가 원할 경우 학생의 집에 묵을 수 있게 교장 권한으로 허용한다는 내용이었다. 통신문을 받아든 학생들은 격분했다. 학교가 어떻게 이럴 수 있느냐며 흥분한 아이들로 교실은 들끓었다. 그러자 교사가 이건 사실이 아니고 장난으로 만든 것이라고 말했다. 학생들이 어이없어하자 교사가 이어서 설명했다. 바로 이처럼 황당하고 비합리적인 조치들이 당시 식민지 주민들이 영국에 분노해 일어나게 된 이유라고, 결국 이것이 독립전쟁을 일으킨 원인이 되었다고 말이다. 그러면서 당시 식민지 주민들이 어떤 기분이었을지 물었다.

이렇게 시작된 수업은 끝날 때까지 누구도 주의가 흐트러지지 않았고 학생들은 통신문을 집에 가져가 부모님께 보여드린다며 장난삼아 키득거렸다. 이날 아침 수업에서는 주의집중 문제가 전혀 일어나지 않았다.

수업 적용 | 주의 지속 시간에 대한 경험적 기준

주의를 지속하는 능력에 한계가 있다는 사실은 누구나 동의할 것이다. 다만 주의를 얼마나 지속할 수 있느냐에 대해서는 전문가들 사이에서도 의견이 다르고[31] 수치도 제각각이다. '나이+2분'이라는 설, 한 학년씩 올라갈 때마다 3~5분씩 늘어난다는 설도 있다.

성인의 경우 주의가 지속되는 시간은 대략 20분가량이며 이후에는 휴식이나 전환이 필요하다고 보는 연구도 있다. 현대에 올수록 시각적 매체와 상호작용하는 시간이 늘어나고 있어서 아이들의 주의 지속 시간은 더 짧아졌을 가능성이 있다. 문화적 요인도 주의 지속에 영향을 미치는 요소다.[32]

합의된 기준은 아니더라도 현장에서 참고할 만한 경험적 기준이 하나쯤 있으면 도움이 될 것이다. 우리가 수업과 코칭을 해온 경험에 비추어보면 대략 '나이+2분'이라는 기준이 유용할 것 같다. 학생들이 6~7세라면 약 8~9분, 15세라면 17분 정도가 되는 셈이다. 물론 학습 동기가 현저히 낮을 경우 주의 지속 시간은 0분이 되고, 반대로 수업에 완전히 몰입해 있다면 훨씬 더 길어질 것이다. 결국 이 경험적 기준이란 것도 어디까지나 출발점의 하나일 뿐, 교실에서 개별 학생들이 실제로 얼마나 주의를 지속하느냐는 교사가 판단해야 한다.

켄이 수업 코칭을 할 때 관찰한 바로는, 학생들의 주의 지속 시간이 한계점에 가까워지면, 또는 한계점을 넘어가면 과제에서 이탈하는 학생들이 많아져 교사의 수업은 행동관리 모드로 바뀌게 된다. 하지만 주의 지속 시간을 엄연한 생리적 한계로 받아들일 경우 그 한계를 넘어섰다고 해서 학생만 탓할 수 없는 일이다. 학생들이 수업 시간에 산만한 행동을 보일 경우 이렇게 말해보자. "아, 너무 지루하게 오래 끌었어. (시간을 확인하고) 맞아. 이제 수업 흐름을 바꿔야겠어."

여기서 말하는 주의 지속 시간의 한계는 사실 자기주도적이고 내적 동기가 매우 강한 일에 몰두할 경우에는 해당되지 않는다. 정말 하고 싶고 재미있다고 느끼는 일에서는 주의 지속 시간이 훨씬 길어지는 법이다. 그보다는 학생들이 교실에서 해야만 하는 활동, 어쩌면 내적 동기가 그리 크지 않을 수도 있는 활동, 실제로 학교 활동의 상당 부분에 적용된다. 따라서 수업 중에 학생들이 몸을 꿈틀거리기 시작하거나 산만해지는 기미가 보이면, 다음과 같이 에너지 흐름을 바꿔주는 활동을 하나 이상 시도할 필요가 있다.

- 동작 전환: 계속 앉아 있었다면 잠깐이라도 일어서게 하거나 교실 안에서 가볍게 움직이는 활동으로 전환한다.
- 언어사용 방식(language domain) 전환: (교사의 설명을) 듣는 것에서 짝과 이야기를 나누는 말하기 활동으로 바꾸거나, 조금 더 구조화된 소그룹 토론으로 전환한다. 텍스트를 읽는 활동이 진행되었다면 지금까지 읽은 내용에서 새로 배운 점, 느낀 점을 짧게 써보는 활동으로 전환한다.
- 주제 전환: 학생들이 흥미를 느낄 만한 소재로 잠시 전환한다. 수업 주제와 관련된 흥미로운 이야기, 또는 교사의 경험 등을 들려주고 지금 배우는 내용과 직접 연결해준다.

이런 식의 전환은 학생들의 주의 타이머를 초기화하여 다시 학습할 준비를 갖추게 하고, 수업으로 되돌아가 나머지 수업 분량을 소화할 수 있게 해준다. 수업을 계획할 때 학급의 주의 지속 시간에 맞게 수업 시간을 몇 개의 단위로 나누면 좋다. 예를 들어 초등 1학년 교실에서 45분간 수학을 가르칠 경우 대략 4~5개의 구간으로 나눌 수 있다는 말이다. 그럴 경우 수업 중 서너 번의 에너지 전환 활동을 의도적으로 배치한다. 고등학교 2학년 교실에서 90분간 역사 수업을 하게 된다면 전환은 5회 정도가 적절하다. 이러한 접근은 인지부하 관리와도 잘 맞아떨어진다. 수업시간 안에 마련해 둔 전환 지점 동안 학생들은 새로 배운 내용을 머릿속에서 마저 처리할 기회를 갖게 되므로 작업기억에 가해지는 스트레스도 줄어든다.

존 메디나(2008)는 이와 다른 접근을 시도했다.[33] 그는 쏟아져 들어오는 정보의 흐름 속에서 원활한 정보 처리를 하려면 뇌가 주기적으로 휴식을 가져야 한다고 강조했다. 그래서 교사가 10분마다 강렬한 도입장치를 활용, 학생들의 주의를 학습으로 모을 수 있게 도와야 한다고 주장했다. 이때 도입장치는 수업 내용과 관련되면서도 감정을 자극하고, 수업 전환을 돕는 연결고리 역할을 해야 한다. 학생들에게는 내용을 자기 것으로 느끼게 해주는 이야기, 시선을 단번에 사로잡을 만한 강렬한 이미지, 수업 분위기를 바꿔주는 유머 같은 것들이 효과적이다. 이처럼 에너지 전환을 수업에 의도적으로 설계하는 것은 교사들에게도 유익하다. 학생들의 주의 지속 시간이 한계를 넘어 과제에서 이탈하고 수업 내내 행동을 제지해야 하는 상황에 부딪치는 것보다 훨씬 건강한 접근이다.

카드를 이용해 점검하는 방식도 추천할 만하다.[34] 4장에서도 언급했지만 수업 전, 수업 중, 수업 후 어느 시점에서든 학생들의 이해도,

내용 파악 정도, 의견 변화를 점검할 필요가 있고, 카드는 여기에 대해 훨씬 풍부하고 정확한 정보를 얻게 해준다. 예를 들어 카드 한 장의 앞에는 '참', 뒷면에 '거짓'이라고 적거나, 앞면 위아래에 A, B, 뒷면 위아래에 C, D를 기재하면 객관식 문항에도 응답할 수 있다.[35] 조금 더 확장해 동의하는 정도(A: 전적으로 동의, B: 대체로 동의, C: 일부 동의하지 않음 D: 전혀 동의하지 않음), 이해 수준(앞: 확실히 이해했음 / 뒤: 이해하지 못함), 신념의 정도(앞: 사실이라고 확신함 / 뒤: 사실일 가능성이 있음) 등으로도 사용할 수 있다. 카드 하나에 A, B, C, D로 표기하는 대신 여러 카드에 나누어 각 선택지를 따로 적어 사용하는 방법도 있다. 어떤 방식을 택하든 교사는 이렇게 말할 수 있다.

"자, 모두 카드를 꺼내보세요. 방금 물의 순환에 대해 이야기했지요. 그러면 이 문장이 참인지, 거짓인지 각자 카드로 보여주세요. '빗물이 땅속으로 스며들면 물의 순환은 끝난다.'" 또는 "자, 카드를 꺼내고 다음 문장에 대해 여러분의 생각을 보여주세요. '빗물이 땅속으로 스며들면 그 물의 순환은 끝나고, 새로운 순환이 시작된다.'"

이와 같은 활동은 간단하면서도 주의 지속 시간의 한계를 가볍게, 재미있는 방식으로 다룰 수 있다. 학생들에게는 자신이 배우고 있는 내용을 잠시 되돌아볼 기회가 되고 교사에게는 비공식적이지만 귀중한 평가 자료가 된다. 새로운 정보를 장기기억에 안착시키는 데 필요한 되새김(recycle) 과정으로도 유익하다.

데이비드 수자(David Sousa)는 저서 『How the Brain Learns(뇌는

어떻게 학습하는가)』(2011)에서 '초두—최신(primacy-recency) 효과'로 알려진 뇌의 정보기억 방식을 설명한 바 있다. 간단히 말하면 학습이 시작되는 첫 부분과 마지막 부분에서 듣고 경험한 내용은 비교적 잘 기억되지만 중간 구간에 듣거나 경험한 것들은 기억에 잘 남지 않는다는 것이다.

수업 시간이 길면 중간 구간에 해당하는 '다운타임(downtime)'도 길어진다. 따라서 한 차시 수업을 구성할 때 정보 입력에 해당하는 교사의 설명 시간은 15~20분 정도로 하고 그 뒤 연습이나 이해를 위한 처리가 이어지도록 설계하면 다운타임이 줄어들 수 있다. 이렇게 20분 단위에서 수업이 흥미롭고 효과적으로 운영된다면 중간에 생기는 다운타임은 더욱 줄어들 것이다. 반면 설명이 30분까지 길어지면 다운타임은 조금 더 늘어난다.

수업 적용 | 주의집중을 도울 수 있는 지원

주의 유지가 어려운 신호가 되는 학생의 행동은 다음과 같다.

- 제시간에 과제를 끝내지 못한다.
- 과제를 마치기도 전에 중단해버린다.
- 이거 했다가 저거 했다가 한다.

- 쉽게 산만해진다.
- 읽어주는 글을 듣는 데 어려움을 겪는다.

주의집중과 관련된 어려움을 대처하기 위한 전략으로 다음과 같은 것들이 있다.

- 집행기능에 어려움을 겪는 학생은 창가, 출입문 근처, 친구들과 함께 앉는 뒤쪽 자리를 의도적으로 피해 배치해야 한다.
- 과제를 할 때 방해가 되는 요인을 파악하고 그것을 어떻게 해결해야 할지 학급 차원에서 논의한다.
- '주의를 기울이고' '듣는' 것이 무엇을 의미하는지, 그 모습은 어떠한지, 그리고 왜 중요한지에 대해 논의한다.
- 주의 지속 시간에 대한 경험적 기준(나이+2분)을 수업 설계에 의도적으로 반영한다.
- 과제를 조금 더 짧게 구성하거나 작은 단계로 나누어 학생들의 부담을 줄인다.

개별 학생에게 적용할 수 있는 중재 전략은 다음과 같다.

- 학생 스스로 주의가 흐트러지기 시작했음을 알아차렸을 때 교사에게 알릴 둘만의 신호를 정한다.

- 학생 스스로 자신의 주의 집중 상태를 점검할 수 있게 체크리스트나 계획표를 함께 만든다.
- 교실 밖에서 오랫동안 집중할 수 있었던 상황(예를 들어 게임하기, 친구와 놀기, TV 보기 등)에 대해 학생과 대화하고 그 경험을 교실 학습과 연결해 적용한다.
- 교사가 보기에 학생의 주의가 흐트러지고 있다고 느낄 때 조용히 사용할 만한 둘만의 신호를 정한다.

다음은 주의 유지를 돕기 위한 스크립트의 예다.

- "집에서 숙제를 끝내기 어려운 것 같은데, 내 생각이 맞니? 숙제를 끝까지 해내는 데 도움이 될 만한 방법이 없을까?" 이렇게 묻고 다음 날 "어제는 어땠어? 그 방법이 괜찮았니? 아니면 왜 그 방법이 통하지 않았을까?"와 같이 후속 질문을 한다.
- "과제를 너무 빨리 포기해버릴 때가 있더구나. 과제가 어려워서 답답했을 수도 있고 계속하기 너무 힘들어서, 또는 너무 지루해서 빨리 다른 걸 하고 싶어서 그랬을 것 같아. 하지만 이것 말고 또 다른 이유가 있을지도 모르겠어. 네가 왜 도중에 그만두고 싶어지는지, 내가 이해할 수 있게 좀 설명해줄 수 있겠니?" 학생의 대답에 따라, 도중에 그만두고 싶어질 때 교사에게 도움을 요청하는 신호를 함께 정한다. 그러고 나서 "그럼 내일은 이런 상황에

서 네가 어떤 모습을 보여줄 수 있을까?" 하고 교사가 기대를 갖고 지켜볼 것임을 명확히 한다.

- "호세, 오늘은 이런 활동을 할 건데, 네가 중간에 그만두고 싶어지면 어떻게 할지 내게 먼저 말해줄래?"

집행기능 스킬 4, 5: 계획 수립과 목표 설정

계획 수립과 목표 설정은 학습에서 핵심적인 역할을 한다. 계획을 세우면 목표에 도달하기 위해 필요한 과정을 더 잘 정리할 수 있다. 바꾸어 말하면 구체적인 목표가 없을 경우 계획할 것도 별로 없다. 이렇게 목표 설정과 계획 수립이라는 두 집행기능 스킬이 함께 작동하면 과제 완수와 문제해결에 필요한 에너지와 자원을 모을 수 있다. (그다음에는 자신을 조직화하는 스킬도 필요한데, 이 내용은 6장에서 다룬다.)

수업시간에는 여러 과제가 진행된다. 그런데 어떤 학생은 스스로 과제를 시작하기 어려워하고 교사가 많이 도와주지 않으면 과제를 끝내지도 못한다. 이런 학생들 중 상당수는 계획 세우기를 무척 힘들어하고, 일부는 목표 설정에도 어려움을 느낀다. 두 가지 모두 어려워하는 학생도 있다. 학년이 올라갈수록 과제가 더 복잡하고 추상적으로 되기 때문에 한층 심각한 문제가 된다.

수업 적용 | 명확한 학습목표 설정

학습에 어려움을 겪는 학생들일수록 수업의 핵심, 즉 교사가 수업을 통해 학생의 머릿속에 어떤 내용을 심어주고 싶어 하는지를 명확히 하는 것이 중요하다.

중재라는 관점에서 보면 학습목표를 명확히 하는 것은 무엇을 배울지에 관해 학생과 '조율'하는 중요한 방식이다. 교사들이라면 대부분 학습목표를 제시하고 있지만 그들 속에는 학습목표가 갖추어야 할 필수적인 특징이 제대로 담겨 있지 못할 때가 있다.

다음은 학습목표가 반드시 갖추어야 할 특징이다.

- 학습목표는 학생들이 이해할 수 있는 언어로 전달해야 한다.
- 흔히 "(학생은) …할 수 있다."와 같은 형식을 쓰고 있는데, "(나/우리는) ~를 할/배울 것이다."와 같은 형식으로 쓸 것을 권하고 싶다.* "(학생은) …할 수 있다."라는 표현은 교사 자신에게 말하는 형식에 가깝고 문장 수준도 높아져 오히려 명확한 목표 제시가 필요한 학생에게는 한층 이해하기 어렵다.
- 수업당 학습목표가 한두 개를 넘지 않도록 한다.

---

* 원문에서는 "Students will~." 대신 "We/You will ~" 의 형식으로 주어를 바꿀 것을 권하고 있다. 그러나 이 표현에 담긴 저자의 의도가 학생이 배우고 하게 될 활동에 초점을 두어 학습목표를 제시하는 데 있다고 보고 번역서에서는 서술어를 변형하여 표현했다—편집자

- 학습목표는 가급적 측정 가능한 것으로 한다. 일반적이거나 추상적이지 않고 구체적이고 명확해야 한다
- 학습목표는 간결한 단문으로 제시한다. '그리고' 등으로 연결되는 복합문이 되지 않도록 한다.
- 학습목표는 글로 적어 교실에 게시해 두어야 한다.
- 수업은 학습목표로 시작해 학습목표로 마무리해야 한다. 수업이 시작될 때는 학생이 오늘 무엇을 배우게 될지 분명히 알 수 있게 하고, 수업이 끝날 때는 오늘 무엇을 배웠는지 스스로 돌아볼 수 있게 한다. 학습일지, 짝과 대화하기, 짧은글 쓰기, 카드 활동 등을 활용할 수 있고, 수업 중간에 점검해 보는 것도 도움이 될 수 있다.

학습목표는 활동 자체를 말하지 않고 학생들이 그 활동을 하면서 배우게 될 '무엇'을 말한다. 앞에서 100칸 차트 활동을 했던 알렉산드라를 다시 떠올려보라(145쪽). 가장 큰 문제로 생각되는 것은 학습목표를 명확히 인지하지 못했다는 점이다. 활동에 즐겁게, 열심히 참여했음에도 알렉산드라는 정작 교사가 학생에게 기대한 학습 내용을 제대로 배우지 못했다. 그녀에게는 수업 전, 수업 중, 수업 후에 걸쳐, 학습목표가 무엇인지 구체적으로 분명히 연결해주는 안내가 꼭 필요했다. 그러지 않으면 그 활동은 그저 재미있는 놀이에 그치고 만다. 다음에 예로 든 학습목표들은 위의 '원칙'을 한두 가지씩 어기고 있어

‘좋은’ 학습목표라고 보기 어렵다. 왜 그런지 스스로 판단해보기 바란다. (답은 201쪽 참고)

- 초등 2학년 : “학생들은 덧셈에서 이어세기와 뺄셈 사이의 관계를 파악할 수 있다.”
- 초등 6학년 : “나는 짝과 함께 두 주인공을 비교할 것이다.”
- 중학 3학년 : “우리는 산이 형성되는 세 가지 기본적인 방식과 지각판에 대해서 배울 것이다.”

학습목표를 제시하는 방법에 보편적 합의가 이루어진 것은 아니다. 그러나 학습에 어려움을 겪는 학생의 관점에서 보면 다음 세 가지 조건을 갖추는 것이 형식이 어떠한가보다 더 중요하다.

- 학생에게 필요한 학습목표를 분명히 세울 것
- 학습목표가 갖추어야 할 기본 원칙을 지킬 것
- 수업에서 교사가 추구하는 목표를 학생에게 명확히 전달하고, 그 목표에 학생들도 ‘조율’되게 돕는 것

학습목표를 유용하게 활용하는 또 다른 방법이 있다. 학생과 허물없이 마주앉아 한해 동안 자신이 이루고 싶은 목표를 이야기해보게 하는 것이다. 전체적인 목표든 특정 교과에 관한 목표든 상관없다. 목

표에 도달하기 위해 학생이 어떤 계획을 세우고 있는지, 어떤 도움이 필요한지 함께 이야기해 본다. 정기적으로 이런 목표를 되돌아보는 면담 기회를 갖고 지금까지의 경과를 함께 평가하는 시간을 갖도록 하자. 학년말이 되면 학생들에게 자신이 세운 목표를 다시 읽어보게 하고, 목표 도달에 성공했다면 성공 요인이 무엇인지, 목표 도달에 실패했다면 무엇을 다르게 했더라면 좋았을지 돌아보게 한다. 이어서 다음 해를 바라보며 새로운 목표를 세워볼 수도 있다.

교사로서 학생의 목표에 한두 가지 목표를 더 추가하자고 제안해도 좋지만 목표가 너무 많아지면 목표 설정의 취지가 흐려질 수 있으므로 주의하자. 학생이 직접 집행기능 관련 목표를 설정해도 좋은데, 이는 학생이 어떤 집행기능 영역에서 어려움을 겪는지 분명할 때 매우 도움이 되는 방식이다.

| 수업 적용 | 목표 설정과 계획 수립 지원

다음은 목표를 설정하고 계획하는 능력이 부족함을 알려주는 행동들이다.

- 과제를 늘 늦게 제출한다.
- 쉽게 산만해지고 수업의 흐름을 놓친다.

이런 문제를 다룰 때 교실에서 활용할 만한 전략으로 학습목표를 눈에 띄게 게시하는 방법 외에 다음 방법을 추천한다.

- 목표를 구체적으로 제시하기: 정답이 없는 개방형 과제는 어떤 학생들에게는 오히려 더 어려울 수 있다. 그럴 때는 과제의 목표, 즉 구해야 할 답이나 배워야 할 내용이 무엇인지 구체적으로 알려준다.
- 단계별 계획 제시하기: 단계별로 문제를 해결해야 할 활동에서는 각각의 단계를 미리 제시해준다. 학습에 어려움을 겪는 학생들에게는 단계를 여럿으로 쪼개고, 한 번에 한두 단계씩만 수행하도록 제시한다. 이는 작업기억에 어려움이 있는 학생에게도 마찬가지다. 장기 프로젝트라면 단계를 세분화하고 각 단계별 기한과 기대되는 결과를 명확히 제시하며, 필요한 자료와 준비물, 활용 도구의 목록도 작성한다.

다음은 목표 설정과 계획 수립 전략을 지도할 때 사용할 수 있는 스크립트의 예다.

- "조니, 우리가 지금 이 주제를 공부하는 이유가 뭘까?"
- "오늘 수업의 학습목표는 무엇인가요?"
- "과제를 시작하기 전에 먼저 네 계획이 뭔지 말해주겠니?"

- "내가 말해준 여러 단계 중에서 너는 몇 단계까지 헷갈리지 않고 할 수 있을까?"

집행기능 스킬 6: 조직화

이 장을 시작하는 첫 부분에 나왔던 사례를 떠올려보자(137쪽). 중학교 3학년 학생들의 과학수업 시간, 교사가 비교적 간단한 '즉시과제' 활동을 제시했는데 학생들은 계속 교사를 찾았다. 노트북에서 이런 저런 자료를 사용해도 좋다고 분명히 알려주었음에도 교사의 도움 없이 과제를 수행한 학생은 거의 없었다. 어째서 이런 일이 벌어졌을까? 가장 큰 이유는 상황에 맞게 적절히 조직화된 스크립트가 없었기 때문이다. 학생들의 머릿속에서는 아마 이런 말들만 맴돌았을 것이다.

'지금 뭘 해야 하지?'

'내가 지금 제대로 하고 있는 게 맞나?'

'모르겠어! 누가 좀 도와줬으면….'

겉보기에는 목표도 알고 있고 나름의 계획도 세우고 있다. 하지만 그 계획을 실행하기 위해 필요한 시간, 자료, 단계, 전략 등의 자원을 스스로 정리하고 조직해 활용하는 '조직화(organization) 스킬'이 부족한 것이다. 이 스킬이 부족한 학생들은 대개 모든 과정을 동시에 처리하려고 허둥대면서 이미 취약한 작업기억을 한층 과도하게 사용하고 있다. 그래서 치밀하게 제공되는 비계와 지속적인 점검 없이는 수업에서 필연적으로 어려움을 겪기 마련이다.

조직화 스킬은 앞에서 다룬 두 가지 집행기능, 즉 목표 설정과 계획 수립의 일부이기도 하다. 어떤 활동을 시작하기 위해 상황을 조직화하자면 목표 설정과 계획 수립 두 가지가 필요하기 때문이다. 따라서 이 부분에서 문제가 있을 경우 세 가지 문제가 함께 나타나기 쉽지만, 유독 조직화 스킬이 취약한 경우도 있다.

조직화 스킬은 본래 완전히 체화되기까지 오랜 시간이 필요하다. 문화적, 환경적으로 단절된 환경에서 자란 학생은 매일의 삶이 예측 불가능하고 늘 생존을 위해 허덕이게 되므로 조직화 스킬이 제대로 발달하기 어렵다. 이는 여타 집행기능과 마찬가지로 어쩌면 당연한 결과다. 물론 이런 환경에서 자랐음에도 성인이 되어서는 충분히 조직화 스킬을 잘 발달시켜 나가는 사람도 있지만, 학교에서는 다르다. 학교의 문해지향적 언어를 제대로 익히지 못한 상태에서 조직화의 어려움까지 겹치게 되면 매우 심각한 학습부진으로 이어질 수 있다. 글쓰기, 여러 단계를 거치는 문제해결, 프로젝트 학습 등은 조직화 스킬의 영향을 특히 강하게 받는 것들이다. 이러한 어려움은 모두 작업기억의 한계와 깊이 연결된다.

| 수업 적용 | 조직화 스킬

다음은 조직화 스킬이 부족하다는 신호가 되는 행동이다.

- 과제를 제 시간에 마치지 못한다.
- 물건을 둔 곳이나 숙제를 잊어버릴 경우가 많다.
- 과제 시작을 특히 어려워한다.

조직화 스킬을 키우기 위해 교실에서 활용할 수 있는 전략은 다음과 같다.

- 교실을 정리정돈하는 활동을 자주 실시하고, 왜 이런 정리가 중요한지 함께 이야기한다.
- 수업에서 그래픽 오거나이저를 활용해 내용을 구조화하며 가르친다.
- 책상, 공책, 가방 등을 정기적으로 함께 정리 정돈하는 시간을 갖는다.
- 브레인스토밍 후 생각을 어떻게 정리할지에 관한 수업을 정기적으로 진행한다. '사고구술(thinking aloud)' 방식을 활용, 교사가 먼저 '나라면 이렇게 정리할 것'을 시범적으로 보여주고 학생들도 각자 어떻게 정리할지 말해보게 한다.

개별 학생에게 적용할 수 있는 중재 전략은 다음과 같다.

- 앞에서 제시한 전략들을 개별 학생에게 일대일로 실시한다.
- 학교가 아닌 상황에서 이렇게 정리가 잘 되었던 경험을 떠올려보고 왜 그랬을지 함께 살펴본다. 예를 들어 게임을 하거나, 파티를 준비하거나 자기 방의 어떤 공간을 잘 정리한 경우 등이 있을 것이다. 그 경험을 교실에서의 조직화로 자연스럽게 연결한다.
- 학교 일과 또는 일상적 활동 속에서 조금씩 가르치고 주기적으로 연습할 기회를 준다.
- 학생이 조직화를 잘해냈을 때 칭찬하고, 무엇 덕분에 잘해낼 수 있었는지 함께 짚어본다.
- 교실에서 누군가의 책상이 깔끔해 보이는 까닭을 주제로 학생이 그 이유를 리스트업해 보도록 한다.

조직화 스킬을 가르치기 위해 활용할 만한 스크립트의 예시는 다음과 같다.

- "숙제를 또 안 가져왔구나. 혹시 잊어버린 거니? 자, 잊어버리지 않으려면 어떻게 해야 할지 우리 함께 이야기해보자. 그리고 네가 오늘부터 즉시 해볼 만한 방법을 하나 찾아보자. 내일 와서 그 방법이 어떻게 도움이 되었는지 다시 이야기하자."

- “수업 시간에 보니 네가 물건을 잘 못 찾는 것 같았어. 네 생각에 왜 그런 것 같니? 어떻게 하면 좀 더 쉽게 찾을 수 있을까? 내일 네가 작성한 과제를 돌려주면 너는 그걸 어떻게 정리할 계획이니?”

집행기능 스킬 7: 전환

전환(shifting)은 주의 초점, 방향, 전략을 바꾸는 데 사용하는 인지 스킬로 보통 충동 억제(inhibition)와 직접적으로 연결된다. 익숙한 행동 방식을 억제해야 할 경우 다른 행동 방식으로 전환해야 하기 때문이다. 충동성과 전환 양쪽 모두에서 어려움을 겪는 경우도 있고, 충동성은 크지 않지만 전환 자체만 힘들어하는 경우도 있다.

결국 인지적 전환은 유연성(flexibility)의 문제기도 하다. 길을 걷다가 길을 가로막은 큰 바위를 만난 경우에 빗대어 생각해보자. 공부를 잘하는 학생은 바위를 어떻게 돌아갈지 방법을 찾는다. 하지만 어떤 학생은 바위 앞에 우두커니 서 있거나, 바위가 길을 막고 있다고 울먹이며 아무것도 하지 못한다. 어떤 학생은 바위를 보자마자 다시 되돌아가 버린다. 학습 과제도 마찬가지다. 문제를 해결하는 방법을 단 한 가지만 갖고 있어서 그 방법이 통하지 않는다면 누구든 그 자리에서 멈출 수밖에 없다. 문제 상황에서 여러 접근을 시도해볼 수 있는 유연성, 즉 전환 능력이 없다면 도중에 좌절하거나 포기하게 된다.

다른 활동으로 전환할 때 힘들어하는 학생들도 많다. 글쓰기를 예로 들면, 초고를 쓰는 과정에서 마침표나 쉼표 같은 문장 부호를 빼먹는 경우가 많은데 이는 아이디어를 떠올려 문장으로 써내려가는 일과 문장 부호 같은 문법적 요소를 신경 쓰는 것이 서로 다른 과제이기 때문이다. 둘 사이를 오가려면 학습자는 원활히 인지 전환을 할 수 있어야 하는데 그러려면 시간과 노력 두 가지 모두 필요하다.[36] 문장 부호를 빼먹는 등의 실수는 인지부하 탓일 수도 있지만 근본적으로는 전환의 어려움과 관련된 문제일 가능성이 높다. 학생이 현재 하고 있는 방식 외에 다른 방식으로 전환하거나, 전환이 필요하다는 사실 자체를 알아차릴 만큼 인지적으로 유연하지 못한 상황인 것이다.

켄이 코칭했던 중학교 3학년 과학수업 시간을 보자. 학생들은 이전 시간에 배운 '투과성(permeability)'에 대한 후속 실험을 하고 있었다. 교사는 얇은 랩을 둘둘 말아 작은 관 모양 튜브를 만들고 안에 진한 색깔의 시럽을 채웠다. 학생들은 튜브의 무게를 측정한 뒤 찬물이 담긴 비커에 30초 동안 넣었다가 다시 무게를 쟀다. 이 과정을 여러 번 반복하면서 학생들은 튜브의 무게가 조금씩 증가하고 시럽의 색이 점점 옅어진다는 사실을 관찰해야 했다. 즉 이 실험은 비닐 랩이 물을 통과시키는 투과성 막처럼 작용한다는 결론에 도달하도록 설계된 것이었다.

켄은 한 소그룹에 다가가 실험이 잘되고 있는지 물었다. 학생들은 꽤 즐거워하며 실험을 진행하고 있었다. 켄이 무엇을 알아냈냐고 묻자 한 학생이 대답했다. "시럽이 든 튜브가 점점 무거워지고 있어요." 켄이 왜 그렇게 생각하냐고 묻자 학생은 "그야 차가워지고 있어서죠."라고 대답했다. 켄이 그 이유를 조금 더 자세히 설명해달라고 묻자 학생이 말했다. "물이 얼면 무거워지잖아요. 시럽도 찬물 속에 들어가면 더 무거워지는 거예요."

짤막한 대화지만 중요한 여러 사실을 파악할 수 있다. 우선 학생은 물질의 성질에 대한 잘못된 스키마를 지니고 있다. 그리고 그렇게 장기기억 속에 저장된 오개념을 꺼내와서 설명을 구성했는데, 집행기능 관점에서 보면 사고 전환 능력 또한 부족함을 여실히 드러낸다. 이 실험은 전 차시에 배운 투과성과 직접적으로 연결된 활동이었다. 교사 역시 전날 수업에서 '내일은 투과성과 관련된 실험을 할 것'이라고 미리 알려주었고, 오늘 실험에서도 전체 맥락이 명확히 투과성에 있음을 짚어 주었다. 온도에 관한 언급은 이 실험에도, 이전 수업에도 전혀 등장하지 않았다. 그런데도 학생은 이미 갖고 있던 '차가우면 무거워진다'는 오개념에서 사고를 전환하지 못했다.

만약 생각의 방향을 바꾸는 인지적 유연성이 있었다면 이렇게 생각해야 했을 것이다. '이건 투과성에 관한 실험이니까 온도는 전혀 상관이 없어. 튜브를 찬물에 담갔다 꺼내면 무게가 조금씩 늘어나네. 그렇다면 물이 조금씩 튜브 안으로 들어가는 거야! 어떻게 들어가지? 비닐 랩에 구멍이 난 것도 아니고 양쪽 끝도 묶여 있는데. 아, 그럼 물

이 랩을 통과해서 스며들고 있는 게 분명해.'

학생은 주어진 과제에서 실험 데이터를 가지고 인과 관계를 추론했다. 하지만 인지 전환이 되지 않았기 때문에 실험과 관련 없는 자신의 기존 오개념에 실험 결과를 끼워맞춘 것이다. 즉 학생은 실험의 목적과 맥락을 따라가기보다 자신이 이미 갖고 있던 잘못된 지식에 실험 데이터를 맞추어 잘못 해석했다.

이번에는 켄의 동료였던 한 특수교사가 인지 전환을 효과적으로 가르친 사례다. 이 교사는 평소 소그룹 지원실에 있다가 교실로 돌아가는 학생들에게 늘 '문턱 점검(threshold check)'이라는 이름의 자기 점검 활동을 실시하곤 했다. 왜냐하면 학생들 중에는 교실로 다시 돌아갈 때 시끄럽게 떠들거나, 수업 중인 교사에게 "지금 뭐 하고 있는데요?" 하고 물으며 말을 끊거나, 어떻게 할지 몰라 우왕좌왕하는 등 부적절한 모습을 보이는 경우가 있었기 때문이다. 그래서 교사는 학생들에게 교실로 들어가기 전, 문턱에서 잠시 멈추어 서서, 교실에 들어갈 때 무엇을 어떻게 할지 미리 생각해보는 연습을 시킨 것이다. 그렇게 해서 학생들은 질문이 있더라도 교사가 말을 끝낼 때까지 기다리기, 들어가면 조용히 자리에 앉기, 자리를 정리하고 지금 수업 중인 교과서를 꺼내기 등의 행동을 떠올릴 수 있다. 이 '문턱 점검' 활동은 집행기능 친화적이며, 학생이 적절하고 순조롭게 행동을 전환하도록 도울 수 있다.

| 수업 적용 | 인지 유연성과 전환

다음은 인지 전환 능력이 부족함을 보여주는 행동 신호다.

- 주의가 쉽게 산만해진다.
- 사고나 행동이 유연하지 않다.
- 활동이나 사고를 전환하는 데 어렵다.
- 한 가지 생각이나 행동에 집착해 거기서 벗어나지 못한다.

다음은 인지 전환 문제를 다루는 데 수업에서 활용할 만한 전략들이다.

- 교실 환경을 정돈해 학생의 주의집중을 방해하는 자극을 줄이고 정보가 명확히 드러나도록 한다.
- 새로운 일과나 일상적 활동을 반복적으로 충분히 연습하여 전환이 자연스럽게 이루어지도록 한다.
- 수학 문제를 풀 때 여러 가지 방법을 시범 보이고, 모든 학생이 적어도 한 가지 방법 이상을 확실히 이해하고 자신감을 갖도록 지도한다.
- 학습 일정표와 체크리스트를 활용해 전환을 시각화한다.

다음은 개별 학생을 위한 중재학습 전략이다.

- 전환을 시작하기 전 시각적 신호 또는 벨소리 같은 청각적 신호, 언어적 신호를 준다. 예를 들어 한 활동이 끝나고 다른 활동으로 넘어가야 할 경우 반 전체가 볼 수 있게 시계를 가리키는 것 등이 있다. 또는 전환을 상징하는 화살표 같은 시각적 아이콘을 마련해, 아이콘이 그려진 붙임딱지를 책상에 붙여 주어도 좋다.
- 선택지가 너무 많아지지 않게 한다.
- 학생이 유연성을 발휘했거나 과제를 끈기 있게 지속할 경우 칭찬해준다.
- 학습목표를 명확히 설정해 게시하고 수업 시작 때 언급하며 논의한다. 수업 중에도 이따금 재확인하며, 수업이 끝나면 학습목표를 바탕으로 수업을 되돌아보며 성찰한다.

인지 전환을 도울 수 있는 스크립트의 예는 다음과 같다.

- "수학 문제를 풀기 시작했는데 도중에 잘 기억이 안 나고 어떻게 해야 할지 모르겠을 때, 우리가 이야기했던 방법 두세 가지가 있어. 그게 뭐였지?"
- "칼라, 지금 하고 있는 방법이 뭔가 아니다 싶은 기분이 들 때, 난 눈을 감고 잠시 마음을 편히 한 다음 무엇을 해야 할지 생각해보

곤 한단다. 어떨까?"

- "페드로, 너 게임 좋아하지? 게임이 잘될 때 어땠어? 늘 쓰던 똑 같은 방법만 계속 썼니, 아니면 뭔가 변화를 주었니? 어떻게 그런 결정을 내리는지 말해줄 수 있겠어?"

맺으며

어떤 의미에서 집행기능은 근본적으로 인간을 인간답게 만들어주는 능력이다. 목표를 세우고 그 목표를 향해 계획을 수립하는 능력, 복잡한 문제를 해결하는 능력, 그것을 위해 타인의 도움을 구하는 능력, 유연하게 대처하고 사고하는 능력, 충동을 억제하는 능력, 내면의 언어로 지시하는 능력, 이 모든 것이 인간을 다른 동물과 뚜렷이 구별되게 만든다.

집행기능은 학교 공부의 성패를 좌우하는 능력이기도 하다. 학교 교육과정에 따라 지식과 개념을 배우고 유지하는 데 있어 일부 학생들이 어려움을 겪는 까닭은 내용이 어려워서가 아니다. 학습 과제를 수행하는 데 필요한 집행기능, 그것도 문화적으로 요구되는 집행기능 스킬이 제대로, 충분히 갖춰지지 않은 탓이다. 교사가 이를 무시하고 교과 내용을 가르치는 데에만 주력하면 이런 학생들의 어려움은 해결될 수 없다.

교실에는 집행기능 스킬 수준이 제각각인 학생들이 함께하고 있다. 특정 집행기능에 장애나 문제가 있는 학생들 중에는 문화적 차이, 문해지향성이 낮은 사회문화적 환경, 문화적 단절로 어려움을 겪는 학생도 있다. 이유가 무엇이든 현실이 이렇다는 사실을 인식하고 교실수업 속에 집행기능 스킬을 기르는 활동을 통합해야 한다. 이런 접근법은 특히 문해지향성이 낮은 학습자, 문화적 단절을 경험한 학습자들에게 중요하며, 일부 학생들에게는 집행기능 스킬을 중재학습경험으로 지원할 필요도 있다.

이 장의 내용만으로 학교교육 속에서의 집행기능을 모두 다루었다고 할 수는 없다. 다행히 이 문제를 다룬 좋은 참고 서적들도 이미 나와 있다.[37] 비록 문화나 문화적 단절과 관련된 집행기능 문제는 다루어지지 못했지만 본래 이 주제는 책 속의 한 장으로 다루기에는 너무 폭넓은 범위다.

이 장에서 우리는 다음과 같은 목표를 다루고자 했다.

- 집행기능이란 무엇이고 이것이 작업기억이 작동하는 데 왜 중요한지 분명히 설명하는 것
- 집행기능에 어려움을 겪는 학생에 대한 이해의 폭을 넓히는 것
- 교실에서 나타나는 집행기능상의 문제를 살피고, 교사들이 이를 인지하고 구분할 수 있게 돕는 것
- 개별 학생 또는 학급 전체에 해당하는 집행기능 문제를 지원할

수 있는 전략을 제시하며, 교사가 이를 바탕으로 다음 단계로 나아가게 돕는 것

이 장에서 다룬 것 외에도 집행기능에는 더 많은 스킬과 요소들이 있고 학생을 도울 전략도 훨씬 많다. 집행기능이란 이 흥미롭고 중요한 주제를 교실에서 실천하고 깊이 탐구해 나가는 데 이 장의 내용이 출발점이자 기본 토대가 되었기를 바란다.

이제 작업기억은 이쯤에서 마무리하고, 다음 장에서는 새로 학습된 내용이 저장되는 기억의 저장고, 장기기억으로 이동한다.

학습목표 수정 제안

【초등 2학년】 "학생들은 덧셈에서 이어세기와 뺄셈 사이의 관계를 파악할 수 있다."

[문제점] 1. '학생들은~'으로 시작하는 형식 2. 학습에 어려움을 겪는 학생들에게는 이해하기 너무 어려운 표현 3. '파악할 수 있다'라는 애매한 표현으로 측정 가능하지 않음.

[수정 제안] 나는 덧셈에서 이어세기를 사용해 뺄셈과 같은 답이 나오는 이유를 말로 설명할 수 있다.

【초등 6학년】 "나는 짝과 함께 두 주인공을 비교할 것이다."

[문제점] 1. 활동의 목표가 아니라 활동 자체를 말한 것일 뿐이다. 2. '비교한다'는 활동이 구체적으로 무엇인지 불분명하다. 3. 측정하기 어렵다.

[수정 제안] 나는 두 주인공 사이에 서로 비슷한 점을 세 가지 이상, 다른 점을 두 가지 이상 찾아 설명할 수 있다.

【중학 3학년】 "우리는 산이 형성되는 세 가지 기본적인 방식과 지각판에 대해서 배울 것이다."

[문제점] 1. 측정하기 어렵고 명확하지 않다. 2. 서로 다른 두 개의 목표가 한 문장에 함께 제시되었다.

[수정 제안] 1. 우리는 산이 형성되는 세 가지 기본적인 방식을 설명할 수 있다. 2. 우리는 지각판의 기본 개념을 정의할 수 있다.

6장

의미기억,
학습의 기반

1학년 교실, 켄은 학생들에게 글쓰기 지원을 위해 일본 옛이야기 하나를 소리내어 읽어 주었다. 그날 글쓰기 수업에서는 이야기를 통해 글의 '배경'이란 요소를 파악하고, 각자 선택한 주제로 자유롭게 이야기를 쓰되 배경이라는 요소를 반드시 포함하게 되어 있었다. 켄은 담임교사를 도와 옛이야기의 배경에 대해 학생들과 이야기를 나누었다. 그런 다음 학습지원이 필요한 학생들과 따로 함께했다. 그는 그 수업에 수업지원 교사(ESL inclusion teacher)로 참여하고 있었기에 이 학생들이 글쓰기를 시작하기 전 많은 대화를 나누며, 각자 떠올린 이야기 속에 '배경'이라는 요소를 포함할 수 있도록 돕고자 했다.

"자, 이야기 속 배경이 될 만한 곳에 뭐가 있을까요?"

한 학생이 조금 전 들려준 옛이야기의 배경인 '일본'을 말했다. 켄은 차트 용지에 '일본'이라고 적었다.

"아주 좋아요. 방금 우리가 읽은 이야기처럼 배경으로 일본이 나올 수 있어요. 또 다른 배경으로, 이야기가 일어나는 장소가 될 만한 곳으로 뭐가 있을까요?"

학생들은 멍하니 바라보기만 했다. 켄은 질문을 바꾸어 다른 식으로도 물어보았지만 학생들은 어깨를 으쓱하는 반응 외에는 아무 대답도 하지 않았다. 켄은 다시 이렇게 물었다.

"자, 예를 들어 내가 식당에 간다고 해봅시다. 그건 '장소'니까 이야기의 배경이 될 수 있죠. 그렇다면…."

그 순간 한 학생이 갑자기 "맥도날드요!" 하고 큰소리로 외쳤다. 이어서 KFC, 버거킹 등등 비슷한 여러 장소들이 줄줄이 나왔다. 켄은 그것들을 모두 차트 용지에 적었다.

그러고 나자 다시 침묵이 흘렀다. 켄은 이번에는 학교를 예로 들며 비슷한 방식으로 대화를 이끌었다. 아이들은 급식실, 1학년 1반, 2반, 3반 교실을 외쳤고, 돌봄교실, 컴퓨터실 같은 장소를 말했다. 수업 시간 내내 이런 대화 패턴이 두어 차례 계속 반복되었다.

수업 후 켄은 자신의 수업을 돌아보며 생각에 잠겼다. 이 학생들은 왜 '배경'이나 '장소'라는 일반적인 개념을 물었을 때 전혀 대답하지 못했을까? 이들은 학교, 집, 국가, 운동장 등 수많은 곳들 중에서 켄이 하나를 콕 짚어 열어준 뒤에야 거기 속하는 구체적인 장소들만 말할 수 있었다. '배경'이란 개념만으로도 수업을 진행하는 데 아무런 어려움이 없었던 학생들과는 매우 대조적인 장면이다. 그들은 '배경'이나 '장소'라는 추상적 개념을 집, 학교, 숲, 궁전 같은 구체적 장소와 잘 연결하여 이야기할 수 있었고, 각 범주 안에서 다른 구체적 예도 빠르게 떠올려 말할 수 있다. 학습 지원이 필요한 학생들은 초등학교 고학년이 되어서도 교과 수업에서 자주 언급되는 이런 추상적 개념 범주에 제대로 접근하지 못해 어려움을 겪는다. 켄은 왜 이런 일이 생기는 걸까 자문했다.

의미기억[1]은 기억 저장고로서 컴퓨터의 대용량 하드 드라이브와 비슷한 역할을 한다. 자신의 전화번호를 알고 있고, H_2O를 보면 물의 원소기호라는 사실을 알아보는 것은 의미기억이 작동하고 있다는 뜻이다. 세상을 살아가는 데 필요한 거의 모든 정보를 담은 의미기억이 제대로 작동한다는 것은 참 다행스러운 일이다. 살아가면서 기억하고 떠올리는 것들에는 결혼기념일이나 생일, 선생님이 몹시 화를 냈던 어느 수업 시간처럼 개인적인 경험들도 있다. 하지만 의미기억은 삶을 구성하는 사실과 개념들을 추상적인 지식의 형태로 저장한다.

의미기억은 방대한 양의 정보가 서로 촘촘하게 연결된 거대한 네트워크라 할 수 있다. 이를 잘 설명해주는 것의 하나로 '확산적 활성화(spreading activation)' 모형을 들 수 있다.[2] 어떤 의미나 언어적 개념이 장기기억 속에서 어떻게 활성화되는지 설명해주는 것으로, 연못에 돌을 던지면 그 중심에서 사방으로 동심원이 퍼져나가는 모습을 상상해보라. 의미기억 속에서 어떤 개념이 활성화되면 그것을 중심으로 하여 관련된 개념들, 심지어 관련성이 다소 먼 개념들로까지 확산된다. '소방관'이라는 단어를 읽는 순간 소방차, 연기, 물, 위험, 용기 같은 연관 단어와 개념으로 확산되고 활성화되는 것이다. 의미기억은 이처럼 서로 촘촘히 얽힌 개념들의 네트워크이기 때문에 관련된 정보를 빠르게 떠올릴 수 있다. 교사들이 본격적 수업을 시작하기 전, 관련된 개념들로 워밍업 활동을 하는 이유다. 중요한 사실은, 의미기억에 저장된 개념들은 서로 연결되어 있을 뿐만 아니라 개념들 간의 관계를 반영하는 방식으로 저장된다는 점이다. 이러한 관계에는 원인—결과, 조건—상태, 전체—부분, 확률 등 다양한 유형이 있다.

- 원인—결과 : 바이러스는 감기를 일으킬 수 있다. / 감기 증상이 바이러스를 만들어내는 것은 아니다.
- 조건—결과 : 물을 100℃까지 가열하면 끓는다.
- 전체—부분 : 손가락은 손의 일부분이다.
- 확률 : '저지르다'라는 말의 앞에 오는 어구는 '살인', '범죄'처럼 부정적인 것일 가능성이 높다.

의미기억 체계는 인간의 사고와 학습에 핵심적인 부분이다. 6장과 7장은 의미기억의 기능과 구조를 살피고, 문해력을 비롯한 학습 향상을 위해 의미기억 체계를 확장하고 풍부하게 만들어가는 중요한 과정을 교사가 어떻게 지원할지에 대해 이야기한다.

스키마

스키마에 대해 2장에서 '지식표상'이라고 언급한 바 있다. 조금 더 자세히 설명하면 다음과 같다.[3]

- 개념 예) 주제(문학), 분배법칙(수학)과 같은 개념
- 명제 예) "민주주의는 가장 우수한 정부 형태다."와 같은 진술
- 상징, 기호 예) ABC, $, π 등의 기호
- 사실 예) '3×4=12', '에베레스트산 높이는 8,848미터'와 같은 정보
- 프레임, 틀[4] 예) '직사각형'과 관련된 '네 개의 직각, 두 쌍의 평행선, 마주보는 변의 길이가 같다'는 속성들의 묶음
- 스크립트[5] 예) 치과 가기, 수학문제 풀기, 모르는 단어의 의미를 문맥에서 추론하기 등, 어떤 상황에서 일이 진행되는 흐름

의미기억은 단어와 그 의미도 저장하므로 어떤 단어를 보고 철자나 발음이 궁금할 때 의미기억을 활용한다. 문장을 듣거나 읽고 의미를 파악하는 일도 장기 의미기억 속에 저장된 개별 단어나 어구의 의미를 꺼내올 수 있어야 한다. 살면서 세상과 연결되고 다양한 경험을 하며 관계를 맺는 일체의 모든 의미 형성과 소통 과정은 의미기억을 바탕으로 한다.

▶ 스키마 획득과 학교교육

교사의 임무 중 하나는 학생들이 교과 수업을 통해 과학, 역사, 문학 등 엄청난 양의 지식을 의미기억에 저장하고 필요할 때 그것을 활용할 수 있도록 돕는 일이다. 학교에서 이루어지는 시험이나 평가 역시 대체로 그러한 정보와 지식을 의미기억에서 얼마나 잘 꺼내와서 활용할 수 있는지에 초점을 둔다.

취학 전 아이들은 대개 직접적 경험을 통해 '일상적 개념(everyday concepts)'을 형성하고 이를 활용해 상황에 대처한다. 끓는 물에 접촉하면 화상을 입을 수 있으니 가스렌지에 가까이 다가가지 않는다거나, 개는 사람을 물 수 있으니 으르렁거리는 개를 보면 피한다거나, 꽃은 기분 좋은 향기가 나니 따서 엄마에게 선물한다거나 하는 식이다.

하지만 학교교육은 이와 다르다. 학교교육의 목표는 비고츠키(Vygotsky, 1986)가 말한 '과학적 개념(scientific concepts)'을 학생들이 형성하도록 돕는 데 있다. 과학적 개념은 추상적이고, 의식적으로 구성되며, 언어와 결합되고, 위계적 관계 속에 서로 연결되어 있으며, '정의(definitions)'의 형식을 갖추고 있다.[6] 이 개념은 자연과학뿐 아니라 인문학과 사회과학 전반에 폭넓게 통용된다. 글쓰기는 단어, 구, 문장, 문단, 장르 등 서로 연결된 일련의 개념 체계를 익히는 것이며, 역사 공부는 정치·경제·문화적 요인을 포함한 사회 변동의 원인 개념들이 서로 연결된 체계를 접하는 것이다. 이러한 과학적 개념들에 익숙해지면 세상을 바라보고 사고하는 방식이 달라지며, 세상을 구성하는 다양한 관념(idea)을 추상적으로 조작하고 다룰 수 있게 된다.

이처럼 고도로 상호 연결된 의미기억 체계 덕분에 우리는 현실에서 직접적 관련이 없어 보이는 다양한 사람, 사물, 사건, 장소를 비교할 수 있다.[7] 오레오 쿠키와 비치볼을 보자. 둘은 전혀 다른 물건이지만 여러 가지로 비교가 가능하다. 둘 다 사람이 만든 것이고, 둥근 모양이고, 아이들이 좋아한다 같은 공통점을 찾을 수 있다. 칭기즈칸의 몽골 군대를 아메리카 원주민들과 비교해 공통점이나 차이점을 찾는 것도 가능하다. 두 집단은 수천 킬로미터나 떨어져 있고 언어, 문화, 역사적으로도 전혀 다르지만 말이다. 이처럼 학교교육에서는 주로 추상적 수준의 사고와 스키마 운용이 이루어진다.

4장에서 정보를 덩어리로 처리하는 '청킹(chunking)'의 중요성을 강조한 바 있다. 정보를 보다 큰 단위로 처리할수록 단기 작업기억 체계는 그 정보를 더 빨리 인지하고 장기기억으로 보낼 수 있다. 이 과정에서 의미기억이 핵심적인 역할을 수행하는데, 작업기억이 다루는 정보 덩어리 대부분이 바로 의미기억에서 불러온 것이기 때문이다. 예를 들어 수학 공식, 또는 '-ly는 부사를 만드는 말'이라는 정보 등이 그러하다. 학생을 가르친다는 것은 결국 학생이 지식을 새로운 스키마로 구조화하고, 그것을 기존의 스키마에 통합하도록 돕는 일과 같다. 이렇게 통합된 지식은 새로운 학습을 위한 배경지식으로 활용된다. 앞으로 살펴보겠지만 이러한 지식 구조는 교실 학습에서 매우 중요한 역할을 한다.

▶ 스키마 구축

학습은 의미기억에 저장된 스키마를 활용해 좀 더 복잡한 스키마를 만드는 과정이다. 전기와 모터에 대한 스키마를 자동차라는 스키마에 통합함으로써 '전기 자동차'라는 새로운 범주를 생성하는 식이다.[8] 이처럼 스키마를 활용하고 창의적으로 결합하는 능력이야말로 인간 지성의 핵심이라 할 것이다.

학교에서 구축하는 과학적 개념의 바탕은 일상적 개념이다. 물건이 항상 땅으로 떨어지는 것을 보고 듣고 확인하는 경험은 중력에 대한 과학적 스키마를 형성하는 바탕이다. 이 개념을 이해하고 나면 달이 어떻게 지구와 충돌하지 않고 궤도를 유지하는지 배울 수 있고, 은하계 전체를 한 덩어리로 묶어놓는 중력의 힘도 이해할 수 있다.

때로 시간의 흐름 속에서 사건이나 사물을 서로 연결해가며 스키마를 구축하기도 한다. 자동차 키를 돌리면 시동이 걸린다든지, 쉬는 시간이 끝나 종이 울리면 줄을 선다든지 하는 식으로 패턴이나 규칙을 연결하는 것이다. 사물과 사건을 큰 범주로 묶어 스키마를 만드는 경우도 있다. 하나의 공통 주제를 중심으로 묶인 것들, 예를 들어 '좋아하는 디저트들', '시를 배울 때 사용하는 관련된 용어들' 등로 범주 스키마를 구성할 수도 있고, 또는 '식탁 상판'과 '평탄한 절벽(mesa)'처럼 전혀 관련없는 두 사물 간의 유사한 속성을 매개로 한 범주에 속하는 경우도 있다. 연필, 볼펜, 마커는 모두 글을 쓰는 도구라는 기능 기반 유사성을 바탕으로 범주 스키마가 될 수 있다.

▶ 숙련자 vs 초보자

교사들이 수업에서 겪는 어려움 중 하나는 담당 교과목에 대한 학생과 교사 간 스키마 차이일 것이다. 숙련자와 초보자의 차이도 스키마 지식을 얼마나 잘 통합하고 운용하는가, 스키마 지식의 범위가 얼마나 넓은가에 따른다. 초보자에 해당하는 학생들은 해당 교과목과 관련된 스키마가 충분하지 않고 다른 스키마와의 연결고리가 매우 느슨하거나 거의 없을 수 있다.

고래가 커다란 물고기가 아니라 포유류라는 사실을 알고 있는 학생이라도 막상 포유류에 관한 스키마가 충분하지 않은 상태라면, 사전에 따로 배웠거나 책에서 읽지 않는 이상 고래가 새끼를 낳고 체온을 스스로 유지할 수 있다는 결론을 자동으로 떠올리진 못한다.

전문가인 교사는 이와 달리 해당 주제와 교과에 대한 풍부하고 복잡한 스키마 네트워크를 갖추고 있거나, 적어도 갖추고 있어야 한다. 이 덕분에 교사는 정보를 더 효율적이고 효과적으로 찾아내고 운용할 수 있다. 문제는 초보자인 학생들이 전문가인 교사가 사고하고 설명하는 속도를 따라올 수 있느냐는 것이다. 실제로 교사라면 누구나, 자신이 잘 알고 있는 내용을 설명할 때 상대로부터 "잠깐만요. 너무 빨라서 못 알아들었어요."라는 말을 들은 적이 있을 것이다.

학습에 어려움을 겪는 학생들에게도 마찬가지다. 교사가 말하는 내용이 그들에게는 종종 '너무 빨리' 지나가 버릴 때가 많다. 초보자인 학생들이 수업 내용에 휘둘리는 데에는 두 가지 이유가 있다.

첫째, 어떤 개념을 세우거나 문제를 해결해야 할 때는 그 안에 존재하는 여러 하위 단계들이 있기 마련인데, 학생들은 이를 제대로 모르는 반면 전문가인 교사들은 그런 단계들이 있었던 것조차 잊어버리기 쉽다.

둘째, 학습에 어려움을 겪는 학생의 스키마는 대개 부분적인 연결에 그치거나 혹은 오개념으로 잘못 형성되어 있을 수 있다. 이는 전문가인 교사의 스키마는 물론이고 또래 학생들의 스키마와도 큰 간극을 만든다.

거쳐야 할 하위 단계를 포착하는 능력은 어떤 과제나 문제를 해결할 때 필요한 단계를 안내해주는 스크립트를 갖고 있는가와 관련된다. 예를 들어 어떤 학생에게는 수학의 서술형 문제가 도무지 알 수 없는 수수께끼처럼 느껴질 것이다. 반면 전문가인 교사는 그런 문제를 눈으로 스치듯 훑어보기만 해도 문제 속에 담긴 언어적 신호 파악, 이어서 자동적으로 이루어지는 사고 덕분에 어떤 연산과 절차가 필요한지 즉시 파악할 수 있다. 그리고 "이건 곱셈 문제구나." 하고 결론을 내린다.

|문제|

스미스 선생님은 2학년 학생들이 1년 동안 열심히 노력한 것을 축하하기 위해 여러 가지 선물을 샀다. 그리고 25명의 학생 각각에게 줄 작은 선물 꾸러미를 만들었다. 각 꾸러미에는 반짝이는

연필 1자루, 지우개 1개, 스티커 3장, 귤색 형광펜 1개가 들어 있다. 한 꾸러미당 물품 값은 4.75달러였다. 그렇다면 선생님이 학급 전체에 줄 선물을 마련하기 위해 쓴 총 금액은 얼마일까?

초보자인 학생은 곱셈을 꽤 잘한다 해도 이런 문제의 해결 과정을 쉽게 떠올리기 어렵다. 반면 교사들은 이 문제를 어떻게 풀어야 할지 빠르게 파악할 수 있다. 이유가 무엇일까?

가장 큰 이유 중 하나는 언어적 요인에 있다. 서술형 문제를 풀기 위한 스키마에는 연산 등의 수학 지식 외에도 언어적 지식, 그리고 의식 수준 밑바탕에서 빠르게 작동하는 언어 기반 스크립트가 포함된다. 전문가는 이 문제를 읽고 '한 꾸러미당', '총 금액' 등과 같은 핵심 어휘를 즉시 포착한다. 이 단어들은 곱셈이나 나눗셈을 해야 한다는 신호임을 전문가들은 이미 알고 있다. 이어서 이러한 핵심 어휘가 문제의 어디에 자리하는가를 살펴본다. '한 꾸러미당'의 경우, 대개 설명하는 부분에 등장하면 곱셈, 마지막 질문에 등장하면 나눗셈을 해야 할 경우가 많다.

또한 전문가는 어떤 방식으로 풀어야 할 유형의 문제인지 빠르게 가늠할 수 있다. 위 문제에서 첫 문장은 스미스 선생님이 물건을 산 이유를 설명하지만 아직 풀이 방향을 제시하진 않는다. 그러나 곧이어 이어지는 문장에서 '25명의 학생 각각에게 줄 선물'이라는 부분을 읽자마자 곧 이것이 곱셈 문제일 가능성이 크다고 생각할 수 있다. 그리하여 실제 계산을 시작할 무렵에는 이미 서술형 문제 스키마의 언어처리 부분이 자기 역할을 끝낸 상태가 된다.

초보자가 흔히 놓치기 쉬운 또하나의 하위 단계가 있다. 문제에 나와 있지만 계산에 필요하지 않은 '눈속임 숫자'들을 걸러내는 과정이다. 만약 위 문제에 '스미스 선생님이 선물을 사느라 3시간 동안 돌아다녔다', '날씨가 너무 더워 3.5달러짜리 아이스크림을 한 개 사먹었다' 같은 정보가 함께 제시되었다고 해보자. 어떤 학생들은 문제 안에 나와 있는 모든 숫자를 전부 사용하려 든다.

학습 지원이 필요한 학생은 초보자 중에서도 초보자다. 이런 학생들에게는 개념 구축이나 문제해결에 필요한 모든 하위 단계를 분해하여 학생에 맞춰 가르쳐야 한다. 때로는 전체 문제를 한 번에 풀게 하지 말고, 해결 과정의 한 단계만 떼어내서 집중적으로 연습시킬 필요도 있다. 인지부하 연구자들은 처음부터 끝까지 모든 풀이가 단계별로 적혀 있는 완성형 예제를 집중적으로 연습시킬 것을 제안한다.[9] 이런 식으로 하면 학생들이 정답을 찾느라 마음을 쓰지 않고 하위 단계를 연습하는 데 온전히 주의를 집중할 수 있으므로 작업기억의 과부하나 주의 분산도 막을 수 있다.

최고의 교사는 자신이 어떻게 전문가가 되었는지 그 과정을 잘 이해할 뿐만 아니라, 그럼에도 여전히 초보자의 입장에서 바라볼 줄 아는 사람이다. 저학년 학생들의 경우 수감각(number sense) 스키마가 수학 실력을 좌우하는 기본이다. 그러나 전문가가 되면 이런 과정을 더이상 의식하지 않기 때문에, 뺄셈에서 암산을 할 수 있는 능력이 사실은 수감각 스키마와 함께 수직선상에서 뒤로 되짚어가는 능력에 기반하고 있음을 놓치기 쉽다. 학년이 올라갈수록 수학은 점점 더 많은 언어 스키마와 문제해결에 관한 하위 단계의 스크립트를 요구하기 때문이다.

전문가와 초보자의 또 다른 차이는 다음과 같은 상황에서 드러난다. 어떤 학급에서 담수 연못에 서식하는 생물을 배우면서 학교 근처에 있는 연못을 방문하기로 했다. 학생들은 연못에서 물을 채취해 어떤 무척추동물들이 살고 있는지 조사하고 연못의 수질 오염도를 평가할 계획이었다. 이 활동을 위해 학생들은 무척추동물이란 무엇인지, 연못에서 발견될 수 있는 무척추동물들에는 무엇이 있는지, 그리고 그것을 통해 연못의 수질 상태를 어떻게 추측할 수 있는지 등을 공부했다. 대부분의 학생들은 체험을 통해 알게 된 내용을 다른 환경을 배경으로 하는 토론이나 독서 활동으로 확장할 수 있다. 그러나 일부 학생들은 체험활동을 성공적으로 수행했더라도 다른 활동이나 공부로 나아가지는 못한다.

숙련된 학생들은 수업에서 배운 내용과 현장 체험을 통해 배운 지식을 추상적 수준으로 한 단계 더 확장하고 교사의 도움 없이도 서로 다른 스키마를 더욱 풍부하게 연결해낼 수 있다. 방문했던 학교 인근의 연못뿐만 아니라 어떤 연못에서든 그곳에 서식하는 무척추동물의 종류를 보면 수질 오염 정도를 파악할 수 있다거나, 다른 환경에서도 어떤 생물들이 서식하느냐를 통해 환경 오염 정도를 평가할 수 있게 되는 것이다. 새로운 토론이나 독서를 통해 더욱 풍부한 개념적 네트워크를 만들고 해석하는 일도 가능해진다. 반면 초보자들은 교실 수업과 체험 활동 이후 스스로 스키마를 확장하는 데 실패할 경우가 많고 그다음 단계의 학습에서도 계속 어려움을 겪는다.

| 수업 적용 | 스키마 형성 지원

다음은 학습에 어려움을 겪는 학생의 스키마 구축을 돕고 숙련자와의 격차를 줄일 수 있도록 지원하는 방안들이다.

▸ 매핑(Mapping)

『How Learning Works(학습은 어떻게 이루어지는가)』(2010)의 저자들[10]은 교사들을 위한 여러 가지 아이디어를 제안한다. 학생들이 지식을 서로 연결되게 하고, 의미 있고 유연하게 체계화할 수 있게 돕는 교수법들 중 하나가 바로 '매핑(mapping)'이다. 교사가 직접 특정 교과목에 대해 자신이 가진 지식 구조를 그려보라는 것이다.

이렇게 하면 교사가 그 교과 내용을 어떤 방식으로 조직하고 이해하고 있는지 파악할 수 있다. 또한 교사가 갖추고 있는 지식을 시각화해보면 학습 단원별로 기본을 이루는 핵심개념과 개념들 간의 관계가 확연히 드러난다. 이 작업은 매 단원마다 진행할 수 있고, 학생들과 함께 협력하여 만들 수 있다면 더욱 좋다. 단원에서 다루게 될 주요 개념과 정보들이 어떻게 연결되는지 학생들과 함께 논의하며 결정하는 것이 바람직하다.

매핑 아이디어를 조금 더 확장해보자. 우선 단원을 가르치는 동안 이 활동을 주기적으로 실시하며 매 단원의 개별 요소들이 서로 어떻게 맞물리는지 파악해보자. 수요일에 하는 활동이 월요일에 한 활동이나 목요일 아침에 하게 될 활동과 어떻게 연결될지 학생들이 직접 파악해보게 한다. 앞서 든 책(2010)의 저자들도 누누이 강조했다시피, "해당 교과 내용을 처음 접하는 학생들일수록, 교사가 제시하는 내용의 논리적 구조를 혼자서도 잘 파악할 것이라고 가정해서는 안 된다." (p. 60) 학생들이 배울 내용의 논리적 구조를 파악하게 하려면 개념지도를 활용해 시각적으로 제시하거나, 아니면 다음에 소개할 전략처럼 말로 언어를 동원해야 한다.

▸ 핵심질문과 단원목표 공유

또 하나의 전략은 단원을 시작할 때 학생들이 앞으로 무엇을 배우게 될지 미리 감을 잡게 하는 것이다. 단원 전체의 목표가 무엇인지, 학습이 어떤 흐름으로 전개될지 학생들에게 분명히 알려준다. 단원 도입에서 제시하는 핵심질문(essential questions)[11]은 새로 배울 내용에 대한 스키마 구축에도 도움이 된다. 핵심질문은 새로 배울 내용을,

이미 지식을 좀 갖추고 있거나 친숙한 것들을 통해 이미 경험해본 더 넓은 주제와 연관 짓도록 돕는다. 그렇게 함으로써 학생은 완전히 새로운 내용을 배우는 '초보자'의 위치가 아니라 배경지식을 가진 학습자가 되어 이를 발판 삼아 학습을 시작할 수 있다. 예를 들어 담수 연못의 생태계를 배우는 단원에서는 이런 질문으로 단원을 시작할 수 있다. "오염은 여러분과 여러분의 삶에 영향을 줄까요? 만약 그렇다면 어떤 식으로 영향을 줄까요?"

학생들은 대부분 '오염'에 대해 어느 정도 알고 있을 것이며 그들이 떠올리는 지식은 연못 담수에도 적용될 가능성이 크다(확산적 활성화를 통해서다). 이렇게 되면 학생들은 '오염 → 담수 연못의 수질 상태→ 무척추동물'이라는 개념을 더 쉽게 연결할 수 있을 것이다.[12]

▶ 비교점 강조하기

다음은 데이비드 수자(David Sousa, 2011)의 말이다.

> 뇌는 유사성에 따라 저장하고 차이에 따라 인출한다
> (we store by similarities; we retrieve by differences).

이를 다시 말하면, 뇌는 유사한 범주에 속하는 스키마들을 연결하여 저장하지만, 인출할 때는 여러 비슷한 것들 속에서 차이를 가려내어 정확한 것을 선택한다는 뜻이다. 이 말을 수업에 잘 활용하면 학생들의 스키마 형성에 도움을 줄 수 있다.

그 예로 '배려하다(considerate)'라는 단어를 보자. 이 어휘는 '친절하다(kind)', '도움이 되다(helpful)', '세심하다(sensitive)' 등 다른 사람에게 잘 대한다는 의미의 어휘 범주에 함께 묶어 저장된다. 하지만 어떤 상황에서는 다른 사람에게 잘 대한다는 의미의 어휘 범주 속 여러 단어들 사이의 미묘한 차이에 집중해 가장 적합한 단어를 고르게 된다. 아르셀리스의 글쓰기를 예로 든다. 아르셀리스는 가장 친한 친구 마르타와의 일을 글로 쓰고 있다. 아르셀리스의 엄마가 아프다는 것을 알고 마르타는 체육관 수업에 갈 때 자기 집 차를 함께 타고 가자고 말해주었다. 마르타의 이 행동을 설명하기에 아르셀리스는 '배려하다'라는 단어가 가장 어울린다고 생각했다. 친구의 상황과 마음을 헤아려 도와주려는 행동을 잘 나타내기 때문이다.

'배려하다'라는 단어를 가르칠 때 교사는 학생들이 이미 알고 있을 법한 단어인 '친절하다', '도움이 되다' , '세심하다' 등 다른 사람에게 잘 대한다는 의미의 어휘 범주 속으로 이 단어가 자연스럽게 편입되도록 도와야 한다. 반면 그와 동시에 '배려하다'라는 단어 자체의 고유한 의미, 즉 '상대의 상황이나 감정, 필요를 미리 헤아려 마음을 쓰다'라는 의미가 '친절하다', '도움이 되다', '세심하다'의 의미와 그 결이 다르다는 점도 강조해야 한다. 학생들은 나중에 이 단어들을 인출할 때 그 미묘한 의미 차이를 기준으로 상황에 맞는 적절한 표현을 선택할 것이다. 따라서 비슷한 단어, 혹은 개념, 상징, 프레임 등 스키마를 구성하는 어떤 요소든 각각의 차이를 의도적으로 구별해 가르칠 필요가 있다. 이는 학생들이 이후 의미기억에서 해당 지식을 더 정확하고 효과적으로 인출하는 데 도움을 주는 중요한 과정이다.

도표 6.1은 그래픽 요소를 활용, 단어 간의 미묘한 의미 차이를 보여주는 예다. 이 그림은 켄이 2012년에 출간한 어린이용 유의어 사전에서 가져온 것으로, 교실에 어휘 벽면을 만들거나 어휘 학습용 자료 등으로 다양하게 활용할 수 있다.

[도표 6.1] 유의어 그래픽

Source: From My Fantastic Words Book(page 29) by K. Pranksy, Northampten, MA: Collaborative for Educational Services. Copyright 2012 by Collaborative for Educational Services. Artwork by 4Eyes Design.

▸ 연결고리 강화하기

수업 중에도 개념맵(concept map)을 주기적으로 살피면 지금 어느 정도까지 진행되었는지 점검할 수 있다. 단원이 진행되는 동안 학생들이 직접 개념맵을 만들어보는 것도 스키마 형성을 공고히 하는 데 도움이 된다. 단원의 학습목표와 핵심질문을 다룰 때도 마찬가지다. 서로 다른 개념들이 어떻게 연결될 수 있는지 학생들이 스스로 만들어보게 하자. 예를 들어 "이 사례는 미국 남북전쟁의 원인에 관해 지난 주에 했던 토론과 어떻게 다른가요? 또는 어떤 점이 비슷한가요? 옆 사람과 이야기하고 결론을 정해보세요. 2분 후 제가 임의로 한 사람 불러 답을 들어볼게요." 이렇게 하면 학생을 수동적으로 듣기만 하는 존재가 아닌, 능동적인 의미 구성자로 만들 수 있을 것이다.

▸ 분류활동

다양한 사례와 이론, 개념을 분류해 범주화하는 활동은 이해를 심화하는 데 도움이 된다.[13] 스키마 간에 의미 연결을 촉진하기 때문이다. 수업에서는 단순한 것부터 복잡한 것까지 다양하게 분류 활동을 진행해볼 수 있다. 앞에서 소개한 담수 연못 생태계 단원을 예로 들면, 무척추동물을 겉모양에 따라 분류해보아도 좋고, 좀 더 발전된 방식으로 연못의 수질 오염 수준에 따라 발견되는 무척추동물을 분류할 수도 있다.

분류해보는 과제는 학생의 이해 수준이 현재 어떤 수준인지 빠르게 파악할 수 있다. 바다에 대한 과학 수업이라고 한다면 학생들은 다양한 물고기들과 상어, 돌고래, 거북 등을 여러 방식으로 분류할 수 있다. 원하는 기준으로 마음대로 분류해보게 하면 학생들이 어떤 방식으로 사고하고 있는지 드러난다. 그다음에는 앞에 했던 것과 다른 기준으로 다시 분류해보라고 요청하라. 그러면 학생의 이해가 어느 정도까지 확장되어 있는지 볼 수 있다.

만약 겉모습이나 크기 같은 표면적 특징으로만 동물을 분류할 경우 그들은 지금 배우고 있는 핵심적인 과학 개념들, 즉 항온동물과 변온동물, 바다 깊이에 따른 서식지 분포 등과 같은 생물학적 분류 기준을 아직 충분히 이해하지 못했을 가능성이 있다. 즉 그 시점에서는 교사의 가르침도, 학생의 배움도 아직 충분히 완성되지 않았다고 봐야 한다.

▸ 다중 경로 모색하기

2장에서 뇌의 핵심적인 학습 원리 중 하나로 '여러 경로를 통해 배운다'는 점을 들었다. 이는 의미기억이 정보를 가장 잘 저장하는 방식과 맞닿아 있다. 연결고리가 많아질수록 기억은 더 오래 유지된다. 새로운 정보를 하나의 학습경로로만 가르치는 일은 가급적 피해야 한다. 학습에 어려움을 겪는 학생들에게는 더더욱 그러하다. 다양한 경로를 통해 경험할수록 학습은 더 깊고 단단히 이루어질 것이다.

| 수업 적용 | 은유적 사고와 의인화

다른 동물과는 달리 인간은 직접 보지 않은 역사적 사건이나 한 번도 만나본 적 없는 인물에 대해서도 배울 수 있다. 민주주의라는 이상에 대해 열띤 토론을 벌일 수도 있고 화산을 굳이 보러 가지 않고도 화산 폭발 원리를 배울 수 있다. 그럼에도 교사는 때때로 추상적 개념을 학생들에게 어떻게 가르쳐야 할지 고민에 빠지곤 한다. 학년이 올라갈수록 배워야 할 내용은 점점 더 추상적이고, 무겁고, 글의 밀도도 한층 빽빽하고 어려워진다. 그런데 설명이나 글만으로는 학생들이 내용을 제대로 이해하지 못하는 상황이 발생할 수 있다. 그럴 때 우리 교사들은 무엇을 할 수 있을까.

이럴 때 교사는 대안적 방법을 마련해야 한다. 복잡한 학문적 개념을 학생들이 이해하게 도우려면 한 가지 방식만으로 가르치는 일은 정말 피해야 한다. 그렇게 되면 학생들은 처음 이해하지 못한 개념을 계속 모르게 되고, 반복해서 가르쳐봐야 같은 어려움이 반복될 뿐이다. 교사는 장기기억에 저장된 개념들 사이에 풍부하고 다양한, 의미 있는 연결을 구축하는 데 능숙한 전문가가 되어야 한다.

▶ 은유와 직유

은유(metaphors)와 직유(similes)는 개념 사이의 연결을 만들어 지식 스키마를 학생 스스로 구축할 수 있게 돕는 방법의 하나로 활용할 수 있다. 은유와 직유는 때로 전혀 예상치 못한 새로운 통찰을 이끌어내기도 한다. 400여 년 전 영국의 의사 윌리엄 하비(William Harvey)는 인간의 심장을 수압 펌프에 빗대어 생각하는 아이디어를 떠올리고 인체에 대한 이해를 비약적으로 발전시켰다.[14]

저학년 학생들은 덧셈을 할 때 흔히 하나씩 더해가는 방식(이어세기)으로 한다. 이런 학생들에게 뛰어세기를 가르칠 때는 거북이가 치타처럼 빨라지는 것이라고 비유할 수 있다. 세포 구조를 가르칠 때는 학교에 비유하여, 세포핵은 교장실, 세포벽은 학교 곳곳이 벽들이라고 설명할 수 있다.

▶ 의인화

학생들이 새로 복잡한 개념을 배울 때는 익숙한 현실의 이미지와 개념을 바탕으로 하면 쉽다. 예를 들어 광합성은 식사하는 일, 나눗셈은 친구들과 과자를 나누는 것과 비슷하며, 내전은 형제자매 간 싸움에 빗대어 이해할 수 있다. 앞서 말했듯 새로운 학습은 기존 지식과 연결되어야만 가능하며, 의인화(personification)는 배우는 내용을 학생 개인의 삶과 관련짓는 방식의 하나다.

다양한 배경을 지닌 학생들이 모인 교실에서는 교사가 어떤 이미지를 선택하든 학생의 문화와 배경에 따라 다르게 받아들여질 수 있다. 켄이 가르친 4학년 지원반에서 일어난 일을 예로 들겠다. 켄은 챕터북 읽기를 가르치면서 책의 전체 구조를 설명하기 위해 등산을 비유로 사용했다. 가장 흥미가 덜한 시작 부분의 경우 산에 오르기 위해 어쩔 수 없이 차를 타고 이동해야 하는 과정과 비슷하다. 중간 부분으로 가면 마치 산을 본격적으로 오르며 산의 정상에 다가갈수록 긴장감과 재미가 올라간다. 끝부분으로 향해 가는 것은 산을 내려오는 일과 비슷하다. 책의 결말도 서서히 긴장감이 풀리는 흐름으로 마무리된다. 켄은 이 구조를 종이에 직접 그려보이며 설명했다.

설명을 이어가던 켄은 아이들이 이 비유를 제대로 이해하지 못하는 듯한 느낌을 받았다. 그랬다. 아이들은 등산과 이야기 구조를 제대로 연결해 이해하지 못하고 있었다. 켄이 아이들에게 산에 가 본 적이 있는지 묻자 대부분 아니라고 대답했다. 또한 산에 오르는 과정이 여행에서 가장 즐거운 일인지 묻자 다들 고개를 저었다. 아이들은 등산이 힘든 일이고, 오랜 시간 계속 걷기만 하는 것은 너무 지루한 일이라고 생각했다. 마지막으로 켄이 물었다.

"그럼 등산 여행에서 가장 재미있고 신나고 좋은 순간은 뭐라고 생각하니?"

학생들이 입을 모아 말했다.

"물론 산에서 뛰어내려오는 거죠!"

켄이 사용한 비유는 아이들이 머릿속에서 생각한 내용과 차이가 있었던 것이다. 아이들은 책의 가장 마지막 부분이 가장 흥미롭고 재미있는 내용이라 생각하고 있었고 이는 켄의 의도와 다르다.

피타고라스 정리, 세포의 구조, 사계절이 생기는 이유, 뺄셈, 군주제 등에 대하여, 지금 가르치는 학년과 교과와 잘 어울리며 학생들이 쉽게 이해할 만한 은유, 직유, 혹은 의인화 방안을 떠올려보라. 이 장의 끝부분(247쪽)에 예시가 있으니 참고하기 바란다.

교실 수업과 망각

교사들이 잘 이해하지 못하는 것 중 하나가, 대체 왜 학생들은 배운 것을 이토록 빨리 잊어버리느냐는 것이다. 분명 잘 이해한 것처럼 보이는데 다음날이 되면 싹 다 사라져버리고 만다. 수학 문제 푸는 공식이나 문장 부호 사용 규칙을 배우고도 실제로 문제를 풀거나 글을 쓸 때 배운 것을 적용하지 못한다. 이유가 무엇일까.

▸ 단기적 학습 VS 장기적 발달

단기적인 배움과 장기적인 발달 사이에는 중요한 차이가 있다. 새로 습득한 지식은 장기기억에 몇 시간, 며칠, 혹은 몇 주 정도 저장해둘 수 있지만 모두가 영구적으로 저장되는 것은 아니다.[15] 새로운 지식은 반드시 기존 지식과 연결되어야 하며 연결이 적으면 그 학습은 기억에 남지 않는다. 연결되지 않은 조각들은 그 정보에 도달하는 신경망 경로가 많지 않기에 찾아내기도 사용하기도 훨씬 어렵다. 그래서 새로운 개념을 다중 경로로 가르치는 것이 중요하다고 한 것이다.

어떤 내용을 말로 설명했다면 시각자료를 함께 활용해 연결을 더 많이, 깊게 만들어야 한다. 학생들이 어떤 주제에 대해 글을 썼다면 이를 토론이나 역할극처럼 말로 표현해보는 활동을 통해 다른 연결을 만들어주어야 한다.

잘 모르는 공식, 의미와 연결되지 못한 단어 철자들, 뒤섞여 정리되지 않은 개념 등, 의미 없는 정보는 신경망에 깊이 통합되지 않으므로 금방 잊히기 쉽다. 의미는 신경망 속에 있으며, '이해한다'는 것은 관련된 신경 연결을 활성화하는 일이다. 풍부하고 촘촘하게 연결된 지식은 한층 오래 유지되고 점점 더 전문가처럼 사고할 수 있게 돕는다. 이는 지식의 전이를 도와 새로운 상황에서 활용되게 해준다. 포이에르스타인의 용어를 빌리면 '경험의 확장'이 이루어지는 것이다.

거대한 교육과정의 파도를 단기적 학습만으로 가까스로 헤쳐나가게 하는 데 만족할 수는 없다. 그런 방식으로 배운 정보의 상당수는 짧은 시간 안에 대부분 사라지기 때문이다. 설령 일부 오래 남아 있는 정보가 있다 해도 사전지식과 충분히 통합되지 못한 상태로 머물러서는 별 도움이 되지 못한다. 다음은 앞에서 든 의문, 왜 학생들은 배운 것을 그토록 쉽게 잊어버리는 것처럼 보이는지 그 이유를 설명해준다.

공고화

새로운 단어나 개념을 처음 배운 뒤 그것이 의미기억 속에 완전히 자리 잡기까지는 몇 시간, 며칠, 심지어 몇 달이 걸릴 수 있다. 공고화

(consolidation)[16] 과정은 새로운 생각을 반복해서 접하고 그것을 실제로 사용해볼 기회를 통해 촉진된다. 따라서 학습이 잘 이루어졌는지 평가하는 진짜 시험은 수업이 끝난 직후 그 정보를 바로 떠올릴 수 있는가가 아니라, 다음날 혹은 며칠 뒤에도 기억하고 있는지에 대해 치러야 한다. 배운 내용이 머릿속에 내재화되려면 오랜 시간에 걸쳐 반복적인 연습이 이루어져야 한다.

사전 지식

이 책을 통해 우리는 여러 차례 배경지식의 중요성을 강조해왔다. 새로운 정보는 이미 머릿속에 자리 잡은 지식과 연결되어야 비로소 의미를 갖고 기억 속에 통합될 수 있다.

연습

연습의 목적은 습득한 정보를 반복적으로 활성화시켜 새로운 연결이 일어나게 자극하고 '끈적한 연결고리'를 만들어 강화하는 데 있다. 이 과정을 나사못 조이는 과정에 비유할 수 있는데, 나사를 한두 번만 돌리면 일단 벽에 고정되긴 하지만 시간이 지나면 흔들리다 결국 빠져 버린다. 나사가 벽에 단단히 박혀 고정되려면 여러 번 돌려 최대한 꽉 조여야 하는 것이다. 생산적 연습(productive practice)은 수용적 연습(receptive practice)보다 나사를 더 강하게 조일 수 있다. 10장은 이 '연습'이라는 과정을 깊이 탐구하는 데 전적으로 할애할 것이다.

배경지식과 연결되고 여러 번 반복하여 충분한 연습을 거치게 되면, 학습은 머릿속에 오래 남아 사라지지 않고 단기적 학습을 뛰어넘어 장기적 발달로 이어질 수 있다. 이렇게 축적된 지식은 이후 문제해결과 세상을 이해하는 과정에서 자연스럽게 활용될 것이다.

다중 연결

2장에서 언급했듯이 좋은 교사는 학습자들이 단어, 이미지, 속성을 연결하는 새로운 신경망을 구축하도록 돕는다. 이를 위해서는 학생들이 같은 학습 내용을 여러 경로로 반복해서 접할 수 있는 수업을 설계해야 하며, 배경지식에 기반을 둔다. 기존에 구축되어 있는 어휘나 경험의 네트워크와 새로운 정보가 잘 이어지게 도와주면 학습한 내용은 의미기억 속에 훨씬 더 잘 통합된다. 수업을 설계할 때 가능하면 한 가지 이상의 감각을 함께 활용하라. 보고 듣고, 만지고 듣고, 보면서 냄새 맡고 등, 다양한 감각이 동시에 활용되면 다중 경로를 통해 자연스럽게 새로운 연결이 만들어진다. 이는 학습을 깊고 오래가게 만드는 중요한 장치다.

정보는 어떤 식으로 의미기억에 저장되는가

의미기억에 대해 알고 나면 교실에서 종종 겪는 상황을 새롭게 바라볼 수 있다. 학생의 사고 과정이 어렴풋이 말과 행동에 드러나긴 하는데 그것이 정확히 무슨 의미인지 파악하기는 힘들었던, 바로 그런 순간들 말이다. 이를 더 잘 이해하려면 의미기억과 관련된 두 가지 사실을 알아야 한다. 첫째, 의미기억에 저장된 정보는 다양한 방식으로 조직될 수 있다. 이는 학생들의 이해 방식에도 차이를 가져오므로 교사의 수업에도 직접적 영향을 미친다. 둘째, 의미기억의 발달은 문화적 토대 위에서 이루어진다. 아이들의 인지 체계는 성장 과정에서 주변의 언어, 문화적 상호작용, 그리고 다양한 경험에 의해 상당 부분 형성된다. 이 내용은 이 장의 후반부와 7장에서 자세히 살펴보겠다.

▸ 의미지식 서랍

'의미지식(semantic knowledge)'은 무한정에 가깝게 수많은 서랍을 가진 방대한 파일 캐비닛을 떠올리면 이해하기 쉽다(도표 6.2). 각 서랍에는 고유한 라벨이 붙어 있고 서랍을 열면 그 주제와 관련된 온갖 정보에 접근할 수 있다. 저자들의 경우, 농구 기사를 읽으며 머릿속 '농구 서랍'을 열면 그 안에는 온갖 어휘, 이미지, 개념들이 있다. 공, 골대, 링, 백보드, 센터, 심판, 공격수, NBA, 규칙, 파울, 유니폼, 행동규범, 덩크슛, 3점 슛 등과 같이 말이다. 정보의 대부분은 단어로 되어 있지만 일부는 농구 코트나 유명 선수의 이미지로 저장되어 있고, 멋진 슛 장면, 유명한 게임 장면, 직접 뛰었던 경기 기억 등 마음 속 영상들도 일화기억으로 들어 있다. 의미기억의 어떤 서랍은 정보로 꽉

차 있지만 어떤 서랍은 거의 비어 있기도 하다. (저자들의 농구 서랍은 많은 것들이 빼곡하게 들어차 있으나 핵물리학 서랍에는 거의 든 것이 없다.) 의미기억 서랍에 이처럼 체계적으로 정리된 덕분에 특정 주제에 대해 오래전에 배운 것을 쉽게 떠올릴 수 있고, 새로운 정보를 그 자리에 자연스럽게 더하여 저장할 수 있는 것이다. 각 서랍 안에 있는 내용 또한 A, B, C··· 순서 혹은 색깔, 모양 등 여러 기준으로 분류될 수 있다. 지식 네트워크는 여러 방식으로 구조화될 수 있으며, 이 구조가 의미기억 속 정보에 얼마나 쉽게 접근할 수 있느냐를 결정한다.

이어지는 내용은 우리 모두에게 가장 익숙하고 학교교육이나 수업 구조와도 잘 맞아떨어지는 조직 방식인 '위계적 계층구조'에 대해 살펴보겠다.

[도표 6.2] 의미지식 서랍

위쪽의 서랍처럼 언제든 열고 닫을 수 있는 것들도 있지만, 발달 과정이나 문화사회적 영향을 고려하여 접근이 제한된 서랍도 있다.

▸ 위계적 계층구조

인간은 엄청난 양의 정보를 위계적 구조를 갖춘 네트워크 시스템에 저장하는 능력을 갖고 있다. 이 네트워크는 밀접한 관계를 갖고 있는 정보들을 상위범주(대규모, 포괄적, 전체적)과 하위범주(소규모, 구체적, 세부적)로 연결한다. 하위범주에는 상위범주의 특성을 모두 포함하면서 그 범주만의 고유한 특성 한 가지(또는 그 이상)가 들어 있다.[17] 범주사슬의 상위로 올라갈수록 개념은 한층 포괄적이고 아래로 내려올수록 더 구체적, 세부적이다. 어떤 정보든 이런 식의 위계적 관계로 저장할 수 있다. 이 관계는 분류 체계(taxonomic)라고도 하며 이 책에서는 주로 이 용어를 사용한다. 이처럼 위계를 이루어 정리된 덕분에 정보에 빠르고 정확하게 접근할 수 있다. 의미기억 속 정보망 체계가 얼마나 복잡한지에 대해서는 도표 6.3(Gluck et al., 2008, p. 100)을 참고하기 바란다.

범주화된 사고는 문해지향적 문화가 세상을 이해하는 방식의 근간을 이루는 것으로 어린 시절 가정환경 속에서 처음 자라나 학교라는 공교육 학습환경에서 한층 더 확장된다.[18] 학습에 능숙하다는 것은 이런 식의 의미기억 구조를 잘 갖추고 활용하는 능력과 밀접하다. 예를 들어 '포유류'라는 주제로 수업에 들어가기 전 교사들은 흔히 개에 대해 떠올려보라고 말한다. 문해지향성이 높은 학생일수록 머릿속에서 '개'에 관한 서랍을 열면 도표 6.4와 같은 정보사슬이 자연스럽게 펼쳐진다.

학교교육과정은 분류 체계에 따라 조직된 여러 범주의 내용 영역을 중심으로 구성된다. 학생의 머릿속 정보 서랍은 학교교육을 거치며 더욱 풍성하고 촘촘하게 채워진다. 과학, 수학, 역사와 같은 교과목들도 대개 여러 범주를 지닌 내용 주제들로 제시된다. 과학은 자연과학과 사회과학으로, 자연과학은 다시 물리학, 화학, 생물학 등으로 구분되고, 여기서 더욱 세분화된 하위 범주들이 마련된다. 이러한 분류 체계야말로 과학의 주된 구성원리다. 큰 범주에서 보다 세분화된 하위 범주로, 다시 그 하위 범주보다 더욱 구체적인 개별 사례로 정보가 구성되고, 정보 구조도의 하부로 내려갈수록 각각의 정보를 구별하는 특징은 한층 뚜렷해진다. 의미기억의 분류 체계적 특징이야말로 학교교육 환경에서 문해지향성이 높고 낮은 학습자들, 문화적 단절을 경험한 학습자들을 갈라놓는 중요한 요인이다.

6장의 첫머리에 나온 켄의 수업 이야기를 다시 떠올려보자(205쪽). 수업에 참여한 학생들은 "이야기 속 배경이 될 만한 곳에 뭐가 있을까요?"라는 교사의 질문을 듣고 '배경'의 하위 범주인 학교, 식당, 집, 숲 같은 장소나 '맥도날드'처럼 더 하위 단계에 있는 구체적 예시도 떠올리기 어려워했다. 켄이 "이야기가 일어나는 '장소'가 될 만한 곳으로 뭐가 있을까요?" 그리고 "자, 내가 식당에 간다고 해봅시다. 그건 '장소'니까 이야기의 배경이 될 수 있죠. 그렇다면……"처럼 분류 체계를 언급하는 질문으로 생각을 이끌어 주었을 때에야 비로소 접근이 가능했다.

[도표 6.3] 동물의 분류 체계

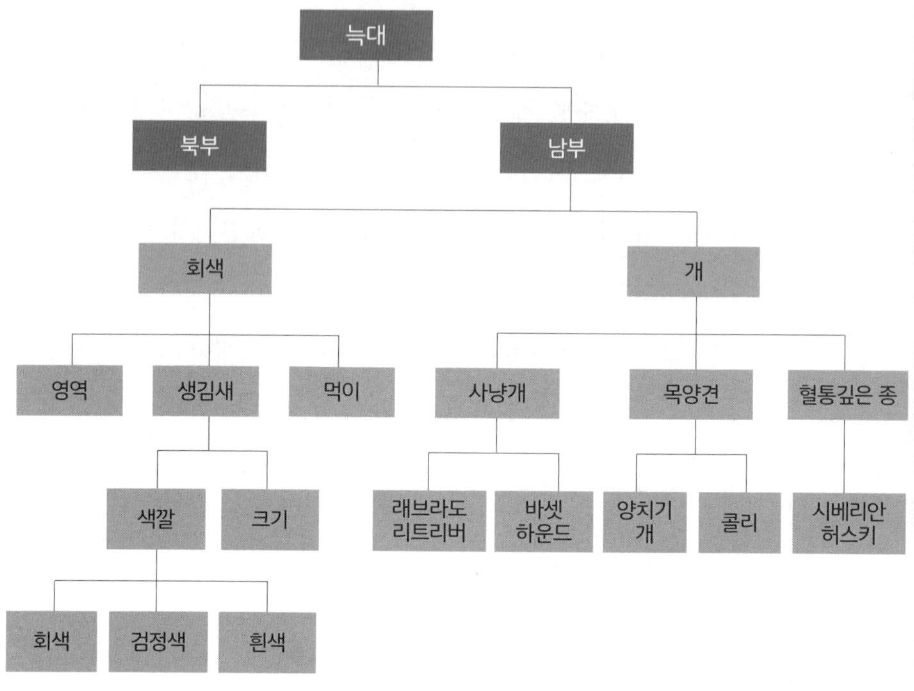

반면 의미기억의 분류 체계에 익숙한 학생들이라면 도표 6.5와 같은 연관 가지들이 자연스럽게 활성화되었을 것이다. 의미기억 분류 체계에 능숙한 학습자들과 '배경'에 관해 대화할 경우 수업은 일반적인 예상대로 이어질 것이다. 실제로 켄의 수업에서도 일부 학생들은 그렇게 대화할 수 있었다. 학생들이 의미기억에 접근하여 정보를 인출(retrieval)하는 흐름이 도표 6.5에서처럼 위에서 아래로 자연스럽게 잘 맞아떨어졌기 때문이다.

[도표 6.4] 문해지향성이 높은 학습자의 개 의미기억 분류 체계

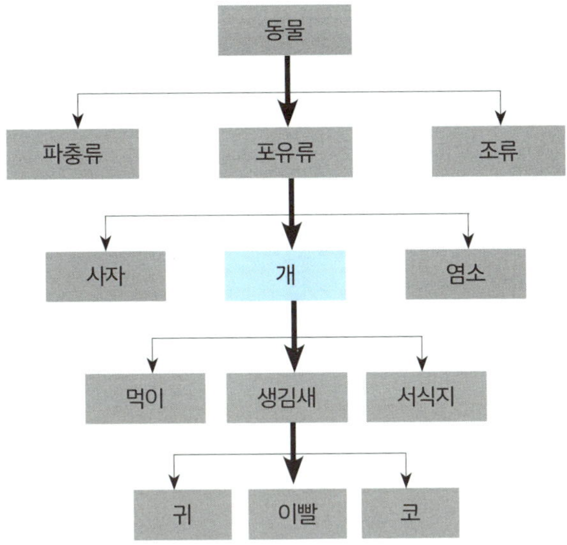

[도표 6.5] 배경 장소의 하위 분류 체계

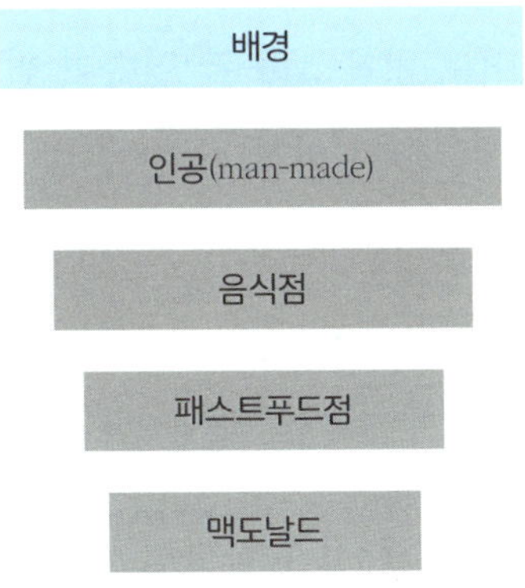

켄의 수업에서 어려움을 겪은 학생들은 앞의 학생들과 다른 구조를 보일 수 있다. 이는 의미기억이 사회문화적 맥락에서 형성되는 것과 관련되며, 7장에서는 이러한 차이가 교수학습 과정에 던지는 시사점에 대해 좀더 자세히 살펴볼 것이다.

절차기억

이 장을 마무리하기 전 절차기억에 대해 언급하고자 한다. 절차기억은 학습이 저장되는 또 다른 장기기억 체계다.[19] 의미기억이 의식적으로 떠올릴 수 있는 지식을 저장하는 곳인 데 반해 절차기억은 근육을 움직이는 데 필요한 기억처럼 의식적으로 접근할 수도 언어적으로 설명하기도 어려운, 암묵적 지식이 저장된다.

조금 더 자세히 설명하면 절차기억에 저장된 지식은 의미기억의 스키마와는 구별되는 두 가지 중요한 특징이 있다. 첫째, 숙달되기까지 매우 오랜 시간이 걸리며 수많은 노출과 연습이 필요한 지식이다. 둘째, 일단 절차기억에 그러한 지식이 자리 잡게 되면 이후에는 의식적으로 떠올리지 않아도 자동으로 사용할 수 있다는 점이다. 절차기억에 저장된 지식은 오랫동안 안정적으로 유지되며, 바꾸거나 변화를 주기도 쉽지 않다.

절차기억에서 교실 수업과 가장 밀접하게 관련된 것 중 하나는 '문법'이다. 모국어 화자는 문법 지식을 활용해 다양한 문장을 정확하고 손쉽게, 의식적 노력 없이도 구사할 수 있지만 정작 문법 지식이 어떻게 작동하는지에 대해서는 잘 설명하지 못한다. 외국어를 배운다거나 품사와 같은 문법 요소를 명시적으로 공부할 경우 배운 내용은 의미기억에 저장되고 의식적으로 접근할 수 있다. 하지만 학습자가 말을 시작하는 순간 뇌는 다시 절차기억에 저장된 문법 체계를 불러와 작동시킨다. 이러한 문제는 특히 이민자가정이나 영어학습자(ESL)처럼 언어로 어려움을 겪는 학생들에게서 두드러진다. 영어를 모국어로 사용하는 화자와 달리 이 학생들은 절차기억 속에 영어 문법 체계가 형성되어 있지 않으며, 안정적이고 적절하게 자리잡기까지 오랜 시간과 수많은 반복연습이 필요하다. 교육과정에서는 텍스트를 깊이 있게 이해하고 분석할 것을 필수적으로 요구하지만, 이 학생들은 문장의 문법적 구성이나 흐름을 파악하는 데 시간이 오래 걸리며 빠르게 진행하기 어렵다. 모국어가 아닌 언어를 배울 때 문법 지식을 익히고 제대로 구사하기까지는 상당한 시간이 필요하고 그 과정에서 학생들은 계속 실수를 저지르기 마련이다.

모국어 화자이지만 표준어가 아닌 방언을 쓰는 경우도 있을 것이다. 이들은 적어도 모국어에 대하여 안정적으로 자리 잡은 문법 체계를 절차기억에 갖고 있다. 다만 그러한 지식 중에는 표준어와 다른 것들도 적지 않을 뿐만 아니라 변화에 취약한 절차기억의 특성상 새로운 문법 체계를 받아들이고 익히는 일이 매우 어렵다. 그러다 보니 이런 학생들의 말을 듣고 '틀렸다'고 판단하기 쉽지만, 이는 가치 판단의 문제일 뿐이다. 이런 학생들에게서 나타나는 언어 사용상의 '차이'는 결함이나 장애가 아니며, 학생이 공부에 게으르거나 반항하려는 의도라고 판단해서는 안 된다. 단지 이미 절차기억 속에 자리 잡은 방언의 문법 체계가 자동적으로 작동하기 때문이고, 새로운 표준어 문법 체계를 다시 익혀 변화시키기까지 시간이 오래 걸릴 뿐이다.

아동이 구사하는 언어는 흔히 '사랑의 언어(language of love)'라고 표현된다. 아동이 사용하는 언어 속에는 아동을 둘러싼 가족 등 공동체의 언어적 관습과 정서가 뿌리를 이루고 있기 때문이다. 그러기에 아이가 사용하는 말을 두고 '틀렸다', '부족하다'고 평가하는 것은 그 아이의 가족과 공동체를 부정적으로 폄하하는 일이 될 수 있다. 다만 학교교육은 공식적인 표준어를 기반으로 이루어지게 되므로 학교 수업을 제대로 받고 과제를 수행하려면 결국 표준어를 익혀야 한다는 사실은 분명하다.[20]

| 수업 적용 | 절차기억의 작동 방식 고려하기

다음은 학교에서 언어적 문제로 어려움을 겪는 학생들을 위해 절차기억의 작동 방식을 고려한 수업 제안이다.

▶ 학생이 알아들을 수 있는 말로 가르치기

새로운 언어의 문법 체계와 경로가 절차기억에 자리 잡기까지는 오랜 시간과 많은 노출이 필요하다. 또한 이러한 노출이 효과를 보려면 학생의 머릿속에 들어오는 언어도 확실히 이해 가능한 것이어야 한다.[21] 예를 들어 중국어를 모르는 사람이 1년간 매일 중국 대학에서 강의를 듣는다고 하자. 강의 내용을 이해하지 못하면 중국어도 거의 배울 수 없다. 따라서 수업에서 교사가 사용하는 언어와 방법이 학생에게 최대한 이해 가능한 형태가 되게 노력해야 한다. 다음 내용을 참고할 수 있다.

- 시각적 요소를 많이 활용하기
- 표현이나 문장이 끝나는 곳에서 잠깐씩 멈추기
- 앞에 한 말을 자주 반복하고 달리 표현해 주기
- 억양이나 리듬을 살려야 할 때는 목소리를 의도적으로 바꾸어 강조하기
- 초보 학습자를 배려해 천천히 또박또박 말하기
- 중요한 부분이 잘 드러나도록 주변의 어려운 말들은 쉽게 정리해 주기
- 질문을 통해 의미를 확인할 수 있도록 시간과 여유 주기
- 제대로 잘 이해했는지 계속 확인하고, 그 결과를 현재 수업을 평가하는 자료로 삼아 반영하기

이해되는지 물어보았을 때 학생이 고개를 끄덕인다고 해서 정말 이해했다고 판단하지 말라. 그보다는 일상적인 수업 흐름 속에 이해를 점검할 수 있는 장치와 절차를 반드시 넣기 바란다. 이렇게 하면 실제로 가르친 내용들 중 학생들이 제대로 이해하지 못하고 있는 부분이 얼마나 많은지 놀랄 것이다. 위에서 제안한 전략들은 언어적 어려움을 겪는 학생들을 위한 것이지만, 문해지향성이 낮고 문화적 단절을 겪는 학습자들에게도 유용하다.

▸ 충분히 연습할 수 있게 하기

교사가 알아듣기 쉽게 설명해주는 것만큼이나 새로운 언어를 의미있게, 적극적으로 말하고 써볼 기회도 많이 필요하다. 특히 새로 배운 어휘와 문법을 실제로 사용해 보면서 형태와 의미 두 측면에서 즉각적인 피드백을 받을 수 있어야 한다. 그럼에도 소극적인 학생들은 입을 떼기 부끄럽고 두려워 교실에서 입을 다물고 조용히 앉아만 있는 경우가 많다. 마음껏 말해도 좋다고 느낄 만큼 안전한 분위기를 만들어주어야 한다. 감정과 정서를 관장하는 뇌의 변연계가 들끓지 않게, 적극적으로 참여할 수 있도록 격려하라. 이렇게 하면 학생은 언어능력과 함께 자신감도 자라날 것이다.

방언을 쓰는 학생들의 경우 표준어와 차이점을 비교해보는 '대조적 언어활동(contrastive linguistics activity)'을 시도해보자. 수업중 교과서의 문장을 하나 골라 익숙한 방언으로 바꾸어보게 하는 것이다

(예를 들어 학교 밖에서 친구들에게 말하듯 친근하게 표현하는 어투로 바꾸는 등). 또는 노래 가사나 친구들끼리 쓰는 말을 가져와서 '선생님처럼 말해보는' 표준어 문장으로 바꿔도 좋다. 이런 활동은 나이에 상관없이 학생들이 즐겁게 참여하며 특히 '선생님처럼 말해보기'는 표준어를 익히기에 탁월한 연습이다.

▸ 언어적 발달 지원하기

잘 배우려면 그만큼 주의를 기울여야 한다. 교과목을 배울 때도 내용 못지않게 언어 자체에 집중할 기회를 줄 필요가 있다. 절차기억에 저장된 문법과 의미기억에 저장된 어휘를 결합해 사용하는 연습을 시도해보자. 어떤 교과에서든 교과 특유의 고유한 언어표현들이 있다. 학습 지원이 필요한 학생들에게 이러한 표현을 집중적으로 익히고 연습하게 하면 효과적이다. 모델로 삼을 만한 좋은 글이나 에세이, 과학 보고서에서 흔히 보이는 언어표현 예들을 함께 살펴보면 좋다.

문장을 시작하는 첫머리 틀을 제공하는 것도 좋은 방법이다. 이는 말하기나 쓰기 활동에서 흔히 사용되는 구체적 언어의 모습을 보여주는 방법이 된다. 예를 들면 다음과 같다.

- 이 글은 …… 을 다루고 있다.
- 이 문제가 중요한 이유는 …… 때문이다.
- 결론적으로 말하면 …… 이다.

학술담화의 전문가인 제프 즈위어스(Jeff Zwiers)는 소그룹 수업에서 토론 카드(discussion cards)를 사용하여 언어 사용을 구조화하도록 권하기도 했다.[22] 소그룹마다 카드 몇 장이 들어 있는 두 개의 봉투를 받는다. 하나는 시작을 안내하는 카드, 또하나는 여기서 이어지는 문장 카드들이 들어 있다. 한 학생이 시작 카드 한 장을 뽑고 거기 적힌 문구로 시작하는 문장을 말한다. 다른 봉투에는 방금 다른 학생이 한 말에 대해 해야 할 일이 적힌 카드가 들어 있다.

예를 들면 이렇다. "저자에 따르면……"으로 시작하는 카드가 있고, "방금 말한 것에 ……을 덧붙이라." 또는 "……에 대해 반대되는 관점을 제시하라."라고 제시된 카드가 있을 수 있다. 이 방식은 초등 고학년 이상의 소집단 활동에 특히 효과적이지만 유치원생 대상의 전체 학급 토론 활동에서도 충분히 활용할 수 있다. 도표 6.6은 이 카드의 예시를 보여준다.

[도표 6.6] 토론 카드

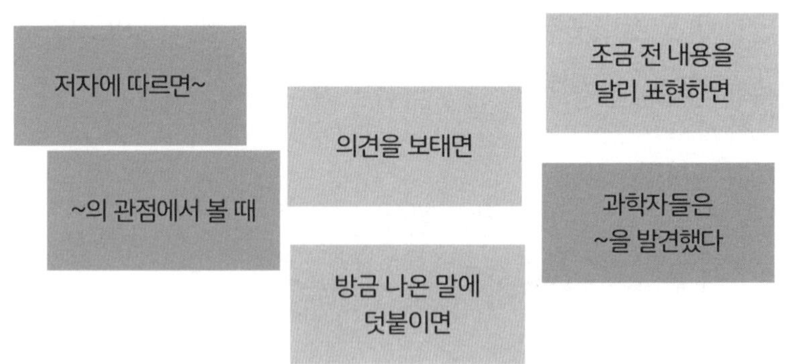

표준화시험에 자주 등장하는 단어와 표현들, 예를 들면 '위 글에 따르면……' 같은 표현은 토론 카드에서 매우 유용하게 활용할 수 있다. 이런 표현들을 문장 틀, 토론 카드, 그리고 연중 진행되는 수업 속에 자연스럽게 녹여 사용하면 학생들이 시험에서 이런 표현들을 만났을 때 '어, 이거 아는 표현이네?' 하고 자신감을 얻을 수 있다. 반대로 처음 보는 낯선 표현을 보면 '또 내가 모르는 게 나왔네.' 하며 자신감이 떨어질 것이다. 학습목표를 명확하게 해주는 내용목표(content objectives)처럼 어휘나 문법의 여러 요소들은 언어목표(language objectives)로 사용할 수 있다.

다음은 학생이나 학급 전체 언어목표로 사용 가능한 몇 가지 예다.

- 연결 표현(이와 다르게, 대조적으로 말하면, 그럼에도 불구하고, 비록 ~이지만 등, 어구로 된 연결 표현)
- 연결어미를 이용, 주어와 서술어를 두 번 이상 나타나게 한 문장(겹문장)
- 이어진문장과 안은문장
- 특정 과목에 국한해 쓰이는 표현이 아니어서 명시적으로 배울 기회가 별로 없으며 많은 학생들이 그 의미를 정확히 이해하지 못하는 학습용 어휘('설명하다', '묘사하다', '구조', '과정' 등).[23]
- 추론, 추정, 신념을 나타내는 표현('~할 수 있다', '~일지도 몰라', '아마도', '거의 확실한' 등)

지금까지 소개한 것들은 절차기억 기능 작동방식과 연동되는 사항으로, 교실에서 교사가 명확한 언어 사용을 위해 시도해볼 수 있는 표현들이다. 언어가 교실학습에서 차지하는 역할이 워낙 크기에 의미기억을 살펴보는 중 잠시 이 지점을 짚고 넘어갈 필요가 있었다. 하지만 학교 현장에서 다루는 대부분의 지식은 의미기억 속에 저장된다는 점만은 분명하다.

의미기억은 정보를 저장, 연결, 체계적으로 조직하는 곳이다. 학생의 참여와 학습을 위해 교사는 학생들이 수업내용을 자기 삶에서 얻은 지식 및 경험과 연결하게 돕고, 배움에서 의미와 가치를 찾을 수 있게 하고, 새로 배우는 내용을 다양한 방식으로 접하게 하고, 학습에서 다루는 정보가 어떻게 분류, 조직되는지 강조할 수 있다. 다음 장에서는 사회적 환경이 의미기억 형성에 미치는 영향, 그리고 이것이 학습자와 교수학습에 시사하는 바를 자세히 살펴볼 것이다.

은유, 직유, 의인화 예시

- 피타고라스 정리 풀기: "사람들은 지름길로 가는 걸 좋아한다."
- 세포 구조: 학교 건물의 전체 구성, 방마다 다 다른 기능, 메시지의 전달
- 계절은 왜 바뀌나: "얼굴을 태양 쪽으로 기울이면 더 따뜻해진다."
- 빼기: 형이나 누나가 내 것을 가져갈 때
- 군주제: 집에서 부모나 조부모가 '절대 지배자'일 수 있다.

7장

의미기억,
사회문화적 관점

아동이 성장하는 가정과 공동체의 환경은 아동의 기억 체계 형성에 중요한 역할을 한다. 특히 의미기억 형성에 끼치는 영향은 매우 크다. 의미기억은 문화를 구성하는 상징 및 의미의 체계를 저장하며[1], 문화는 의미기억에 저장되는 정보의 선택과 형성에 영향을 미친다.

심리학자이자 비고츠키 연구자인 유리 카르포프(Yuriy Karpov)에 의하면, 학교는 문해지향적 문화 속에서 학령기 아동이 개념 스키마를 발달시키는 중요한 곳이다.[2] 공립학교는 사회 주류계층이 운영하는 문화적 제도의 하나로서 문해지향적 문화의 가치, 신념, 사고방식을 반영한다. 학교는 사회에서 중요하게 여기는 문화적 스키마, 즉 문제해결에 활용하는 인지적 도구, 글자와 숫자 같은 상징, 수업이나 과제 해결에 필요한 절차적 스크립트를 제공하며, 학생들이 이를 접하고 익힐 수 있게 한다. 이 장에서는 의미기억이 사회적 상호작용을 통해 형성되는 과정, 그리고 학생의 학습에 어떤 영향을 미치는지에

대해 살펴볼 것이다.[3]

비고츠키(1986)는 인간의 고등 정신능력, 즉 논리, 수학적 사고, 추상적인 추론, 은유적 사고 등의 인지 스킬은 '사회적 삶(social life)'에서 비롯된다고 주장했다. 이러한 스킬은 아동이 경험치가 더 많은 어른이나 또래들과 의미 있는 상호작용을 하면서 발달한다는 것이다. 지각(perception)이나 기억(memory)과 같은 인지스킬이 개인이 속한 사회적 환경에 의해 형성된다는 연구 결과도 속속 나오고 있다.[4] 인지 발달의 문화적 뿌리에 관한 대표적 연구자인 마이클 콜(Michael Cole)과 실비아 스크리브너(Sylvia Scribner)는 이 분야에서 나온 핵심적인 통찰을 다음과 같이 정리하고 있다(1974).

> 사회적 삶을 살지 않는 인간을 상상하는 것이 몽상에 불과한 것처럼 사회문화적 성격을 띠지 않는 어떤 지적 기능도 상상할 수 없다. 지각, 기억, 사고는 모두 한 아동이 사회화되는 과정의 일부로서 발달하며, 아동이 참여하는 사회적 활동, 의사소통, 사회적 관계 양식과 뗄 수 없는 관계다(p.8).

이 관점은 교사들에게 두 가지 함의를 갖는다. 첫째, 문화적 다양성은 인지 다양성을 반영한다.[5] 즉 교사 자신과 다른 문화적 공동체에서 자란 학생은 교사에게 익숙한 것과는 다른 방식으로 사고할 가능성이 있다. 둘째, 교사에게 익숙한 문화에서 통용되는 사고방식이

누구에게나 보편적인 것은 아니다. 그것은 단지 특정한 역사적, 문화적 과정의 산물일 뿐이다.[6]

학교교육의 토대를 이루는 문화적 중재경험에 익숙하지 않은 학생은 새로운 문화체계를 내면화하는 과정에서 어려움을 겪기 마련이므로 별도의 지원이 필요하다. 이러한 차이는 정보가 의미기억 속에서 저장되고 통합되는 방식에서도 다양한 양상으로 나타난다. 다양한 배경의 학습자들이 모인 교실에서 수업하는 것은 교사에게도 학생에게도 꽤나 어려운 일이다. 그럼에도 이러한 다양성을 이해하고 모두에게 공평하게 효과를 낼 수 있는 수업을 모색하는 것이 교사의 일이다. 지금부터 이 문제의 해결방안을 모색해보자.

기억과 사회적 관행

문해지향적 공동체와 학교교육의 관계를 감안하면, 중산층이나 부유한 문해지향적 가정에서 성장한 학생이 또래보다 더 높은 성취를 보이는 것은 놀랄 일도 아니다.[7] 문화와 언어가 다양한 학생이 학업성취도가 낮은 이유는, 학교공부에서 요구하는 방식과 그들이 자란 공동체에서 훈련받은 배움의 방식[8]이 다른 데서 찾아야 한다. 여기에는 의미기억의 조직 방식도 포함된다.[9] 문해지향성이 낮거나 문화적 단절을 겪은 학생들에게, 문해지향적 환경에서 자란 학생들이 이미 가지고 있는 인지 스킬을 명시적으로 가르치지 않는다면 두 그룹 간의 성취도 격차는 좁혀질 수 없을 것이다.

세상에 관한 지식을 의미기억 속에 저장하는 능력은 본래 문화나 배경과 상관없이 모든 사람이 가진 것이다. 의미기억 네트워크는 일상생활의 경험을 통해서도 발달한다. 의미기억에서 정보를 조직하는 데 사용되는 특정 스키마에 대한 지향성은 문화나 공동체, 개인 학습자마다 서로 다르다. 이러한 지향성은 정보를 의미기억 속에서 조직하는 방식이 되고 학생의 학업성취도를 좌우한다.[10] 문해지향성이 높은 학생들이 학교 공부에 더 좋은 성과를 내는 것은 더 똑똑해서가 아니다. 그들은 가정과 학교에서 경험하는 환경 요인이 자연스럽게 이어진 행운을 갖고 있을 뿐이다.

인지도구

앞서 한 문화의 아티팩트(artifact, 사람이 만든 도구와 기호 등의 산물—옮긴이), 상징, 도구, 사고방식 및 신념의 체계들이 모여 그 문화에 속한 인간의 정신을 형성하고, 현재를 과거와 연결해 준다고 말했다. 사회문화적 학습이론에서는 이를 '정신적 중재(mediated mind)'라고 한다.[11] 물리적 도구가 인간의 신체적 능력을 확장하듯 인지도구는 정신능력을 확장하여 주의집중, 기억, 문제해결을 돕는다.

아동이 새로운 인지도구를 처음 접할 때는 성인이나 더 숙련된 또래의 도움이 필요하다. 그래야 그 도구가 어떤 기능을 하는지, 어떻게 사용해야 효과적인지 잘 이해할 수 있다. 오랜 시간에 걸쳐 적절한 중재를 받으면 그 도구를 자기 것으로 만들고, 세상을 살아가면서 학업이나 일상생활에서 부딪치는 문제를 스스로 창의적으로 해결하고 능숙하게 대응하게 된다.

학교는 이러한 인지도구를 더욱 발달시켜나가는 데 핵심적인 역할을 한다. 그러나 문화적으로 다양한 학습자들은 자신이 살아온 공동체에서 발달시켜 온 인지도구와 학교 사이에서 종종 충돌을 겪는다. 전 세계 여러 사회를 대상으로 인지발달을 연구해온 문화인류학자 바버라 로고프(Barbara Rogoff, 2003)에 의하면, 인지도구에는 언어, 수학, 서사구조, 과학적 체계 등이 포함되며, 이러한 모든 체계는 보다 큰 사회적 맥락에서 생겨난다. 이는 가정과 공동체에서 어른이나 또래와 상호작용하는 가운데 자연스럽게 아동의 의미기억에 내면화되고 저장된다.

수학에서 중재와 관련된 아티팩트로는 손가락과 조작교구(manipulatives, 막대기, 블록, 돌멩이, 수직선 등—옮긴이)를 들 수 있는데, 둘 다 수를 셀 수 있게 하는 도구다. 아라비아 숫자나 알고리즘(algorithm, 수학 계산에서 문제해결을 위한 절차와 규칙—옮긴이) 역시 일반적인 수학적 상징이지만 일부 지역에서는 사용하는 기호와 도구가 달라진다. 이란에서는 1, 2, 3, 4를 ١, ٢, ٣, ٤로 표기한다.

또 우리는 '1,007.78'처럼 천 단위를 쉼표로, 소수점 이하를 점(.)으로 구분하여 표기하지만, 유럽 여러 나라에서는 이와 반대로 '1.007,78'로 쓰고 있다. 이러한 도구와 상징 체계를 장기기억 속에 내면화하고 자동화할수록 그와 관련된 문제해결은 한층 쉬울 것이다.

또다른 예로 곱셈 문제의 공간적 배열이 문제해결에 영향을 미치는 것을 들 수 있다. 학생들은 곱셈 문제를 보고 의미기억에 저장된 일종의 수학적 스크립트를 활용하여 수식으로 표현해 풀게 되는데, 이때 사용하는 스크립트는 학생이 속한 문화에서 발달한 인지적 지식을 끌어온 것이다.

좀더 쉽게 생각해보자. 만약 '839 × 976=?'[12]이라는 곱셈 문제를 가로 형식으로 제시하면 어떨까? 대부분의 사람들은 이것이 흔히 쓰는 세로 배열 형태가 아니라면 계산 과정을 따라가기 정말 어려울 것이다. 하지만 일본 등 주판이 셈을 해결하는 문화적 도구로 자리 잡은 사회에서는 그것이 그리 큰 장애가 되지 않는다.

또다른 예로 프랑스에서 긴 나눗셈을 해야 하는 경우를 살펴보자. 프랑스식 긴 나눗셈은 다음과 같은 형태로 제시된다.*

```
493 | 5
 43 |98,6
  30
```

* 제시된 식은 493÷5를 계산한 것으로, 한국식 풀이 과정과 비교하면 나뉘는 수와 나누는 수의 위치, 몫과 나머지의 위치, 중간 계산의 표기방식 등 많은 부분이 다르다—옮긴이

사회문화적 학습이론에서는 언어가 인간이 개발한 가장 중요한 인지도구라고 보고 있다. 언어는 의사소통의 도구를 넘어 인지처리 과정의 핵심적인 역할을 수행한다. 또한 사회적 상호작용 과정에서 접하는 다양한 인지도구를 의미기억 체계로 옮겨놓는 다리가 된다. 언어는 외적 경험이 내적 이해로 전환되는 과정 그 선상에 있다. 언어는 사고를 더 추상적이고, 유연하며, 즉각적인 자극으로부터 독립적인 형태로 만들어 준다(Bodrova & Leong, 2007, p.14).

인지도구가 내면화되면 문화가 사고과정에 자연스럽게 스며든다. 문해지향적 의미기억 도구를 많이 갖고 있으면 학교에서의 사고과정은 더 수월하게 이루어지고 학업도 더욱 향상된다.

증폭기

뉴먼, 그리핀, 코울(Newman, Griffin, and Cole, 1989)은 인지도구를 가리켜 '증폭기(amplifiers)'라고 표현했다. 이들은 캘리포니아의 한 3학년 교실에서 문화적 배경이 다양한 학생들을 대상으로 의미기억이 학교 학습에 어떤 역할을 하는지에 관해 연구했다. 당시 그 교실에서는 북아메리카 원주민에 대해 공부하고 있었는데, 연구자들은 다음과 같은 가설을 세웠다.

> 학업성취도가 높은 학생들은 이미 그 주제에 대해 알고 있는 것이 더 많으므로 수업 내용도 더 잘 이해할 것이다.

즉 성취도가 높은 학생들은 해당 주제와 관련된 배경지식을 더 많이 갖고 있으며 그 지식은 대부분 의미기억에 저장되어 있다고 본 것이다. 수업 첫날 단원을 시작하면서 관련 정보가 도표로 제시되었다. 도표의 각 열에는 식량 조달 방법, 통치 형태, 주거 형태가, 각 행에는 개별 원주민 부족의 특성을 설명하는 개념들이 정리되었다(도표 7.1). 첫 수업을 마친 뒤 연구자들은 도표를 걷어내고 제시된 정보에 대한 객관식 사전검사를 실시했다. 해당 단원 수업은 2주 동안 진행되었고 학생들은 수업을 매우 재미있어 했다. 연구자들은 이 단원이 학생들이 직접 해보는 활동이 많고 참여를 자극할 수 있어 의미있는 수업이었다고 평가했다. 단원을 마치고 연구자들은 첫날 실시한 사전검사를 다시 사후검사로 실시했다. 그리고 '사전 검사에서 높은 점수를 받은 학생들은 사후 검사에서도 높은 점수를 받을 것'이라고 예상했다. 왜냐하면 이들은 처음부터 해당 주제에 관한 배경지식을 더 많이 지녔기에 수업도 한층 더 잘 이해할 가능성이 높았기 때문이다.

그런데 실제 결과는 예상과 완전히 달랐다. 사후검사에서 가장 높은 점수를 받은 학생들은 사전검사에서 낮은 점수를 받은 그룹이었다. 반면 사전검사에서 상대적으로 높은 점수를 받은 학생들이 사후검사에서 더 낮은 점수를 받았다. 즉 처음 세웠던 가설이 완전히 뒤집

[도표 7.1] 북미 인디언 차트 (북미 인디언 부족들의 생활 양상)

	GROUP	FOOD GETTING	GOVERNMENT	HOMES
	NATCHEZ 나체즈 족	FARM 농장 C	STATE 국가	PERMANENT LARGE C 대규모 정주
	SHOSHONI 쇼쇼니 족	HUNT/ GATHER 사냥/채집 C	BAND 무리	MOVEABLE LARGE C 대규모 유목
	AZTEC 아즈텍 족	TRADE 상거래 C	STATE 국가 C	PERMANENT SMALL 소규모 정주
	NAVAHO 나바호 족	TRADE 상거래	TRIBE 부족	MOVEABLE LARGE 소규모 유목

힌 것이다.

연구자들이 이 결과를 깊이 있게 분석한 결과, 꽤 흥미로운 사실을 발견했다. 점수를 좌우한 것은 바로 사전검사에서 오답을 고른 방식의 차이였다. 사후검사에서 높은 점수를 받은 학생들의 경우, 사전검사에서 고른 오답은 모두 정답과 같은 범주에 속한 것들이었다. 즉 정답이 '원형 천막'인데 '원뿔형 천막'을 골랐다는 뜻이다. 이 학생들은 도표에 나온 분류 체계 구조를 머릿속에 인지하고 단원의 교과내용 구조와 이를 연결하여 이해하고 있었다.

반면 사후검사에서 낮은 점수를 받은 학생들의 사전검사 답안을 보면, 범주와 상관없이 아무 답이나 무작위로 고르는 경향을 보였다. 정답이 주거형태 범주에 있는데 통치형태나 식량 조달방법에서 오답을 고른 것이다. 이러한 발견은 학업성취 차이가 '얼마나 많은 내용을 알고 있는가'가 아니라, 의미기억 속에서 정보가 조직되는 방식과 깊이 관련되어 있다는 사실을 보여준다. 이를 통해 연구자들이 내린 결론은 이러하다. 학업성취도가 낮은 학생들은 사실상 두 가지 교육과정을 동시에 배워야 한다는 것이다. 여기서 말하는 두 가지 교육과정이란, 공식적으로 명시된 정보 중심의 교육과정 및 그 정보를 학교에서 조직하고 가르치는 것에 관한 잠재적 교육과정(hidden curriculum)이다.[13] 이들은 학교의 명시적 교육과정 구성 체계와 의미기억 체계가 일치하지 않는 상황에서 배워야 할 것이 두 배가 되는데, 정작 교사의 도움은 절반밖에 받지 못하고 있다.

또하나 기억해야 할 사실이 있다. 학생은 자신이 주의를 기울인 것만 배울 수 있고, 주의는 한 번에 한 가지에만 집중할 수 있다는 것이다. 이런 학생들이 학교 공부에서 성취도가 높은 학생들과의 격차를 줄이려면 교사는 다음 요소들에 의도적으로 주의를 집중시킬 수 있도록 도와야 한다.

- 교과 교육과정에서 지식을 어떻게 조직하는지 이해하기
- 지식의 조직 방식을 학습에 활용하는 방법 익히기

•지식의 조직 방식을 실제로 적용해보는 연습

학업성취도가 높은 학생들의 머릿속은 이미 학교 수업에 잘 맞춰져 있다. 교육과정에서 다루는 지식들과 그러한 지식의 조직 방식은 이미 그들의 의미기억 속에 저장되어 있다. 따라서 그들은 학교 수업에서 더 유리한 위치에 있고, 학교 교육과정은 이들의 강점을 더욱 발달시키는 방향으로 작동한다. 연구자들은 이러한 현상을 '증폭(amplification)'이라고 명명했다.

문해지향적 환경에서 자란 학생들은 취학전, 유치원 입학 때부터 이미 학교의 의미기억 조직 방식에 익숙해져 있다. 학교 교육과정과 교사들의 수업은 대부분 분류학적 체계를 따르기 때문에 이런 학생들은 수업에서 더 빠르게 배우고 높은 성취를 보인다. 그리고 학교에서의 학습은 다시 이들의 의미기억 능력을 한층 강화하고, 강화된 의미기억은 또다시 학교 학습을 더 쉽게 만든다. 부익부 현상, 즉 공부 잘하는 학생이 더 잘 배우는 구조가 만들어진다.

반면 의미기억을 분류학적 체계로 조직하는 데 익숙하지 않은 학생에게는 학교 수업이 매우 큰 부담이다. 이민자 가정의 학생, 학습어려움과 장애를 지닌 학생, 빈곤가정의 학생, 문화적 단절을 겪은 학생 등, 취약한 학생에게도 제각기 주목하고 키워내야 할 자신만의 강점이 있다. 그러나 학교 교육과정이 이들의 배경과 특성을 고려해 조정되지 않는다면 이 학생들은 학교에서 어려움을 겪을 수밖에 없다.

마치 이중초점 안경을 쓰듯 동시에 두 갈래로 수업을 진행할 필요가 있는 것 같다. 렌즈의 한쪽은 명시적이고 공식적인 학교 교육과정을 바라보고, 다른 한쪽은 그 교육과정의 토대를 이루는 숨은 구조를 찾아 명확히 하여 가르치는 데 초점을 맞춰야 한다. 그래야 문화적으로 다양한 배경을 지닌 학생, 학습 경험이 부족한 학생들이 자기만의 스키마를 만들어가도록 지원할 수 있다. 켄은 『Beneath the Surface (수업의 이면)』(2008)라는 저서에서 이를 '양적 교육과정' 대 '질적 교육과정'의 구도로 설명하고 있다.[14] 양적 교육과정은 겉으로 드러난 내용 중심의 교육과정이며, 질적 교육과정은 문해지향적 환경의 학생들이 갖추고 있는 언어적, 인지적, 문화적 스킬로 양적 교육과정을 쉽게 소화할 수 있게 해준다. 도표 7.2는 두 교육과정 간 차이를 보여준다.

문해지향적 환경이 아닌 학생, 또는 문화적 단절을 겪은 학생에게 무엇이 필요한지 진지하게 고민하다 보면, 교사는 양적 교육과정과 질적 교육과정 사이의 긴장을 의식하게 될 것이다.[15] 즉 시험에서 요구되는 내용 중심의 교육과정 진도를 빨리 빼야 한다는 압박감, 그리고 문해경험이 적은 학생들이 장기적으로 더 잘 배울 수 있게 도와야 한다는 믿음 사이에서 느끼는 긴장감 말이다.

4장에서 우리는 작업기억의 취약성을 잘 모르는 관리자나 행정가들과 어떻게 대화해야 하는가에 대한 몇 가지 아이디어를 제안한 바 있다. 그 아이디어들은 학습에 어려움을 겪는 학생을 가르칠 때 질적 교육과정이 왜 중요한지 논의할 때에도 똑같이 적용할 수 있다. 문해

[도표 7.2] 양적 교육과정 VS 질적 교육과정

양적 교육과정	질적 교육과정
• 내용 중심 교육과정 - 정보 - 범위와 계열 - 성취기준과 프레임워크 - 내용 어휘 * 주의: 양적 교육과정은 학교 시간표에 있는 교과에서 다루는 내용 학습을 말한다.	• 사고 방식 — 원인과 결과 — 비교/범주화 — 전체>부분 또는 부분>전체 — 분석 • 언어/어휘 사용 방식 — (특정 교과에 국한되지 않는) 일반 학습용어 — 연결어 — 풍부한 형용사와 부사 — 담화 스킬 • 정보 조직 방식

지향성이 낮은 학생, 문화적 단절을 겪은 학생이 학교에서 성공적인 학습자가 되기 위해서는 반드시 질적 교육과정에 능숙해져야 한다.

수업 적용

단어벽을 활용, 분류학적 지식 체계의 증폭기 기능을 드러내기

6장에서 우리는 학생이 단원이나 수업의 지식을 구조화할 수 있게 돕는 몇 가지 방법을 제안한 바 있다. 단어벽을 만드는 것도 방법의 하나지만, 단어를 벽에 무작위로, 혹은 단순히 철자 순서대로 붙여놓거나 의미를 짐작할 단서 없이 붙여 두는 것은 별 도움이 되지 않는다. 도표 7.3은 켄이 4학년 학생들을 지도할 때 만들었던 단어벽의 하나를 재구성한 것이다. 기하학 용어는 학습에 어려움을 겪는 학생들이 특히 이해하기 힘들어한다. 일례로 '다각형'과 '사각형'을 잘 구분하지 못하는 학생들도 많다. 그래서 이런 학생들을 위해 용어의 의미를 이해할 수 있게 돕는 교실 환경 자료로 단어벽을 제작해 활용했다.

몇 가지 시각요소를 사용하면 의미가 더 잘 전달된다. 먼저 글자 크기는 개념의 중요도와 관련된다. '다각형'은 셋 이상의 변이 서로 만나 닫힌 도형으로, 네 변을 가진 도형인 '사각형'보다 큰 개념이다. 그

[도표 7.3] 기하학 용어 단어벽

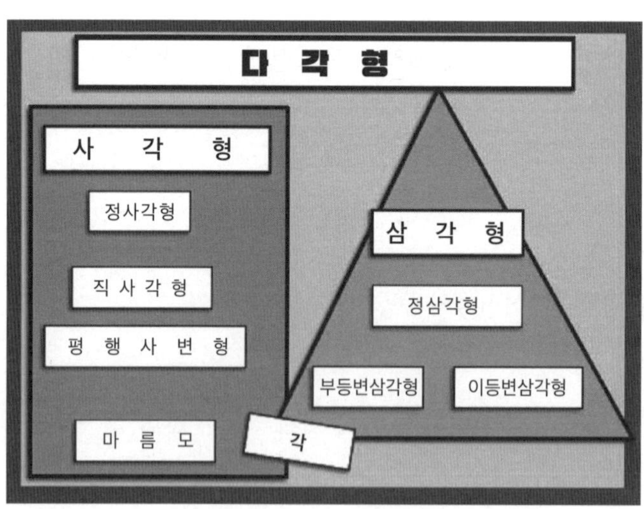

래서 '다각형'을 더 큰 글자로 표현하면 학생들은 "맞아. 다각형은 사각형보다 더 큰 개념이지. 그래서 글자가 가장 크구나."라고 생각하게 된다. 색상도 일관되게 사용되는데 켄은 삼각형과 사각형을 구별하는 데 사용했다. 중요한 접두사에는 밑줄을 그어 표시했다(원문의 단어벽에 있는 단어 Triangle, Quadrilateral, polygon 등을 말함—옮긴이). 마지막으로 단어 사이의 간격 역시 범주 내 개념들 사이의 관계적 거리를 표시해 준다. 도표에서도 공통 속성을 많이 공유하는 도형끼리는 더 가까이 배치했다.

새 단어가 나올 때마다 켄은 이 단어는 어떤 색으로 할지, 글자 크기는 어떻게 할지, 어디에 배치할지에 대해 학생들과 함께 이야기했다. 어떨 때는 단어들을 다른 방식으로 바꿔 배치해보게 하기도 했다. 예를 들어 '정삼각형'과 '정사각형'을 보자. 둘은 모두 도형을 이루는 각 변의 길이와 각의 크기가 모두 같다는 공통점이 있으므로 같은 속성으로 배치할 수 있다.

수업 적용 | 그래픽 오거나이저 사용

그래픽 오거나이저를 사용해 새로운 내용을 배울 때 주의할 점이 있다. 오거나이저에 제시된 사고 스킬, 즉 인과관계 추론이나 비교하기 같은 것을 동시에 익히려 해서는 안 된다는 것이다. 인간의 작업기억이 매우 제한적이라는 사실을 기억하자. 운전하면서 동시에 휴대전화 문자를 보낼 수 없는 것처럼 말이다.

예를 들어 미국 독립전쟁의 원인과 결과를 정리하는 그래픽 오거나이저를 사용, 빈칸채우기 활동을 한다고 하자. 이 활동은 사건 사이의 관계 파악에 분명 도움을 준다. 하지만 그렇다고 해서 원인-결과를 추론하는 학생의 사고 스킬이 더 능숙해지는 것은 아니다. 사고 스킬 자체의 향상을 위해서라면 학생이 이미 잘 알고 있는 주제를 이용해 그래픽 오거나이저를 채워보는 연습이 더 효과적이다. 이렇게 해야 사고 스킬에 쓸 작업기억 여유 공간을 확보할 수 있기 때문이다.

인과적 사고 스킬을 기르려면 학생에게 이미 익숙한 주제로 오거나이저를 채워보는 것이 좋다. 예를 들어 농구 경기 혹은 게임에서 내리는 의사결정이나 서로 다투고 있는 두 친구 사이의 관계가 어떻게 나빠지게 되었는지 등을 오거나이저로 표현해 볼 수 있다. 분류학적 체계를 연습하려면 자기 집, 집에 있는 방들, 각 방에 있는 물건들의 순서로, 또는 좋아하는 음악, 음식, 게임 등을 주제로 오거나이저를 채워보게 할 수 있다. 이렇게 익숙한 내용을 활용해야 학생이 사고 스킬 자체를 연습하는 데 집중할 수 있다. 시중에는 이미 무수히 많은 그래픽 오거나이저 자료가 나와 있다. 단순한 것에서부터 아주 복잡하고 장식적인 것까지 그 종류도 다양하다. 이에 관해 세 가지 조언을 제시한다.

첫째, 교사들은 자기만의 오거나이저를 직접 만들어 사용하는 경우가 많지만 가능하면 학교 차원에서 동일한 오거나이저를 사용하는 것이 좋다. 그래야 학생들이 동일한 인지도구를 반복적으로 사용하면서 능숙해지기 때문이다. 둘째, 단순할수록 좋다. 핵심은 사고를 이끌어주는 요소에 있으므로 장식을 위한 곡선이나 그림처럼 주의를 흐트리는 요소는 불필요하다. 〈Thinking Maps™〉는 전 학년 대상의 비교적 단순명쾌한 오거나이저 세트를 제공하고 있다.[16] 셋째, 그래픽 오거나이저는 복잡한 개념을 시각적으로 표현하기에는 좋은 도구이지만 이 개념을 말로나 글로 표현하려면 대부분의 학생들은 연습이 필요하다. 교사에게 있어 궁극적인 목표는 복잡한 개념과 스키마들이 서로 어떻게 연관되는지 학생 스스로 사고하고 표현할 수 있는 능력을 개발시켜 주는 것이다. 그래픽 오거나이저는 의미를 구축하는데 도움이 되지만 학생들이 그 의미를 다른 사람에게 전달할 수 있어야 비로소 그 역할이 완성된다.

수업 적용 | 비교 스킬 개발

로버트 마자노 등(Robert Marzano et al., 2001)[17]은 표준화시험 성취와 관련된 교수전략을 분석하고 아홉 가지 핵심 전략을 확인했는데, 그중 비교 스킬 전략이 학습 성취도와 가장 상관관계가 높게 나타났다. 사물, 사건, 과정, 상태 등을 여러 방식으로 비교하는 사고 도구를 갖추는 일은 학년과 교과에 관계없이 학업성취에 매우 중요하다. 비교 스킬은 의미기억과 직접적으로 연결된다. 의미기억은 다양한 속성을 가진 정보가 범주별로 정리되어 있는 곳이며 그 속성이 바로 비교의 기초가 된다. 학습에 어려움을 겪는 학생들에게서 흔히 보이는 문제 중 하나는 '극단에 치우치는' 현상이다.[18] 즉 이들은 무언가를 비교하거나 분류할 때 사용하는 범주가 매우 제한되어 있다. 그러다 보니 '같다/다르다', '쉽다/어렵다', '안다/모른다' 처럼, 양 극단의 아주 기본적이고 단순한 기준으로만 비교한다. 이런 경향은 특히 중재학습경험이 부족했던 학생들에게서 더욱 두드러진다. 켄의 학생 중 문화적 단절을 경험했던 학생 하나는 과제에 대해 이렇게 말한 적이 있다. "좀 쉬운 것 같기도 하고, 좀 어려운 것 같기도 해요." 이런 식으로 자신의 경험을 분류하는 언어 스킬이 매우 제한적인 경우(어휘력도 낮은 수준이지만), 학교 공부가 요구하는 사고 수준에 도달하지 못한 것으로 보아야 한다. 즉 세상을 더 세밀하게 구분해 보고, 더 다양한 기준으로 비교하고, 그 내용을 더 풍부한 언어로 설명하는 능력이 부족할 경우 학업 수행에 어려움을 겪을 수밖에 없는 것이다.

학교 공부를 어려워하는 5학년 학생에게 켄은 눈송이가 여러 개 그려진 페이지를 보여주며, 정확하게 똑같은 눈송이 두 개를 찾아보게 했다. 그러자 학생은 꽤 비슷한 모양의 눈송이 두 개를 금방 짚어내더니 더 이상 찾으려 하지 않고 말했다. "음, 이 둘이 같아요. 하지만 조금 다르긴 할 거예요." 미세한 차이를 마음속에 유지하고 비교하는 스킬이 눈에 확연히 보이는 유사성에 묻혀버리고 말았다. 이런 태도는 학생이 학교에서 수행하는 모든 과제에서 일관되게 나타났다.

무언가를 비교하려면 크기, 모양, 색상, 수, 용도, 차원, 재료, 나이, 가치 등 매우 다양한 속성 범주가 필요하다. 학습에 어려움을 겪는 학생들은 이런 속성을 떠올리고 활용하는 범위가 매우 제한적인 경우가 많다. 포이에르스타인 등(Feuerstein et al. 2006, 2010)의 연구에 의하면, 문화적 단절을 경험한 학습자들은 대체로 가장 확연히 눈에 들어오는 감각 정보(밝은, 빛나는, 큰 소리 등)나 자신에게 특별한 의미가 있는 것에 쉽게 주의를 빼앗긴다. 예를 들어 강아지를 귀엽게 생각하는 학생이 있다.

포유류에 대해 배우는 수업에서 어미 개가 새끼에게 젖을 먹이는 사진이 제시될 경우, 그 학생은 귀여운 강아지에만 집중하느라 이 사진을 통해 설명하려는 핵심, 즉 포유류의 특징 중 하나인 '새끼에게 젖을 먹인다'는 점을 놓칠 수 있다. 켄의 경험에 따르면, 색깔만 파란색으로 같고 그 외의 속성은 모두 다른 마커 두 개를 보여주었을 때, 학습에 어려움을 겪는 초등학생들은 즉각 "둘 다 똑같아요."라고 대답해버린 경우가 많았다. 길이나 두께, 펜촉의 모양이나 크기, 파란색의 농도, 뚜껑 모양, 마커에 인쇄된 글씨, 냄새 등 수많은 차이점이 있는데도 말이다. 차이점을 말해보라는 요구에 이 학생들은 제대로 대답하지 못했다. 이들은 '둘 다 파란색'이라는 정보만으로도 충분했고 그 이상 생각할 필요 자체를 느끼지 못했다.

자발적 비교

비교는 경험이나 사물을 서로 묶어주는 역할을 한다. 포이에르스타인은 '자발적 비교 행위'가 어려움을 겪는 학습자들에게 매우 중요한 중재 영역이라고 본다. 다시 말해 사물이 어떤 기준에서 같고 다른지, 비슷한 것들 사이의 차이점과 서로 다른 것들 사이의 공통점은 무엇인지 탐색하려는 시도 자체를 잘 하지 않는다는 뜻이다. 앞에 든 사례에서처럼 "두 마커는 둘 다 파란색이니까 똑같다."는 생각에서 더 이상 사고를 확장하지 않고 멈춰버리는 경우다. 이는 학습 태도가 수동적이고 유연하지 못함을 보여준다. 이와 달리 자발적으로 비교하는 학생들은 주변 환경을 능동적으로 해석하고 정보를 세밀히 살피며 자신의 경험을 보다 '능숙하게 다루는' 학습자다. 교사들이 바라고 길러내고 싶은 학습자의 모습이다.

저학년 수업에서 자발적 비교 행위를 자연스럽게 시범보이는 방법이 있다. 수업 도중 잠시 분위기를 바꾸어, 아이들, 옷, 마커 같은 일상적인 것들 중 두 가지를 '재미있게' 비교해 보자고 학생들에게 제안하는 것이다. 그런 다음 활동을 정리하면서 비교 과정에서 사용된 속성 범주에 이름을 붙이고 칠판에 적어 주며 이후의 비교 활동과 연결해 주면 도움이 된다. 학생이 활동에 참여할 때도 "아주 좋아! 세 가지나 방법을 찾았구나. 하나 더 찾아볼까?" "자, 이제 네 가지야. 다섯 개, 여섯 개까지 가볼까?"와 같이 추진력 있는 질문으로 계속 앞으로 나아가게 하자. 이어서 반 전체가 찾아낸 모든 방법을 공유하면 비교 과정에 대한 학생들의 인식과 이해가 한층 넓어질 것이다. 고등학생을 대상으로 중재할 경우라면 “자, 힙합과 락 음악 중 어느 게 더 좋지? 왜 그렇게 생각해? 근거를 들어 설명해보자.”라고 물을 수 있다.

또 한 가지 추천하고 싶은 방법으로 ‘메타사고(metathinking)’ 토론이 있다. 이는 사고과정 자체를 고찰해보는 것으로 비교하는 능력이 삶에서 얼마나 유용한지 되짚어 보자는 것이다. 학습에 어려움을 겪는 학생들이 자신의 학습과 경험에 대해 능동적인 자세로 늘 질문하는 태도를 갖게 돕는 것, 이는 교사가 해줄 수 있는 중요한 일이다. 이러한 사고 습관을 기르는 방법 중 하나가 바로 자발적 비교를 반복적으로 연습하는 것이다.

6장에서 뇌가 정보를 저장할 때는 유사성에, 정보를 인출할 때는 차이점에 초점을 둔다고 했다. 이는 비교 스킬과 직접적으로 관련되는 것이다. 교사는 먼저 가르치는 내용의 핵심 속성을 분명히 강조함으로써 학생들이 자신의 배경지식과 연결하고 풍부한 의미기억 네트워크를 형성하도록 해야 한다. 여기에 더해 정보를 저장하는 단계에서 의도적으로 비슷한 다른 정보와 대조하도록 해주면 이후 그 정보를 더욱 쉽게 떠올릴 수 있을 것이다.

정보는 의미기억에 어떻게 저장되는가

▸ 기능적 구조

문해지향성이 낮은 학생은 세상을 바라볼 때 분류학적 체계보다는 기능적 범주로 조직하는 경향이 있다. 즉 문해지향적 사회에서 선호하는 추상적인 분류 스키마보다는, 의미 있는 문화적 활동을 기준으로 사물 간의 관계를 설정하는 것이다.[19] 펜, 연필, 종이는 모두 글쓰기 활동에 필요하다는 점에서 '기능'적인 범주로 묶을 수 있다. 그러나 문해지향적 사회에서는 펜과 연필을 '필기도구'로, 종이는 다른 범주로 분류하는 것이 익숙한 방식이다. 전 세계적으로 보면 위계적인 분류학적 체계보다 기능적 관계에 의존하는 사람들이 더 많을 가능성이 높다. 전자는 학교교육이 자녀를 양육하는 주된 방식인 문해지향적 공동체에서 더 보편화된 방식이기 때문이다. 물론 기능적 분류도 세상을 분류하는 데 충분히 타당하고 중요한 방식이다. 다만 기능적 분류에만 익숙한 학생들은 학교에서 중요하게 여겨지는 분류학적 범주를 다루는 데 상대적으로 덜 능숙할 수 있다. 앞서 언급한 북아메리카 원주민 관련 연구에서는 다음과 같은 결론을 내리고 있다.

> 교육에서 다루는 주제들은 분류학적 표상에 더 적합하다.(중략) 우리 사회에서 교육에 적합하다고 보는 것들은 기능적 관계로 묶는 방식을 선호하지 않는다(Newman et al., 1989 pp. 128~129).

학생의 주된 스키마 조직이 기능 중심이라면[20] 학교 학습을 따라가기 힘들다. 앞장에서 언급한 수업 중 하나를 다시 떠올려보자. 교사는 포유류를 공부하기에 앞서 학생들에게 먼저 개(dog)를 떠올려보라고 했다. 일부 학생들은 '개'라는 개념을 보다 기능적인 방식으로 조직하고 있을 수도 있다(도표 7.4). 교사가 포유류에 대한 설명으로 넘어갔지만 이들은 교사의 이야기를 잘 따라가지 못하고 점점 뒤처졌으며, 연결고리를 놓치고 넘어갔다. 이들에게는 분류학적 체계로 조직된 의미기억이라는 증폭기가 부족하기 때문이다.

학생들이 정보를 저장하고 인출하는 방식의 차이를 알면 학습자에 대한 이해의 폭이 넓어지고, 겉으로 보이는 학습 속도의 차이에도 적절히 대응할 수 있다. 결과적으로 양적 교육과정을 가르칠 때도 한층 능숙한 교사가 될 것이다.

[도표 7.4] 개와 관련된 기능적 의미기억 체계

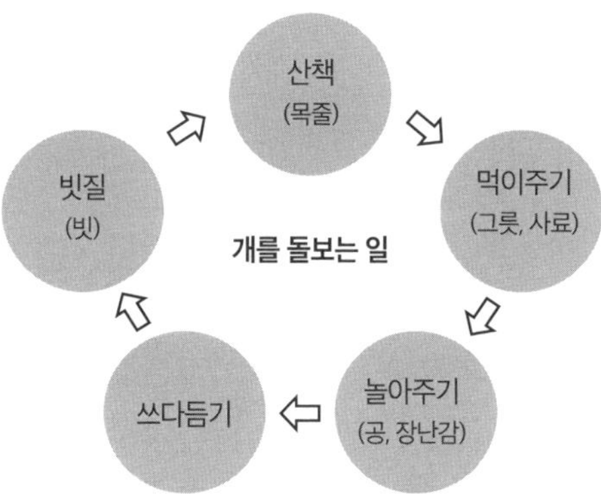

범주화

모든 아이들은 자신이 나고 자라는 세상에 대해 나름의 범주를 형성한다. 범주는 세상에 존재하는 무한한 변이를 관리 가능한 수로 줄여준다는 점에서 사고와 학습에 필수적인 요소다.[21] 어떤 대상이 어느 범주에 속하는지 알게 되면 그 대상에 대해 이미 파악해 두었던 핵심 속성들에 즉시 접근할 수 있다.

실제로 범주화 스킬은 비교 스킬과 직접적으로 연결된다. 그래서 학습에 어려움을 겪는 학생들에게 비교 스킬을 길러주는 일이 특히 중요한 것이다. 가구 한 점을 어떤 범주에 넣을 수 있게 되면 이제 그 가구의 기능과 구조에 대해서도 어느 정도 알고 있는 것이 되고, 다른 가구들과도 쉽게 비교할 수 있다. 물론 비교 스킬이 충분히 발달했을 때 가능한 일이지만 말이다.

범주란 아주 명료한 것이라 생각하기 쉽다. 즉 어떤 것이 특정 범주에 속하는지를 이분법적으로 판단하는 것이다. 필요한 조건을 모두 갖추면 그 범주에 속하고 하나라도 빠지면 아예 속하지 않는다고 생각한다. 그러다 보니 어떤 동물은 '개'이거나 '개가 아닌 동물'이고, 어떤 사람은 국회의원이거나 아니거나 둘 중 하나다. 이런 식의 사고에서는 해당 범주의 모든 구성원이 그 범주에 필요한 조건을 충족하게 되어 있다. 이런 범주 개념을 고전적 범주 또는 아리스토텔레스적 범주라고 부른다.[22] 이는 학문 분야에서 사용되는 기본적인 모델이자 학교 수업이 초점을 두는 범주 이해 방식이다.

하지만 실제로 많은 범주는 이와 조금 다른 방식으로 조직된다. 예를 들어 '민주주의'라는 단어가 담고 있는 광범위하고 복잡한 범주를 생각해보라. 전 세계적으로 의회제, 연방제, 대의제 등 다양한 형태의 '민주적' 정치체제가 존재하고 있다. '가족'이라는 개념의 범주는 어떠한가. 오늘날에는 부모가 둘인 가정, 한부모 가정, 부모 대신 후견인이 양육하는 가정, 동성 부부 가정 등 수많은 형태의 가족이 존재하고 있다. 인간의 정신은 명확한 고전적 범주와 애매한 범주 모두를 수용할 수 있는 모양이다.[23] 하지만 학교라는 곳은 주로 고전적 범주 체계를 발달시키도록 설계되어 있고, 이러한 사고 방식은 문해지향적 성향을 이루는 중요한 인지도구다.

수업 적용 | 범주 형성을 지원하는 수업

인간 발달에 관한 연구자 우샤 고스와미(Usha Goswami, 2008)는 아이들이 주변 세계를 직접 경험함으로써 물리, 생물, 심리라는 세 개의 기본지식 영역을 발달시킨다고 말했다. 즉 공은 바닥에 닿으면 튀어오른다거나, 동물은 죽으면 냄새가 나고, 좋아하는 삼촌은 나를 보러 올 때마다 꼭 선물을 사온다는 등의 지식들 말이다. 학교에 오는 모든 아이들은 이러한 지식을 범주화하여 각자의 머릿속에 지니고 있다. 그러나 학교에서 새롭게 접하는 학문적 지식은 아이들이 기존에 형성해 온 경험 기반의 지식 범주와 성격이 달라, 많은 아이들이 이를 자연스럽게 연결하거나 이해하는 데 어려움을 겪는다.

다음은 교사가 이를 도울 수 있는 유용한 방법들이다.

▶ 차이점을 강조하라

취학할 무렵 대부분의 학생들은 생물과 무생물에 관해 복잡하고 풍부한 지식 범주를 머릿속에 형성하고 있다. 그러나 일부 학생들에게는 그러한 지식 범주가 학습에 사용되는 교과 범주로 재구성될 수 있도록 교사의 지원이 필요하다.

한 예로 어떤 대상의 겉모습이 그 대상이 속하는 과학적 범주를 정확히 반영한다고 생각하는 학생들이 많다. 그래서 나비와 나방이 거의 유사한 존재라 보고, '새는 아니지만, 날아다니는 것들 중, 모양이 예쁜' 어떤 동물의 범주에 둘을 함께 묶기도 한다. 이는 일견 타당하지만 과학적 범주는 아니다.

그러므로 나비에 관한 수업을 할 때 교사는 나비가 나방과 다른 종류임을 분명히 설명하고(나방이 수업의 핵심 주제는 아니지만), 두 대상이 어떤 점에서 다른지 함께 탐색함으로써 학생들이 보다 과학적인 범주 체계를 형성할 수 있게 해야 한다. 실제로 많은 교사들이 직관적으로 이렇게 수업을 진행하고 있을 것이다. 여기서 과학적 범주는 일상에서 아이들이 세상을 바라보고 분류하는 방식과는 다를 수 있다는 사실을 교사가 분명히 인지하고 있느냐가 중요하다. 학생들이 스스로 터득할 것이라고 막연히 기대해서는 안 된다. 요컨대 수업은 지식의 내용만이 아니라 그 지식이 어떻게 구조화되어 있는가까지 포함해야 한다.

켄이 최근 관찰했던 고등학교 1학년 과학 수업에서는 '생물의 특징'에 대한 복습이 진행되었다. 학생들은 소그룹을 이루어 각자의 생각을 나누고 하나로 의견을 모아 발표하고 있었다. 생물의 특징은 학생들이 유치원 때 처음 배운 후 고등학교 1학년까지 거의 10여 년간 학교 수업에서 여러 차례 다루었을 내용이다. 그럼에도 이 학교에는 학업에 어려움을 겪는 학생들, 문화와 언어가 다양한 학생들이 워낙 많았기 때문에 수업은 예상과 다르게 진행되었다. 심지어 한 소그룹에서는 생물의 특징을 발표하면서 "냄새가 난다(냄새를 풍긴다)"고 말했는데, 이들에게 '살아 있는 동물'이란 '냄새를 풍기는 존재'이고, 코가 달린 동물들이 범주의 중심에 있었던 것이다.

이 사실은 고등학교 학생들이 여전히 유아기의 감각적 기준으로 생물을 이해하고 있는 것으로, 범주화의 어려움은 아주 어린아이들만 겪는 문제가 아님을 뜻한다. 짐작컨대 초보 학습자들의 이러한 스키마 수준은 고교 1학년 생물 교과서의 개념 체계와 상당한 간극을 보일 것이다.

▶ 언어적으로만 가르치지 말라

범주를 언어적 정의에만 의존해 가르치는 것은 어려운 일이다. 학문적 범주를 깊이 있게 이해하지 못할 뿐만 아니라 기존에 일상적 경험 중심으로 형성되어 있던 범주를 건드리지 못할 경우가 많다. 어떤 학생은 포유류의 정의를 충실하게 암기하고서도 돌고래를 포유류로 분류하지 못하고 여전히 어류의 하나로 확신하고 있을지 모른다는 뜻이다. 삼각함수의 정의는 어른이 되어서도 잘 기억하고 있는데 정작 삼각함수 문제를 제대로 풀 수 있는 사람은 얼마나 되는가.

'별'의 과학적 정의는 이렇다. '스스로 빛을 방출하는 천체로, 자체 중력에 의해 가스가 결합된 상태로 유지되며, 내부의 핵반응으로 생성된 에너지와 그 에너지가 바깥으로 방출되는 과정이 서로 균형을 이룬다.' 하지만 대부분의 사람들은 이 정의들 중 극히 일부분, 즉 '둥근 모양이고, 뜨거운 가스로 이루어졌다.'는 정도만 알고 있다.

비고츠키(Vygotsky, 1986)는 이런 식의 무의미한 정의 내리기를 두고 '공허한 언어주의(empty verbalism)'라고 불렀다. 교사가 노력과 시간을 들여 가르치는 내용이 공허한 언어주의에 그쳐서는 곤란하다. 그렇다면 무엇을 어떻게 해야 할까. 어떤 개념을 가르치는 방식에 대한 연구[24]에 따르면, 먼저 개념의 이해를 돕는 시각적, 도식적 예시를 활용해 개념을 다루면서 언어적 정의를 구성하는 것이 가장 효과적이라고 한다.[25] 이는 2장에서 제시한 원리, 즉 뇌는 다양한 경로로 정보가 들어올 때 더 잘 배우므로 수업에서 최소한 두 개 이상의 경로를 활용하라는 원리와도 맞닿아 있다.

▶ 적합한 사례를 제시하라

수업에 사용되는 예시는 전형적(prototype)이고 대표적인 것들로, 학습자에게 문화적으로 익숙하면서도 해당 범주의 핵심 속성을 분명하게 드러내는 것이 좋다. 포유류에 관한 수업에서는 개나 고양이를 예로 들어 설명할 경우가 많은데 이는 문화적으로 친숙할 뿐만 아니라 포유류의 핵심적 특성을 명확하게 잘 갖추고 있기 때문이다. 반면 물소처럼 문화적으로 폭넓게 친숙하지 않거나, 고래처럼 포유류이면서도 겉모습이 물고기와 비슷하고 털이 잘 드러나지 않는 동물은 처음 도입하는 예로는 적절하지 않다.

다양한 문화적 배경의 구성원들이 함께하는 학급에서 새로운 주제를 시작하기 전 스스로 질문해보자. '이 개념을 설명하기에 적절한 대표적 사례는 무엇인가? 이 사례를 이해하는 데 필요한 배경지식과 스키마를 모든 학생들이 다 공유하고 있을까?' 어떤 경우 둘 이상의 사례가 필요할 수도 있다. 어떤 사례를 선택할지는 학급의 문화적, 사회적 다양성에 따라 달라질 것이다. 식품군에 대한 수업을 준비할 경우 곡류로는 밀, 과일로는 사과, 채소로는 시금치를 대표 사례로 들면 무난하다. 하지만 학급에 동남아시아 문화권 배경을 지닌 학생들이 있다면 곡류에 쌀, 과일에 망고, 채소에 롱빈(long beans, 줄기가 긴 채소의 하나로 동남아시아 요리에 흔히 쓰임—옮긴이)을 추가해 사례로 제시하면 더 적절할 것이다. 포유류에 대한 수업에서도 마찬가지다. 앞에서 든 물소의 예를 참고하라.

좋은 사례를 통해 가르친다는 생각을 수학이나 글쓰기에도 적용할 수 있다. 글쓰기를 지도할 때 '좋은' 글을 완성된 모델로 제시하고 분석한 후, 그 글이 왜 좋은 글인지 짚어보는 식으로 중재하면 효과적이라는 것은 잘 알려져 있다. 하지만 경험적으로 볼 때 교육청 연수나 수업 현장에서 그런 방식으로 지도하는 경우는 많지 않다. 학생이 목표로 삼을 만한 좋은 글의 모델을 제시하지도, 그것이 왜 좋은 글인지 함께 분석하는 과정도 없이 글쓰기를 가르치는 경우가 너무나 흔하다. 학습에 어려움을 겪는 학생들에게는 '좋은 글'이라는 이 애매모호한 범주의 특성을 보다 명확히 정립할 수 있게 도와야 한다.

초등학교 4~5학년 학생들에게 미국 독립전쟁의 원인이 무엇인지 설명하는 에세이 과제가 주어졌다. 전쟁의 원인과 관련된 정보는 수업에서 배워서 알고 있지만 그렇다고 세 단락으로 구성된 에세이를 모두가 잘 쓸 수 있는 것은 아니다. 따라서 학생들과 함께 살펴보고 분석하며 따라 써 볼 수 있는 모델을 하나 제시하면 좋다. 도표 7.5는 4~5학년 학급에서 모델로 활용할 수 있는 예시글로 형제와 싸운 경험을 담고 있다. 학생들에게 이 글을 살펴보고 분석한 다음 이를 바탕으로 자매, 친구, 부모와의 갈등에 대한 글을 써보게 하자. 그러고 나서 미국 독립전쟁의 원인에 대해 세 단락으로 구성된 에세이를 작성하고 평가하도록 하자.

[도표 7.5] '형과 싸운 이유'를 쓴 에세이

나와 형은 예전에는 정말 사이가 좋았다. 그런데 어느 날 우리는 크게 싸우고 말았다. 사실 갑자기 싸운 것도 아니었다. 그동안 형과 나 사이에 여러 가지 일이 있었고 나는 형에게 무척 화가 나 있었다.

형은 자꾸 허락도 받지 않고 내 방에 불쑥 들어왔다. 그런데 나는 형 방에 마음대로 들어갈 수 없었다. 이건 불공평하다. 또 어느 날 형은 친구들을 집에 데려왔다. 예전처럼 나도 같이 어울려 놀고 싶었는데 그날따라 형은 나만 나가라고 했다. 형 친구들이 킥킥 웃는 소리가 들렸다. 난 너무 챙피하고 기분이 나빴다. 얼마 전에는 형이 내 방에서 내가 제일 좋아하는 장난감 트럭을 갖고 놀다가 망가뜨리고 말았다. 내가 내 장난감 갖고 놀지 말라고 계속 소리쳤는데도 형은 내 말을 듣지 않았다.

싸움이 시작된 결정적 사건은 쿠키 때문이었다. 엄마가 쿠키를 구워 놓고 나가면서 아직 먹지 말라고 했다. 하지만 난 도저히 참을 수 없어서 쿠키를 몰래 집어먹었다. 형이 그 모습을 보았다. 나중에 엄마가 들어오셔서 누가 쿠키를 먹었는지 물어보셨다. 형은 나를 가리키며 내가 먹었다고 말했다.

나는 너무 화가 나서 형에게 달려들었다. 도저히 참을 수 없었다. 엄마가 달려와 말릴 때까지 우리는 서로 밀치며 싸웠다. 결국 형은 자기 방으로 가고 나는 내 방으로 갔다. 그날 이후 형과 나는 다시 예전처럼 지낼 수 없을 것 같다는 생각이 들었다.

완성된 글을 학생들과 공유하며 함께 분석할 수도 있고 반 전체가 함께 작성해보는 방법이 있다. 이 과정에서 오가는 대화는 '사고구술(think-aloud)'[26]과 학생의 응답을 바탕으로 한 수업대화(instructional dialogue)로 발전한다. 어떤 방식으로 진행하든 학생들은 그 장르에서 잘 쓴 글이 어떤 순서로 구성되고, 문단과 문단이 어떻게 자연스럽게 이어지는지에 주의를 기울이게 된다.

학생들이 먼저 자신의 삶과 관련된 친숙한 주제로 글의 구조를 연습해 보고, 그 방식을 직접 써 보는 경험을 한 뒤라면, 이후 전쟁이 일어나게 된 원인을 설명하는 평가 상황에서도 같은 구조를 적용해 더 잘 쓸 수 있을 것이다.

▸ 유연성을 키우라

포이에르스타인 등(Feuerstein et al., 2006, 2010)에 따르면 문화적 단절을 경험한 학습자들은 세상을 해석하는 데 있어 유연성이 상대적으로 부족하다. 이들은 규칙에 지나치게 얽매이거나 활용 가능한 스키마의 범위가 좁고, 경계가 불분명하거나 상대적인 범주를 다루는 일이 매우 어렵다. '큰 것'을 예로 들어보자. '크다'라는 범주는 본래 상대적이다. 코끼리는 쥐보다 훨씬 큰 동물이지만 세쿼이어 나무(지구상에서 가장 큰 나무로 높이가 100미터에 달함—옮긴이)와 비교하면 꽤 작고 산과 비교하면 정말 작은 존재다. 쥐는 또 어떤가. 개미에 비하면 꽤 크고 진드기에 비하면 어마어마하게 큰 동물이다.

그러나 문화적 단절을 겪은 학습자들은 유연성이 부족하므로 '코끼리는 크다'는 것 외의 다른 방식으로 이해하는 데 어려움을 겪는다. 자신과 비교했을 때 코끼리는 언제나 매우 커 보이기 때문이다. 이는 단순한 개념 이해의 문제가 아니라, 세상을 바라보는 방식 전반과 관련된 어려움이다. 우리의 사고는 대부분 상대적 개념에 바탕을 두고 있기 때문에, 사고의 유연성이 부족하면 학습 전반에서 막히게 된다. 이때 교사가 개입해 비교의 기준을 바꿔 보고 생각을 넓히도록 돕는 중재학습경험이 학생들의 사고를 열어주는 데 중요한 역할을 한다.

우리의 제안은 평소 학생에게 많은 질문을 던지라는 것이다. 생각하게 만들고, 자기 입장을 세우고, 지금까지 견지해온 자신의 세계관을 다시 돌아보게 하는 질문이 아주 많이 필요하다. 예를 들어 사바나 생태계를 살피는 과학 수업 시간, 다양한 생물군과 지식을 설명하는 와중에 한 학생이 느닷없이 "사자는 사나워요!"라고 소리쳤다고 하자. 교사는 잠시 수업을 멈추고 이런 질문을 던질 수 있다.

"음, 맞아요. 그럴 수 있어요. 그런데 티라노사우루스와 비교하면 어떨까요? 둘 중 어느 쪽이 더 사나울까요?"

대부분의 학생들이 티라노사우루스라고 대답할 것이다. 그러면 사자는 사납지 않은 것인지 다시 물어보자. 그리고 지금 이 질문에 대해 어떤 생각이 드는지 정리해보고, 잠시 짝과 이야기를 나눈 뒤 다같이 토론하는 시간을 갖는다.

이런 유형의 활동은 학생이 세상에 대해 더 복합적이고 유연한 스키마를 형성하게 돕고 자신의 생각을 명료하게 언어로 표현해보는 연습 기회도 된다. 또한 사바나 생태계에 대해 개별적인 지식을 배우는 것보다 학생의 스키마 형성 전반에 훨씬 중요하다.

배경지식 활성화와 의미기억

여기서 배경이 되는 경험과 지식정보를 학습에 연결하는 것을 다시 한번 짚고 넘어가도록 하자. 학생이 자신의 이전 경험과 스키마를 현재의 학습 상황과 연결하지 못하면 더이상의 학습은 불가능하다. 따라서 새로 배우는 내용이 학생의 학교 바깥의 삶과 연결되도록 적극 지원해야 한다. 그저 수업 전, 이전 학년에 배웠던 내용을 떠올리게 하는 데 머물러서는 안 된다. 앞에서 살폈던 '형과 싸운 이유'(도표 7.5)도 이러한 접근을 잘 보여주는 사례다.

6장의 첫머리에 소개했던 켄의 수업 이야기를 떠올려보자(205~206쪽). 배경에 대해 배우는 시간이라면 "가장 좋아하는 '장소'는 어디죠?" 하고 학생들에게 질문해도 좋다. 그리고 학생들의 대답을 바탕으로 분류학적 범주를 활성화하고 장소의 개념을 확장해나갈 수 있다. 여기서도 그래픽 오거나이저를 사용, 먼저 학생의 삶에서 친숙한 범주를 정리해본 다음 이와 똑같은 지식구조를 사용해 교과목 내용을 구성하면 이해가 더 쉬워질 것이다.

이 장은 기억 체계 자체가 사회적 조직과 문화의 영향을 받는다는 점을 다루었다. 교실로 들어오는 학생들이 보이는 문화적 다양성을 이해하려면 그에 못지않게 인지적 다양성도 고려해야 한다. 분명한 것은 학생들이 학교 밖 '실제 삶'과 관련된 배경 경험과 지식에 접근할 수 있게 도와야만 그들이 학습에 활용할 수 있는 더 많은 자원을 갖게 된다는 사실이다.

수업 적용 | 이름 붙이기

포이에르스타인 등(Feuerstein et al., 2010)은 '이름 붙이기(verbal labeling)'가 학습에서 결정적인 역할을 한다고 주장한다. 사건이나 사물에 이름을 붙이는 과정은, 학습한 것을 입력하는 단계에서는 그것을 인지하는 데 도움을 주고, 처리하는 단계에서는 보다 정교한 스크립트를 형성하여 문제를 더 명확히 정의하게 해주며, 출력 단계에서는 생각과 이해를 보다 분명하게 표현하고 전달할 수 있게 한다.

시간적, 공간적으로 멀리 떨어진 사건이나 대상을 설명할 때 언어보다 몸짓에 지나치게 의존하는 학생, "그거 있잖아요, 그거."처럼 모호한 표현을 자주 쓰는 학생은 '이름 붙이기' 능력을 키워줄 필요가 있다. 교사들은 대개 학생의 미숙한 대답을 더 나은 표현으로 바꾸어 다시 말해주는 방식에 익숙할 것이다.[27] 그러나 학습에 어려움을 겪는 학생들에게는 이것만으로는 충분하지 않다. 이들은 학년이 올라가더라도 여전히 배운 것을 명확한 언어로 표현하지 못하고 애매하고 흐릿하게 언급하는 경향이 있기 때문이다. 도표 7.6은 앞에서 제시했던 예시글(281쪽)에 대해, 학생들이 글을 쓸 때 반드시 적용하기 바라는 요소를 '이름 붙이기' 방식으로 표시한 것이다. 글의 방향과 핵심, 결론을 담은 문장은 밑줄을 긋고 '중요 문장(key sentences)'이라 쓰고, 내용의 전환을 보여주는 표현은 표시해 '전환어(transition words)'라 썼다.[28]

베티 가너(Betty Garner)는 저서 『Getting to Got It!(깨닫게 만드는 수업)』의 부록에 인지적 참여를 이끄는 5단계 수업계획을 제시하고 있다. 5단계는 각각 탐색(explore), 묘사(describe), 설명(explain), 사례 제시(demonstrate), 평가(evaluate)로 진행된다. 앞의 두 단계인 탐색과 묘사는 배울 대상의 특성을 파악하고 이름을 붙이는 데 초점을 두어 진행된다. 이 과정은 뒤에 이어질 과정의 토대가 되므로 충분한 시간을 확보해 가르쳐야 하지만 안타깝게도 현장에서는 종종 무시되는 경향이 있다. 학생들이 새로 배울 대상이나 사건의 핵심적 특징을 주의깊게 파악하고 정확한 언어로 이름 붙여 표현할 수 있을 거라고, 당연하다는 듯 곧바로 수업을 시작해버리는 것이다.

그날도 켄은 초등학교 2학년 교실에서 학생들을 관찰하고 있었다. 학습 지원이 필요한 학생들만을 따로 모아 초등학교 2학년 수학 교육

[도표 7.6] '형과 싸운 이유'를 쓴 에세이에 대한 교사의 첨삭

전환어

중요 문장

나와 형은 예전에는 정말 사이가 좋았다. 그런데 어느 날 우리는 크게 싸우고 말았다. 사실 갑자기 싸운 것도 아니었다. 그동안 형과 나 사이에 여러 가지 일이 있었고 나는 형에게 무척 화가 나 있었다.

형은 자꾸 허락도 받지 않고 내 방에 불쑥 들어왔다. 그런데 나는 형 방에 마음대로 들어갈 수 없었다. 불공평하다. 또 어느 날 형은 친구들을 집에 데려왔다. 예전처럼 나도 같이 어울려 놀고 싶었는데 그날따라 형은 나만 나가라고 했다. 형 친구들이 킥킥 웃는 소리가 들렸다. 난 너무 불쾌하고 기분이 나빴다. 얼마 전에는 형이 내 방에서 내가 제일 좋아하는 장난감 트럭을 갖고 놀았다. 내가 그만두라고 했더니 형은 "왜 그래? 진정해. 아무 일도 안 생겨." 하고 말을 듣지 않았다. 하지만 얼마 못 가 트럭을 의자 다리에 세게 부딪쳐 결국 망가뜨리고 말았다.

싸움이 시작된 결정적 사건은 쿠키 때문이었다. 엄마가 쿠키를 구워 놓고 나가면서 아직 먹지 말라고 했다. 하지만 난 도저히 참을 수 없어서 쿠키를 몰래 집어먹었다. 형이 그 모습을 보았다. 나중에 엄마가 들어오셔서 누가 쿠키를 먹었는지 물어보셨다. 형은 나를 가리키며 내가 먹었다고 말했다. 나는 너무 화가 나서 형에게 달려들었다. 도저히 참을 수 없었다. 엄마가 달려와 말릴 때까지 우리는 서로 밀치며 싸웠다. 형은 자기 방으로 가고 나는 내 방으로 갔다. 그날 이후 나는 형과 다시는 예전처럼 지낼 수 없을 것 같다고 생각했다.

과정의 집합 단원에 관한 수업이 진행되었다. 담당 교사는 2학년 아이들이 집합 개념을 무척 어려워한다고 말했다. 실제로 이 내용은 정규수업과 지원수업 모두 여러 차시에 걸쳐 이루어지고 있었다.

담당 교사는 "자, 여러분! 집합이 뭐죠?"라고 물으며 수업을 시작했다. 한 학생이 손을 들더니 "물건들이요." 하고 말했다. 그러자 교사는 "맞아요. 집합은 물건들이 모인 것이죠."라고 대답했다.

켄은 '물건들'이라고 말한 학생에 대해 곰곰 생각했다. 학생이 집합의 개념에 대해 이처럼 애매하게 말한 것, 즉 명확한 이름 붙이기가 잘 안 되는 것은 집합에 대한 이해가 부족하다는 신호였다. 만약 그 학생이 집합을 '어떤 기준으로 함께 묶인 것들'이라고 설명했다면 집합 개념을 어느 정도 이해했다고 생각했을 것이다. 이어지는 수업에서 켄은 이를 분명히 확인했다. 여러 집합과 그 집합의 분수를 나타낸 그림과 도표가 제시되었을 때 학생은 교사의 지시를 제대로 이해하지 못했고 사물이나 사람 수도 계속 틀렸다.

집합 수업을 처음 시작할 때 개념 이해를 돕는 양질의 사례가 없었던 게 아닐까. 체스 말 세트, 장난감 병정들 한 묶음, 인형의 집 가구들 세트, 카드게임 세트 등은 학생들의 머릿속에 집합을 '어떤 기준으로 함께 속한 것들'로 생각하게 해주었을 것이다. 여기에 학생들 각자의 머릿속에 떠오르는 '내 물건들', 즉 서로 관련 없이 뒤섞여 있기만 한 것들과 비교해보게 했다면, 집합의 핵심 의미를 정립하는 데 도움이 되었을 것이다.

표준화시험처럼 혼자서 문제를 해결해야 하는 상황에서는 문제를 파악하고 정의하며 해결하는 일 모두를 자신의 머릿속 저장고에 의존해야 한다. 중요한 시험 상황에서 어떤 개념을 떠올리기 위해 언어적 표지를 찾았을 때 머릿속에 남아 있는 정보가 고작 '그거' 정도라면 문제해결에 거의 도움이 되지 않는다. 어떤 개념이나 학습 내용을 모호하고 흐릿한 언어로 말해버리는 경향의 학생들에게는, 좀 더 정확하고 신중하게 언어를 사용할 수 있게 돕는 일이 중요하다.

문제가 된 수학 수업의 경우 교사가 집합에 대한 정의를 다시 알려주고 학생들에게 따라해보게 하거나, 교실 안에서 찾아볼 수 있는 집합의 예를 들어 왜 그것이 집합의 정의에 들어맞는지 설명하게 할 수 있다. 그리고 수업의 마무리 단계에서 다시 한번 집합이 무엇인지 말해보거나 학습 일지에 정리해볼 기회를 주어도 좋다. 집에 있는 물건들 가운데 어떤 것들이 집합을 이룰 수 있는지 생각해보도록 과제로 부여하는 방법도 있다.

명확하고 설명적인 언어를 구사할 수 있는 능력은 중재가 잘 이루어진, 학교 학습을 성공적으로 수행하는 학습자의 특징이다. 이름 붙이기를 해보면 문제의 핵심적인 요소를 식별할 수 있고, 그 결과 문제를 해결하고 관련 정보나 절차를 기억해내기도 한층 쉬워진다. 이는 그 개념을 잘 이해했음을 드러내는 신호이기도 하다. 이름 붙이기는 학습에 어려움을 겪는 학생들을 위해 교사가 지원해야 할 중요한 과정 중 하나다.

맺으며

교실에 모인 학생들은 서로 중시하는 사회적, 언어적 스킬이 다르고 문화적 맥락도 다양한 환경에서 성장한 아이들이다. 문해지향적 방식으로 적합한 중재를 받은 아이들은 학교라는 새로운 사회에 잘 적응하고 성공적인 학습의 토대가 되는 기초인지 스킬을 갖추게 된다. 반면 그렇지 않은 아이들은 학교에서 사용하는 인지도구와는 거리가 먼, 전혀 다른 역량과 경험만을 지니고 학교에 들어오기도 한다. 그리고 가정과 학교 사이에서 여러 차원의 불일치를 경험하면서 학업에 어려움을 겪고 좌절할 수 있다.[29] 바로 이런 학생들, 즉 수준 높은 중재학습경험이 충분하지 않고 그로 인해 학습의 토대가 되는 인지도구가 제대로 발달하지 못한 학생들에게 가장 많은 지원이 필요하다.

학교는 의미기억 발달을 위해 체계적 지원이 필요한 학생들을 파악할 필요가 있다. 의미와 개념 중심으로 사고하는 성향이 부족한 학생들에게는 그것을 지원할 수 있는 환경, 즉 수업에서 사용되는 언어와 교육과정상의 개념 구조가 한층 분명하게 드러나 학생이 무엇을 배우고 있는지 그 의미를 언어적으로 따라가며 이해할 수 있는 수업이 필요하다. 그래야만 의미기억 발달이 가속화되어 주류 문화 출신 동급생들을 더 빨리 따라잡을 수 있다. 이런 방식의 학습 중재는 가능한 이른 시기, 저학년부터 시작되어야 한다.

여기서 반드시 기억해야 할 점이 있다. 교사와 학생 모두가 동시에 두 가지 학습 목표를 성취할 수는 없다는 사실이다. 이중 계획을 세우지 않도록 하라. 학생은 의미기억 발달이라는 한 가지 목표에 주의를 집중해야 한다. 문해지향성이 낮거나 문화적 단절을 경험한 학습자들에게는 의미기억의 분류 체계를 구성하고 능숙하게 다룰 수 있게 돕는 일이야말로 사회정의와 직결되는 문제다. 왜냐하면 의미기억 체계는 학교의 학업성취는 물론 그 이후의 삶의 성공을 좌우할 수 있는, 문해지향적 성향의 증폭기 역할을 하기 때문이다. 따라서 교사는 수업을 설계하고 실행할 때 의미기억 체계를 조직하는 데 중점을 두어야 한다. 이는 명시적이고 의도적으로 다음 사항을 수행해야 한다는 의미이기도 하다.

- 비교 스킬을 가르치고 발달시키기: 여기에는 세부 속성의 범주와 상위 범주의 명칭을 활용하는 능력을 키우는 일도 포함된다. 이를 통해 학생들은 읽기 활동, 문제해결, 학습 과제 참여 상황에서 스스로 자발적인 비교를 할 수 있게 된다.
- 학습에 맞는 스크립트 개발하기: 스크립트를 통해 학생들은 문제해결이나 학습 과제에 좀더 자신감을 갖고 접근할 수 있다. 또 자신의 사고과정을 고찰하는 메타인지 성찰에도 도움이 된다.
- 정확한 명명과 정밀한 언어 구사 지원하기: 학생이 개념을 흐릿하고 모호하게 표현하지 않고 정확한 언어로 설명할 수 있도록 지원한다.

- 교과학습을 다양한 경로로 연결하기: 내용과 개념이 더 잘 이해, 기억되게 도와주며, 구체적인 예시와 언어적 정의가 함께 제공될 경우 더욱 효과적이다.
- 교육과정과 학교 밖의 삶을 직접적이고 분명하게 연결하기: 배우는 내용이 실생활과 삶 속에서 어떻게 연결되는지 인식하도록 돕는다.
- 교과 내용뿐만 아니라 학교교육과정의 분류학적 체계를 드러내고 가르치기: 분류학적 체계에 대한 이해는 학교에서 성공적인 학습이 이루어지기 위한 필수적인 토대가 된다. 문해지향성이 낮고 문화적 단절을 경험한 학습자들에게, 이는 문해지향적 학습에 익숙한 또래들이 자연스럽게 누려 온 유리함을 일부나마 갖출 수 있도록 돕는 일이다.

8장

일화기억

켄이 초등학교 4학년 ESL 수업을 맡았을 때의 일이다. 이 수업에는 문화적 단절을 경험한 캄보디아계 여학생 둘이 있었다. 이들은 미국에서 태어나 영어로 일상적인 의사소통을 하는 데에는 별 어려움이 없었지만 학교 공부에는 지원이 필요한 학생들이었다. 그리고 스리랑카 출신의 남학생 하나가 있었는데 그는 문해지향적 성향이었으나 영어 구사 능력은 초급반 수준이었다. 캄보디아계 여학생 둘은 미국 공립학교에 4년째 다니고 있었고 스리랑카 남학생은 아직 1년이 채 되지 않았다.

켄의 학급은 초등학교 4학년 전체 학생들과 함께 현장체험학습을 다녀왔다. 체험학습의 목적은 지역 내 연못의 수질 상태와 오염도를 알아보는 것이었다. 체험학습 전날 학생들은 연못에 서식하는 무척추동물의 수와 종류를 파악하여 연못의 수질 상태를 알아볼 수 있다는 내용의 수업을 했다. 연못에 도착하자 학생들은 연못물 샘플을 채취해 현미경으로 관찰하며 어떤 무척추동물이 있는지 조사했다. 그러고 나서 연못가를 돌아다니며 시간을 보내고 소풍처럼 점심도 함께 먹었다. 학생들은 무척 즐거운 시간을 보냈고 교사에게 자신의 느낌을 이야기하고 싶어 했다.

켄은 캄보디아계 두 여학생과 스리랑카 남학생의 이야기를 들으며 이들이 현장체험학습에서 알게 된 내용을 서로 다르게 받아들이고 있다는 것을 파악했다. 켄이 학생들에게 "연못물의 수질 상태에 대해 무엇을 알게 되었죠?"라고 물었을 때, 두 여학생은 자신들이 현장에서 경험한 것들 중심으로 대답했다. 즉 연못물이 더럽다고, 그 이유는 물에 쓰레기가 있기 때문이라고 말한 것이다. 이 내용은 실제 사실이긴 했지만 현장체험학습의 학습목표와는 맞지 않았다. 또한 연못의 수질을 파악하기 위해 무엇을 했는지 물었을 때 현미경으로 물 샘플을 관찰했다고는 말했지만, 그 결과를 묻는 질문에는 "연못물에 개구리가 있었어요."라고 대답했을 뿐, 현미경 관찰과 관련된 내용은 전혀 언급하지 않았다.

스리랑카 남학생은 이들과 달랐다. 그는 현미경으로 관찰한 물 속의 무척추동물 분포와, 연못의 수질 상태라는 상위 개념을 즉각 연관지었다. 두 여학생은 남학생의 말을 듣고 "아, 맞다, 그거!"라고 소리쳤지만, 새로 알게 된 내용을 "저는 ~을 배웠습니다."라는 문장으로 표현하지는 못했다. 스리랑카 남학생은 이들보다 영어 구사 능력이 떨어지고 미국 학교에서 보낸 시간도 짧았음에도,

학교에서 요구하는 학습 기대치에 훨씬 더 잘 부응하고 있었다.

지금부터 탐색할 기억 체계는 대부분의 사람들에게 가장 친숙한, 개인적인 기억을 저장하는 곳이다. 어제 오후 3시에 어디에 있었는지, 여행하면서 본 장엄한 산 이름이나 결혼식에서 춤을 추며 들었던 음악이 무엇인지를 떠올릴 수 있다면 이는 우리가 '일화기억(episodic memory)'이라 불리는 기억 체계 속에서 특정한 기억을 찾아내어 되살려냈다는 뜻이다. 엔델 털빙(Endel Tulving, 2002)에 의하면, 의미기억에서 이루어지는 것이 '앎(knowing)'이라면 일화기억에서 이루어지는 것은 '떠올림(remember)'이다.

일화기억은 특정 장소와 시간에 깊이 뿌리박고 있으며 그 중심에 '나 자신'이 있는 매우 구체적인 기억이다.[1] 사람은 아주 사소한 장면을 놀라울 만큼 자세히, 또는 사건 전체를 처음부터 끝까지 통째로 떠올릴 수 있다. 일화기억은 소리, 이미지, 감정, 신체적 감각들로 가득한, 마치 내가 주인공으로 출연한 한 편의 영화와도 같다. 특별히 애쓰지 않고도 우리는 매일 수없이 많은 일화기억을 만들어낸다. 만약 이런 기억들을 하나도 버리지 않고 계속 쌓아두기만 하면 얼마 못 가 감당하기 어려워질 것이다. 시간이 지나면서 특별한 점이 없거나 거의 떠올리지 않는 일화기억은 점차 희미해지고 그 자리를 새로운 기억들이 대신하게 된다. 일화기억은 항상 신뢰할 만하진 않다. 원래의 사건으로부터 시간이 지날수록 변하기 쉽다. 때론 실제로 일어나지 않았던 일을 '또렷이 기억하고 있다'고 착각하기도 한다.

그럼에도 일화기억은 전반적으로, 자신의 역할을 아주 잘 해내고 있다. 일화기억이 없다면 살아가는 데 정말 어려움이 많을 것이다. 친구나 가족과 함께한 경험을 기억하지 못한다면 관계를 이어가기 어려울 것이다. 이전에 있었던 일을 기억하지 못하면 같은 실수를 반복하게 될 것이다. 자주 가는 수퍼마켓, 학교, 병원에 갈 때마다 길을 기억하지 못해 번번이 지도나 네비게이션에 의존해야 한다면 일상생활에서 살아가는 데 어려움을 겪을 것이다.

의미기억과 일화기억은 서로 맞물려 매우 빠르게 작동하며 대부분 우리가 의식하지 못하는 수준에서 이루어진다. 이 두 종류의 기억체계는 서로 정보를 주고받으며 우리의 경험에 의미를 부여하게 만든다. 연구[2]에 의하면 의미기억을 사용할 때에는 동시에 관련된 일화기억이 함께 소환된다고 한다. 수학 수업을 예로 들면, 교사가 수업을 준비할 때 수학 개념에 대한 지식표상만 떠올리는 것이 아니고 관련된 이전의 수업 경험을 일화기억에서 함께 끌어와 활용하는 것이다. 바꾸어 말하면 이는 경험을 어떻게 해석하는가 역시 의미기억에 저장된 지식표상의 영향을 크게 받는다는 것과 같다. 일화적 경험이 축적될수록 그것은 의미기억에 저장되는 스크립트, 스키마, 개념 등의 발달에 다시 영향을 미친다.

이 장은 일화기억 중에서 특히 교실 수업 및 학습과 직결되는 부분을 중점적으로 다룰 것이다. 즉 일화기억에 저장된 경험 중 일부를 의식적으로 작업기억으로 가져오고, 그것이 현재의 주의와 사고를 이끄는 핵심이 되게 하는 일이다. 다음 사례는 새로운 문제나 도전에 직면했을 때 의미기억 스키마 중 어떤 것을 적용해야 할지 판단하는 데 일화기억이 어떻게 쓰이는지를 보여주는 사례다.

〈New Yorker〉 매거진의 필진인 존 맥피는 글을 쓰다가 완전히 막혀버렸던 시점을 회상한다.[3] 그때 맥피는 고교 시절 존경했던 영어교사 매키 선생님의 얼굴과 함께 '글쓰기 과제는 반드시 개요를 먼저 작성해 제출해야 한다'던 선생님의 말씀을 떠올렸다. 그러고 나자 맥피는 막혔던 글을 다시 써내려갈 수 있었다.

"문득 선생님 모습과 함께 그때 작성했던 개요가 떠올랐거든요." 맥피는 그 기억이 자신이 지금 쓰고 있는 글의 여러 정보를 범주화하고 구성하는 데 도움을 주었고 덕분에 글을 완성할 수 있었다고 말했다. 즉 고교 시절 경험했던 수업에 대한 일화기억과 자전적 기억이, 현재 그가 부딪친 어려움을 이해하고 해결하는 일을 중재했다. 일화기억이 의미기억 속에 저장된 글쓰기 스크립트로 이끌어준 덕분에 맥피는 그 스크립트를 눈앞의 글쓰기 과제에 적용할 수 있었던 것이다.

수업 적용 | 일화기억을 활용한 수업

교사는 학습자의 일화기억 체계를 고려, 일화기억에 쉽게 남을 만큼 흥미롭고 정서적으로 몰입될 만한 학습 경험과 함께 다중감각 기회를 풍부하게 제공해야 한다. 교육자이자 신경과학자인 주디 윌리스(Judy Willis, 2006)가 소개한 과학 수업을 보면, 교사는 이론을 설명하면서 교실에 황화수소를 방출해 썩은 달걀 냄새가 나게 했다. 윌리스는 당시의 교실 상황을 이렇게 묘사하고 있다.

> 교실 안의 모두가 신음소리를 내며 그 고약한 냄새가 어디서 나는지 찾느라 두리번거렸다. 만약 그때 누군가 이 모습을 보았다면 이 학급은 수업에 집중하지 못하고 너무 산만하다 생각했을 것이다. 하지만 나는 이 경험 덕분에 '기체가 다른 기체 속을 통과하며 퍼져나가는 확산 과정'을 자연스럽게 이해하며 교사의 설명을 따라갈 수 있었다. 감각을 통해 처리한 기체 확산에 관한 정보는 내 머릿속에 두세 개의 서로 다른 신경망을 형성했고, 이후 장기기억에 저장되었을 가능성이 크다(p.13).

이런 기억은 정서적 반응을 유발하고 여러 감각을 동시에 활성화하기 때문에 머릿속에 오래 남는다. 다음은 일화기억 체계를 교실 수업에서 통합할 수 있는 방법들이다.[4]

- 교육과정과 연결된 것으로 학급의 모든 학생이 함께 공유할 수 있는 공통의 경험을 만든다. (이 장의 뒤에서 좀더 자세히 다룬다.)

- 학교 밖 생활 속의 경험을 교과학습 내용과 연결하도록 돕는다.[5]
- 초등 교실의 경우 과목이 바뀔 때마다, 중등 교실의 경우 수업 주제나 단원이 바뀔 때마다 교실 배치에 변화를 준다. 이런 방식은 학기가 끝날 때쯤 "의자를 모두 교실 뒤쪽으로 돌려앉아 했던 수업 기억나나요?"와 같이 특정한 교실 배치를 상기시킨다.
- 주요 정보와 시각적 지원 자료는 색깔로 구분해 제시한다.
- 수업의 성격과 내용에 맞게, 의미 있고 강렬한 감각 경험을 통합한다.[6]

현장체험학습을 기획한다면 단원이 끝나고 마무리활동 단계보다 단원 시작 전에 실시하라. 이는 해당 주제에 익숙하지 않은 학생들도 새로운 개념을 쌓아올릴 수 있는 일화적 경험을 제공한다.

이와 같은 맥락에서 새로운 단원을 시작하며 책이나 텍스트를 읽기 전, 본격적인 내용 학습을 시작하기 전, 영화를 먼저 보여준다. 이는 배경지식이나 경험이 부족한 학습자들에게 해당 주제를 이해할 수 있는 일화적 기반을 제공한다.

다음은 시험 상황에서 유용하게 활용할 만한 제안이다.

- 해당 주제를 배우던 당시의 자리 배치를 시험 상황에도 똑같이 적용하라.
- 특정 과목이나 주제마다 일정한 색상의 옷을 입고 가르친다. 시

험 때도 같은 옷을 입는다.

- 특정 교실에서 학습 지원을 받고 있는 학생들이라면 시험도 그 내용을 배웠던 교실에서 치르게 한다. 가능하다면 해당 내용을 가르친 교사가 시험 상황에도 함께하면 좋다.

일화기억의 힘

2장에서 학습과 기억의 핵심 원리 중 하나로 다중감각을 동원한 구체적이고 흥미로운 경험이 우리 뇌의 신경망 연결을 탄탄히 하고 학습이 촉진되도록 한다는 것을 들었다.

수업에서 이런 경험을 제공한다면 더할 나위 없을 것이다. 그런 다음 이를 토대로 새로운 개념을 학습하면 나중에 필요할 때 학생들을 그 경험과 다시 연결시킬 수 있다. 예를 들어 "며칠 전에 우리가 했던 그 활동이 기억나나요? 그때 우리가 무엇을 배웠다고 이야기했죠?"와 같은 질문은 이전에 배운 내용과 그 과정에서 스스로 내렸던 결론을 학생 스스로 재구성하도록 돕는다.

대부분의 학생은 구체적이고 일화적인 경험을 먼저 한 다음 책읽기나 강의 듣기를 통해 보다 추상적인, 스키마와 지식의 의미 구축에 들어가는 편이 더 좋다. 세포분열에 관해 배울 때 책을 읽는 것과 현미경으로 세포분열을 관찰하는 것이 어떻게 다른지 생각해보라. 식민지 시대 미국의 삶에 대해 배울 때 강의를 듣는 것과 플리머스 플랜테이션(Plymouth Plantation, 청교도들이 플리머스 항구에 상륙했던 시절을 재현해 놓은 민속박물관—옮긴이)에 직접 가보는 것이 어떻게 다를지 생각해보라. 직접 해본 학습경험들은 일화기억 체계에 암호화되어 다음의 방식으로 몰입을 촉진한다.

▸ 강력한 학습동기 유발

2장에서 설명했듯이 직접 참여하는 즐겁고 흥미로운 학습경험은 전형적인 교실 수업에 비해 학습동기 유발 효과가 더 높다. 또한 시간이 지나 되돌아보는 과정에서도 학습동기를 자극하는 힘이 있다.

경험에 의하면 학생들이 졸업 후 여러 해가 지나 다시 학교를 찾아왔을 때 주로 꺼내는 이야기들은 대개 인상 깊고 재미있었던 기억들이다. 유명인의 초청 강연, 학급 전체가 함께했던 현장체험학습, 기억에 남는 학급 프로젝트도 그런 예가 될 수 있다. 학습과 관련해 의도적으로 기억에 남을 만한 경험을 만들어주면 그 생생한 학습경험이 강렬한 일화기억으로 뇌에 자리잡고 그 기억을 이후의 학습에도 활용할 수 있다.

▸ 다중감각적 특성

같은 맥락에서, 새로운 학습과정에서 뇌가 더 많은 연결을 만들어낼수록 입력된 정보는 더욱 심층 처리되어 의미기억에 통합될 가능성이 커진다. 또한 아주 세세한 것까지 일화기억 속에 저장될 가능성도 높다. 의미기억에 연결되고 통합된 이후라도 그 기억은 일화기억과 짝을 이룰 때 더욱 잘 회상(recall)될 수 있다. 일화기억과 의미기억은 서로를 지원하고 강화하는 관계에 있다. 이 장의 앞부분에서 소개한 현장체험학습의 예를 다시 떠올려보라(295~297쪽.) 그 경험은 학생들의 학습동기를 유발하는 즐겁고 흥미로운 것이었으며 다양한 감각 정보를 풍부하게 담고 있었다. 그날의 체험학습 경험은 학생들의 일화기억 속에 저장되었을 것이며 어쩌면 평생 지속될 수도 있다. 일화기억 체계는 분명 매우 강력한 형태의 기억이다.

일화기억과 교과학습

교실 수업에서의 경험은 대개 일화기억을 생성하지만 그것이 곧바로 성취로 이어지는 것은 아니다. 교과 학습의 핵심 목표는 다양한 맥락에 일반화하여 적용할 수 있는 추상적 지식을 형성하는 데 있고, 이는 의미기억의 영역이다. 사건의 세세한 맥락을 중심으로 조직된 일화기억은 의미기억처럼 추론이나 일반화에 사용되기는 어렵다.[7]

학업을 수행하는 데 있어 지식이 어떻게 사용되는지는 의미기억을 보면 알 수 있다. 의미기억은 스키마, 규칙, 공식으로 구성되는 체계다. 따라서 교실 경험이 아무리 풍부하다 해도 일화기억만으로는 교과 공부에 충분하지 않다. 언어만 봐도, 주로 의미기억에 저장되며 어떤 일화기억도 따라올 수 없는 수준의 일반화를 가능하게 해준다. 학생이 어제 교구를 사용해 분수 개념을 배웠다고 하자. 학생이 그 경험을 제아무리 또렷이 기억하고 있다 해도 그날의 학습 내용이 일반화된 개념으로 의미기억에 저장되었다고 볼 수는 없다. 일화기억은 특정 시간과 장소라는 맥락에 묶여 있기 때문이다.

교육이 추구하는 목표는 언제, 어느 곳이든 관계없이 새로운 맥락의 학습에도 적용할 수 있는 일반화된 지식을 장기기억에 저장하는 것이다. 전기 단원을 배우는 학생이 건전지와 전구로 직렬 회로를 만들고 회로도를 그리는 과제를 하고 있다. 처음으로 전구에 불이 켜지는 순간 기쁘고 성취감을 느끼는 것은 자연스러운 일이지만 그것이 이 과제의 진짜 목표는 아니다. 회로도를 정확하게 그려 완성하는 것 역시 마찬가지다. 이 활동의 진정한 목표는 다음과 같다.

첫째, 현재 만든 전기 회로에 건전지 하나를 추가했을 때 전구가 더 환하게 빛나는 이유를 교과 분야의 어휘를 사용해 설명하는 것.

둘째, 내가 완성한 회로도 외의 어떤 전기 회로도를 보더라도 그것이 무엇을 의미하는지 이해하는 것.

셋째, 직접 회로를 만들어 실험하지 않았더라도 그림이나 사진 등 제시된 어떤 회로를 보고 이를 표준적인 회로도로 그릴 수 있을 것.

넷째, 건전지가 바뀌었을 때(예를 들면 C형 건전지 대신 AA형 건전지로 바뀌어 크기, 전류의 양과 공급 능력 등이 달라졌을 때) 무엇이 더 필요할지, 혹은 더 큰 전구로 바꾸어 같은 밝기를 내고 싶다면 무엇을 바꾸거나 보강해야 할지 등을 생각할 수 있을 것.

실험을 성공적으로 수행하고 회로도도 정확히 잘 그리며 그 과정이 무척 흥미롭고 즐겁게 진행되었다고 해서 위와 같은 학업적 목표가 자동으로 성취되는 것은 결코 아니다. 6장에서 말했듯 현대 학교교육의 핵심 목표는 비고츠키가 '과학적 개념(scientific concepts)'이라 부른 지식의 네트워크를 형성하는 데 있다. 이러한 개념은 추상적이고 체계적이며 의식적으로 활용할 수 있는 성격을 지닌다.[8] 문화는 일화적 경험이 지닌 구체성과 한계를 넘어설 수 있는 강력한 인지도구들의 집합을 만들어왔다. 이러한 인지도구 중 가장 중요한 것은 언어이며, 그 밖에도 수학적 체계, 과학적 체계, 이야기 구조에 대한 지식 등이 있다. 기억해야 할 점은 이러한 인지도구들이 학습의 기반을 이룬다는 점이다. 정리하면 다음과 같다.

- 학습경험이 자동으로 교과학습으로 전이되는 것은 아니다.
- 교사는 교실 안팎에서 이루어진 일화적 경험을 학생 스스로 의미기억, 절차기억에 저장된 장기적 지식표상과 연결할 수 있도록 지원해야 한다.

앞서 언급한 현장체험학습으로 다시 돌아가보자. 세 학생 모두 풍부한 일화기억을 형성한 것은 맞다. 그러나 그 기억이 모두에게 일반화된 교과지식으로 자동 전환된 것은 아니었다. 이러한 종류의 '추상화(abstraction)'는 기호 체계와 밀접하게 연결되며 문제해결과 인지에서 매우 강력한 도구로 작동한다.

일화기억을 언어로 재부호화하기

일화기억과 의미기억에는 다른 기억에는 없는 공통된 특성이 있다. 바로 수학과 같은 언어나 기호체계로 '재부호화(recoding)'될 수 있다는 점이다.

재부호화는 경험한 내용을 교과학습에 중요한 추상적이고 일반화된 형태로 전환하는 핵심적 단계다. 중요한 사실은 일화기억과 의미기억이 서로 분리된 체계가 아니라 매우 밀접하게 통합되어 있다는 점이다. 따라서 일화기억에 저장된 표상은 언어와 기호를 통해 의미기억의 지식으로 변환될 수 있다(도표 8.1).[9] 이런 이유로 심리학자들은 일화기억과 의미기억을 '선언적 기억(declarative memory)' 유형으로 분류한다. 두 기억 체계는 모두 언어를 통해 표현될 수 있어서 자신이 무엇을 경험했는지, 무엇을 알고 있는지를 모두 말로 '선언'할 수 있기 때문이다.

[도표 8.1] 재부호화

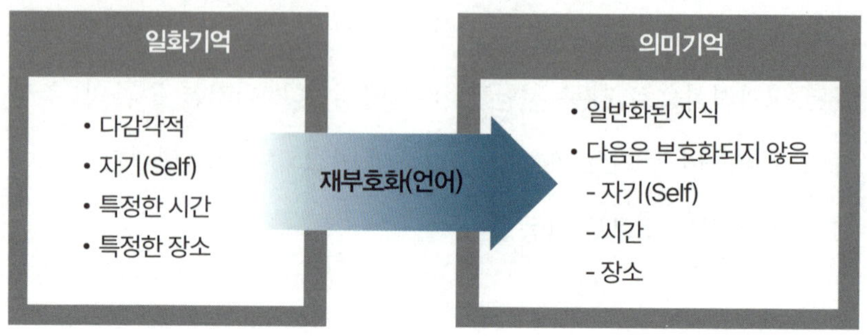

말이나 글로 제시되는 텍스트는 탐구와 대화, 학습의 지속을 위해 중요하다. 이 과정에서 일화기억에 담긴 세세하고 많은 정보는 대부분 사라지고, 교과 학습에 핵심이 되는 내용은 남게 된다. 이렇게 경험을 말과 글, 기호로 다시 표현하고 정리하는 과정을 통해 우리는 학습을 타인과 공유할 수 있고, 어떤 사건이 끝난 뒤에도 계속해서 그 사건에 대해 탐구할 수 있으며, 과거의 경험과 앞으로의 문제해결 사이에 연결고리를 만들 수 있다.

| 수업 적용 | 재부호화

재부호화는 구체적 경험에서 벗어나 추상적 이해로 나아가게 하는 강력한 수단이다. 다음은 교과 공부에서 이루어지는 재부호화 과정의 예들이다.

- 개인적 경험 : 개인적 경험이 역사적 사건으로 연결될 수 있다. 7장에서 '형과 싸운 이야기'가 미국 남북전쟁의 원인이라는 핵심 개념과 연결되는 사례를 살펴보았다(280쪽). 건강 단원이라면 학생에게 매일 자신이 먹는 음식을 기록하게 해도 좋다. 학생들은 매일 잠자리에 들기 전 그날 먹은 음식을 정리하면서 일화기억에 의존해 하루의 식사를 떠올리게 될 것이다.
- 과학 실험 : 직접 해보는 실험은 학생이 과학을 능동적으로 탐구하도록 이끄는 좋은 방법이다. 그러나 교육과정에서 실험의 목표는 단순히 재미있는 경험을 제공하는 데 그치지 않고 과학적 방법을 익히며 생물학, 물리학 등 각 과목의 핵심 개념을 학습하는 데 있다. 실험 후 보고서를 작성하면서 학생은 자신의 개인적 경험을, 과학자들의 관심과 관점이 담긴 학문적 담론 형식으로 재부호화하게 된다. 이런 과정은 교과 학습이 지향하는 목표이기도 하다. 시간이 지나 과학 실험에 대한 일화기억이 희미해지더라도 교과에 대한 추상적 이해는 남아 이후의 학습과 적용에 활용될 수 있다.
- 수학 게임: 과학 실험이 교과학습의 학문적 요건을 충족하려면 언어 중심 학습으로 전환되어야 하듯, 수학 역시 그러한 전환이 필요하다. 5장에서 알렉산드라가 100칸 차트 활동을 했던 사례를 떠올려보자(145쪽). 알렉산드라는 주사위를 굴리고 100칸 차트 위를 이동하는 것을 무척 즐거워했지만 수학 학습과 이를 거

의 연결하지 못했다. 우리는 그 주된 이유가 집행기능이 취약했던 탓이라 보고 있다. 만약 교사가 수업 안에 재부호화 단계를 의도적으로 포함시켰더라면 어땠을까. 알렉산드라는 즐거운 활동에 대한 일화기억을 곱셈계산의 알고리즘으로 이해하고 '곱셈은 같은 크기의 묶음을 여러 개 만드는 것'이란 개념적 의미로 재정리할 수 있었을 것이다.

| 수업 적용 | 경험학습

미국 교육에는 교실 안팎에서 이루어지는 직접적 체험학습을 중시해 온 오랜 전통이 있다. 여기에는 우리가 '재부호화'라고 부른 과정이 포함된다. 존 듀이(John Dewey, 1938)는 학생들이 자신의 경험을 능동적으로 처리하고 성찰하게 돕는 것이야말로 학교교육의 중요한 요소라고 생각한 초기 옹호자였다. 데이비드 A.콜브(David A. Kolb)는 '경험학습(experiential learning)'이라는 교육 방식을 제안했는데 여기서는 학생들이 자신의 경험을 적극적으로 처리하고 필요할 때 언제든 적용 가능한 교과 지식으로 전환하도록 한다(도표 8.2).

다음은 교육학자 캐럴 로저스(Carol Rodgers, 2002)가 제시한 경험학습의 4단계다.

[도표 8.2] 경험학습 사이클

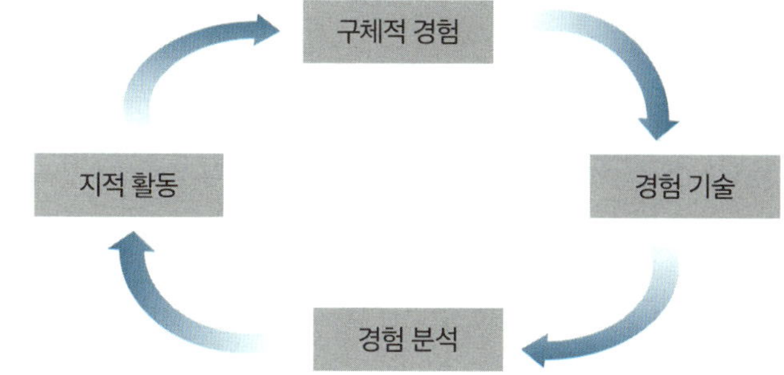

- 구체적 경험 : 경험학습은 과학 실험, 학급 프로제트, 시연, 현장 체험 등 구체적이고 특정한 사건 및 관련된 일련의 사건들에서 출발한다. 예를 들어 다친 맹금류를 돌보는 사람이 초청 강연자로 교실에 방문한다고 하자. 그가 학생들에게 독수리와 매를 보여주자 아이들은 거대한 독수리 크기에 놀라 탄성을 지른다.
- 경험 기술 : 경험에 대한 일화기억을 언어로 재부호화하여 글이나 말의 형태로 설명하게 하는 데 목적이 있다. 이는 성찰적 과정으로 일단 텍스트가 만들어지면 지속적 성찰과 대화를 위한 자료로 활용할 수 있다. 강연자가 보여준 맹금류에 대해 학생들은 기억나는 점을 적는다. 교사는 학급 전체의 기록을 모두 모아 차트에 정리한다. 그런 다음 목록으로 정리해 문서화하여 학생들에게 나누어준다.
- 경험 분석 : 학생과 교사가 함께 해당 분야의 이론, 모형, 개념, 분

석 프레임 등을 활용해 경험을 분석한다. 이 단계에서 학생은 자신의 구체적 경험, 장기기억 속에 저장된 추상적이고 일반화된 지식, 그리고 학습 주제에 적용되는 이론과 개념 사이의 연결을 형성하게 된다. 맹금류를 보고 다함께 브레인스토밍을 하며 경험을 기록해본 다음날 교사는 수업시간 일부를 할애하여 맹금류의 특징을 설명한다. 그런 다음 교사는 전날 학생들과 정리한 목록 문서를 학생에게 나누어주고 '맹금류에만 해당하는 특징에는 동그라미를 칠 것, 모든 새에 공통으로 해당하는 특징에는 밑줄을 그을 것'을 요청한다. 학생들은 교사의 설명을 근거로 이를 판단해야 하며 각자의 목록을 비교해보고, 왜 그런 선택을 하게 되었는지 그 이유를 설명할 수 있어야 한다.

- 지적 활동 : 경험을 통해 형성된 지식을 공고히 하고 실제로 활용해보는 단계다. 수업에서는 학생들이 핵심 경험을 분석하고, 그로부터 배운 내용을 언어적으로 정리한 뒤, 그것을 앞으로의 문제해결이나 새로운 경험 해석에 어떻게 적용할지 설명하도록 한다. 앞서 든 맹금류 관련 활동에서 보면, 학생들은 여러 장의 이국적인 새 사진을 살펴보게 된다. 이들 중 몇 장은 맹금류 사진이다. 학생들은 사진을 맹금류와 맹금류가 아닌 것들로 나누고 그렇게 판단한 근거를 지금까지 배운 교과 관련 용어와 설명을 사용해 뒷받침할 수 있게 준비한다. 또한 맹금류의 특징을 다소 과장한 '슈퍼 맹금류'를 그림으로 그려보이고 각 부분에 이름도 붙여

준다. 마지막으로 초식 공룡과 육식 공룡이 섞여 있는 공룡 그림이 제시된다. 학생들은 이들 중 맹금류와 관련 있는 공룡이 있는지, 그 이유는 무엇인지 가설을 세워보도록 한다. 이로써 이 학급은 진화에 대해 배울 준비를 갖추게 되었다.

이 사이클은 일상생활에서 새로운 스킬과 적용 가능한 지식을 실제로 습득하는 방식과 닮았다. 우리는 무언가 시도하고 실수하고 무엇이 잘못되었는지 되돌아보며 더 나은 방법을 떠올려 다시 시도하곤 하며, 이런 과정을 통해 복잡한 과제 해결과 활동을 배워나간다. 이는 일화기억에 포착된 생생한 경험에 대한 이해를 바탕으로, 그것을 언어와 개념을 통해 정리하고 일반화함으로써 학교교육이 궁극적으로 지향하는 학업적 지식의 형태로 전환하는 교육 모형이다.

하지만 실제 수업 현장에서 마주하게 되는 두 가지 문제가 있다. 하나는 모든 학생이 학교에서 이런 방식의 학습을 좋아하는 것은 아니라는 점이다. 즉 이 방식의 교육적 효과를 보장할 수 없다는 점인데 이는 교수학습 방식에서 어떤 접근법도 효과를 보장할 수 없다는 사실과 마찬가지다. 어떤 학생들은 프로젝트 활동은 즐기지만 재부호화나 분석 단계에는 전혀 흥미를 보이지 않는다. 또 어떤 학생들은 학교학습이란 시험을 잘 보면 되는 것이므로 배울 내용을 그대로 전달받고 무엇을 외워야 하는지만 알려주길 바란다. 경험학습은 학생 스스로 적극 참여해야 하는, 상당한 노력이 필요한 학습 방식이기도 하다.

수업 중 학생들이 참여하기 싫어하는 모습을 보일 때 교사는 끈기, 자신감, 집행기능 문제, 그리고 학습을 가로막는 정서적 문제나 태도 등에 대하여, 오랜 시간을 두고 조금씩 중재지원을 해야 한다.

또다른 문제는 모든 학생이 학교에서 제공되는 능동적 학습 기회를 충분히 활용할 스킬을 갖춘 것은 아니라는 점이다. 어떤 학생은 교사와 성인의 지시나 모범을 그대로 따라 하는 것이 바람직한 교육 시스템에서 성장했다. 이들은 학습 활동을 수행하는 데 그칠 뿐 그 경험을 이해하고 해석하지 못한 채 교사의 지시만을 수동적으로 기다린다. 자신을 능동적인 참여자로 인식하지 못하는 것이다.

만약 일부 학생들이 구체적 경험학습 기회를 제대로 활용하지 못하고 있다면 경험학습 사이클의 각 단계에 필요한 스킬을 명시적으로 가르친다. 그리고 이러한 학습과제 수행이 왜 중요한지 학생들에게 중재지원을 해야 한다. 인지과부하를 피하려면 처음에는 친숙한 비교과 주제로 이 과정을 경험하면 좋다. 예를 들어 샌드위치를 만들거나 게임하기, 농구에서 자유투 연습하기 등 일상적 경험을 활용해 경험학습 사이클을 연습할 수 있다.

경험학습 사이클에 맞게 수업을 계획한다면, 혹은 그렇지 않더라도 최소한 다음 조건을 갖출 수 있다면 학생들에게 도움이 될 것이다.

첫째, 감각을 자극하고 학습동기를 유발하는 경험을 주기적으로 제공한다.

둘째, 일화기억에 머물러 있는 학생들의 경험을 의미기억으로 전환할 수 있게, 재부호화를 위한 시간을 마련해주어야 한다.

셋째, 학습내용이나 학습이 이루어지는 과정에 대해 메타인지적으로 성찰할 기회와 시간을 확보해준다.

| 수업 적용 | 교과수업 설계

영어학습에서 많이 쓰이는 '커민스 사분면(Cummins Quadrants)'이라는 도식이 있다(도표 8.3).[10] 교육학자인 짐 커민스(Jim Cummins)가 제시한 것으로, 학습자가 교실에서 수행하는 과제가 어떤 수준과 성격의 학문적 언어를 요구하는지 구조적으로 파악하게 돕는다.

[도표 8.3] 커민스 사분면을 변형한 모형

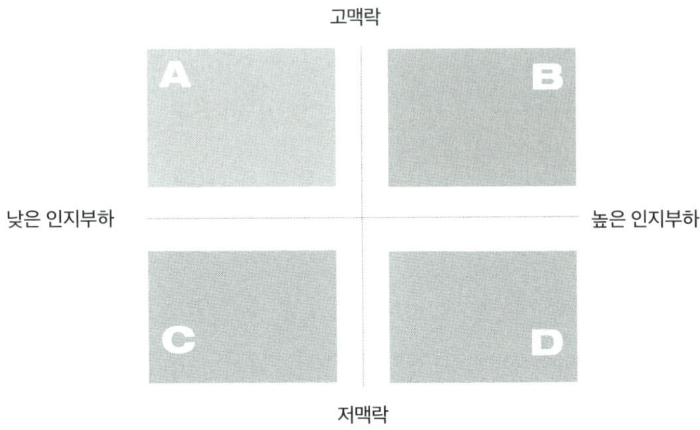

경험적이고 직접적인 학습일수록 학문적 언어로 인한 학습 부담은 줄어든다. 즉 영어학습자에게는 수동적, 추상적이고 언어부담이 큰 학습보다 능동적, 구체적이고 경험적인 학습이 더욱 효과적이라는 말이다. 이 도식은 경험학습의 본질을 상기시키는 구체적인 수업설계 도구로도 활용될 수 있다. 문해지향적 성향이 낮거나 문화적 단절을 겪은 학습자들도 마찬가지다. 이들은 학교교육이 요구하는 높은 수준의 학문적 언어 사용에 대한 부담으로 학습에 어려움을 겪는다. 따라서 이들에게 경험학습 기회가 더 많이 제공되면 학습에 참여하는 데 도움이 된다. 경험학습 활동은 일화기억과 직결되기 때문이다.

이러한 관점에서 커민스 사분면은 수업을 설계하는 도구로 재해석할 수 있다. 즉 수업 안에서 학습이 보다 구체적이고 체험적인 수준, 곧 일화기억에 기반한 경험에서 출발해 점차 더 추상적인 지식으로 이동하도록 설계하는 것이다. 이는 단순히 언어 사용의 수준을 조절하는 데 초점을 두는 접근이 아니라, 학습이 형성되는 출발점을 '경험'에 두고 그 위에 개념적 이해를 쌓아가는 방식이다. 이러한 도식은 학교에서 요구되는 높은 언어 부담으로 학습에 어려움을 겪는 학생들의 학습을 비계화할 수 있다. 또한 초기 학습을 의미기억보다 일화기억 중심으로 가져가면서 구체적인 경험을 통해도 학습을 점진적으로 확장해가도록 지원한다.

사분면의 가로축은 학습의 복잡성 수준인 인지부하를 나타낸다. 어떤 학습은 동시에 머릿속에 붙잡고 처리해야 할 요소가 적을 수도 있고, 어떤 학습은 여러 요소를 한꺼번에 관리해야 할 수도 있다. 도식의 좌측에 위치할수록 학습목표는 단순하다. 반대로 우측에 위치할수록 학습은 복잡해지며, 본질적으로 인지부하가 크고 더 많은 구성요소를 포함한다. 예를 들어 인쇄된 글자에서 '나(I)'라는 단어를 알아보는 학습은 상대적으로 단순한 좌측에 해당한다. 교과서나 전문서적에 실린 텍스트 한 단락을 읽는 것은 상대적으로 복잡한 우측에 속한다. 이러한 주제 자체의 내적 복잡성은 바뀌지 않는다.

사분면의 세로축은 학습의 맥락(context), 즉 학습 과제가 얼마나 구체적인지 혹은 추상적인지를 나타낸다. 도식의 위쪽으로 갈수록 학습은 가장 직접적, 경험적, 구체적이 되고 아래쪽으로 갈수록 추상적이며 듣기나 텍스트 중심이 된다.

다음 요소들은 학습에 실제 상황과 경험을 풍부하게 포함시켜 준다. 그 결과 학생들은 내용을 더 쉽게 이해할 수 있고, 학습은 특정한 장면과 경험에 연결된 '고맥락(high context)'의 일화기억으로 저장되어 이후에 더 쉽게 떠올릴 수 있다.

- 드라마
- 학생 간 대화
- 시각자료
- 실험 활동
- 프로젝트

가로축과 세로축이 만나 A, B, C, D 4개의 사분면이 만들어진다. 이 가운데 A 사분면의 학습이 가장 쉽다. 비교적 단순한 내용을 구체적인 경험을 통해 학습하기 때문이다. 예를 들면 초등 1학년에서는 간단한 덧셈 문제를 몸으로 직접 표현해보는 활동이 여기 해당하며, 고등학교 수준이라면 리트머스 종이를 사용해 산과 염기를 검사하는 실험이 이에 해당한다. 반면 D 사분면에 속하는 학습은 가장 어렵고 도전적이다. 복잡한 개념을 오직 추상적인 방식으로 학습해야 하며 정교하고 난도 높은 언어 사용이 필요하기 때문이다. 초등 1학년 수준이라면 두 단계 이상의 서술형 문장제 문제가 해당하고, 고등학교 수준이라면 아미노산에 관한 수업을 듣고 필기를 하는 활동이 해당한다. D 사분면은 특히 중고등 단계에서 학습에 어려움을 겪는 학생들에게는 이른바 '죽음의 지대'에 속하는 곳이다. 물론 작업기억에 과부하가 걸리지 않게 주의하면서 복잡한 내용을 세분화하고 인지 처리에 충분한 시간을 제공한다면 학습을 촉진할 수 있겠지만 그럼에도 학습내용 그 자체의 복잡성을 단순화하기에는 한계가 있다.

사실 교과 공부는 대부분 본질적으로 복잡할 수밖에 없다. 교사가 할 수 있는 일은 수업 경험 자체를 '고맥락' 혹은 '저맥락'으로 만드는 것, 즉 더 많은 상황과 경험을 포함한 방식으로 설계해 학생이 알기 쉽게 만들 것인가(B 사분면), 아니면 맥락이 거의 없는 방식으로 어렵게 만들 것인가(D 사분면)이다. 그러나 학년이 올라갈수록 평가의 틀은 점점 더 상황 단서가 적은, 즉 맥락이 낮은 형식이 될 가능성이 높다. 언제까지고 학생이 구체적이고 경험적인 학습에만 머물러 있다면 이후 요구되는 추상적인 학습 활동이나 평가에 필요한 능력을 기르지 못할 것이다. 커민스 사분면을 수업설계 도구로 활용한다는 것은 학생들이 이해하기 쉬운 체험 활동과 구체적인 상황에서 학습을 시작하도록 한 뒤, 그 경험을 토대로 점차 설명과 텍스트 중심의 과제, 그리고 평가에 이르기까지 수업의 흐름을 단계적으로 구성하는 것을 뜻한다.

켄의 교사 연수 중 한 중학교 수학교사가 사분면 모형을 활용해 평균값, 중앙값, 최빈값에 대한 멋진 교안을 만들었다. 이 주제를 놓고 그동안 전통적으로 이루어진 'D 사분위' 수업은 아마 다음과 같을 것이다.

1. 세 가지 서로 다른 공식을 제시하고 설명을 덧붙인다.
2. 교사가 그 공식들이 어떻게 작동하는지 보여준다.
3. 학습지나 교과서에 제시된 문제를 연필로 써서 풀게 한다.
4. 숙제를 한다.

이 방식이 바로 우리 저자들을 비롯한 대부분의 사람들이 학교에서 배웠던 방식이며, 아마도 배우고 얼마 안 가 곧바로 잊어버렸을 가능성이 크다. 그 수학교사가 만들어낸 교안은 다음과 같다.

- 학생들 모두가 자신의 가방 무게를 잰다(A 사분면).
- 가장 무거운 것부터 가장 가벼운 것까지 가방을 바닥에 순서대로 배열한다(A 사분면).
- 교사는 가방 무게를 사례로 삼아, 평균값, 중앙값, 최빈값이 서로 어떤 의미를 가지는지 학급 토의를 진행한다(C 사분면).
- 가방 무게를 나타내는 데 어떤 측정값이 가장 적절한지 판단하고 그 근거를 짝과 서로 나눈다(B 사분면).
- 교사가 평균값, 중앙값, 최빈값의 공식을 차트지에 적어 게시한다(B 사분면).
- 이번에는 다른 수치의 책가방 문제를 가지고 평균값, 중간값, 최빈값을 내보게 한다(C 사분면).
- 책가방이 아닌 다른 문제로 세 가지 측정값을 구하고 짝과 이야기한다(B 사분면[짝 활동], D 사분면[연필·종이 문제]).
- 학급 전체가 답과 그 풀이 과정을 함께 점검한다(B 사분면).
- 평균값, 중앙값, 최빈값을 구하는 문제를 과제로 낸다(D 사분면).

위 수업은 먼저 구체적인 경험에서 출발하여 언어와 수 체계로 재부호화하고 보다 추상적인 학습으로 단계적으로 진입하도록 비계를 세운 점에 주목할 필요가 있다. 학생에게 내적 동기를 유발하는 방식, 즉 자신의 가방 무게라는 친숙한 소재를 바탕으로 하고 있다는 점이나, '평균'을 어떤 방식으로 계산하느냐에 따라 학급에서 어떤 가방이 대표적인 값에 해당하는지 달라질 수 있음을 탐구하게 한 점도 가치 있다. 모든 수업을 언제나 A 사분면에서 시작할 수는 없지만 최소한 C 사분면에서 출발할 수 있게 도와야 할 것이다.

▶ 일화기억이 다는 아니다

학생들 모두가 일화기억을 쉽게 형성하고 회상할 수 있고 수업에 이를 활용할 수 있다는 점은 긍정적이다. 그러나 교과학습의 궁극적인 목표는 이들을 의미기억에 통합하는 데 있다. 일화적 경험을 형성하고 의미기억으로 나아가는 다리 역할을 하도록 학습을 비계화하더라도 일부 학생들은 여전히 일화기억에서 더 나아가지 못할 수 있다.

앞서 든 가방 무게 수업에서처럼 보다 구체적인 학습 경험을 설계함으로써 이들의 학습을 향상시킬 수는 있지만, 그럼에도 교사의 특별한 지원 없이는 여전히 학습을 이어가지 못하는 학생들도 있을 것이다. 만약 그러한 지원이 없다면 이런 학생들은 계속해서 어려움을 겪게 된다. 이들에게는 '잠재적 교육과정', 즉 일화기억에 의존하는 학습에서 벗어나 의미기억을 통해 보다 독립적으로 학습하는 방법을 배워나가는 교육과정이 필요하다.

금요일에는 학생들이 학습 내용을 충분히 이해한 것처럼 보였는데 월요일이 되면 거의 기억하지 못하는 일이 있다. 이들은 체험학습으로 연못에 다녀온 두 캄보디아계 여학생들(295~297쪽)처럼, 학습 내용을 개념이나 지식으로 정리하는 데까지 나아가지 못하고 그때의 활동이나 장면과 같은 일화적 경험에 머물렀을 가능성이 크다. 즉 배운 내용을 일반화된 개념이나 정보로 전환해 의미기억에 저장하지 못한 것이다.

| 수업 적용 | 메타인지 성찰

일화기억과 일화적 경험에 의존해 학습하는 학생들이, 배운 내용을 일반화할 수 있게 역량을 키워주는 일은 교사에게 큰 도전이다. 경험의 일반화가 이루어져야 학습은 새로운 상황에 전이될 수 있으며, 그것이 처음 학습이 이루어졌던 상황과 유사성이 없더라도 적용 가능해진다. 공통핵심기준 체제에서 평가는 단순 암기보다는 배운 내용의 적용에 더 초점을 두게 되므로 이와 같이 일반화를 지향하는 교육 방식은 적절하다고 보인다.[11]

이는 중재학습 요인 가운데 '경험의 확장'과 직접적으로 연결된다. 3장에서 제시한 중재학습에 부합하는 수업의 예를 다시 떠올려보자. 경험의 확장과 관련된 수업 요소로 우리는 각 차시가 끝난 뒤 수업에서 배운 내용을 앞으로 배울 내용과 연결하는 메타인지 성찰을 반드시 포함하도록 제안했다. 이러한 시간을 의도적으로 마련할 때 교사는 모든 학습자의 필요를 충족시킬 수 있으며 특히 일화기억에 의존하는 학습자들에게는 중요한 중재지원이 될 것이다. 이 과정은 미래에 사용할 수 있는 지식표상이 만들어지는 과정으로 볼 수 있다.

이 과정은 활동의 성격에 따라 대략 3~7분 정도면 충분한데, 이는 장점이자 동시에 한계가 된다. 오래 걸리지 않는다는 점에서는 바람직하지만 가르칠 내용이 너무 많다 보니 시간을 따로 내지 못하고 수업을 끝내버리기 쉬운 것이다. 그러므로 수업에서 이 부분에 대한 중재를 거르고 넘어가지 않도록 의도적으로 각별히 지켜낼 필요가 있다.

학습 성찰의 대상은 공부한 내용뿐만이 아니라 어떻게 해서 알게 되었는지 학습과정 자체를 돌아보는 일도 포함된다. 다음은 성찰 활동 촉진을 위해 활용할 만한 문장들이다.

- '나는 ……을 배웠다'
- 오늘 배운 내용 중, 이 단원을 계속해나갈 때 내일 도움이 될 것이라고 생각하는 내용은 무엇인가?
- 내가 교사라면 학급에 대해 어떤 내용을 평가하겠는가? 그 질문에 대한 답은 무엇인가?
- 학습을 더 잘하는 데 도움이 되었던 나의 행동은 무엇이었는가?
- 오늘 공부한 내용을 확실히 이해했는지 어떻게 알 수 있는가?
- 교사로서 내가 오늘 수업에서 학생들의 학습을 더 잘 돕기 위해 한 행동은 무엇이었는가?
- 교장 선생님이 오늘 무엇을 배웠는지 질문하신다면 나는 어떻게 대답하겠는가?

이러한 질문들은 다음 차시에서 학생들과 학습의 흐름을 다시 이어가는 데에도 활용될 수 있다. 예를 들어 "어제 무엇을 배웠다고 말했는지 기억하나요?"라고 묻거나, "각자 학습일지에 적어둔 내용을 떠올려봅시다. 이렇게저렇게 했더니 훨씬 이해하기 쉬웠다고 적어둔 내용을 말이에요. 그렇게 오늘 다시 해보는 거죠." 같은 식으로 말이다. 성찰은 짝과 이야기를 나누는 활동, 학습일지, 프롬프트, 출구티켓(exit tickets) 같은 개별 활동으로도 가능하다.

문화와 일화기억

문화는 일화기억에 중요한 영향을 미친다. 학생들이 일화기억에 저장해 두었다가 교실로 가져오는 경험들은 대체로 문화적 기반 위에 형성된 것들이다. 서로 다른 사회와 공동체에서 성장한 학생들은 매우 다양한 경험과 세계관을 지니고 학교로 온다. 9장에서는 일화기억에 기반을 둔 자전적 기억을 탐구하면서 문화에 대해 자세히 다룬다.

문화는 아동과 양육자 사이의 상호작용에도 영향을 미친다.[12] 어떤 사건을 함께 겪은 뒤 양육자와 아동이 그 경험을 어떤 대화로 풀어내는지, 이후 그 사건을 떠올리며 나누는 대화 속에서 그 경험이 어떤 방식으로 정리되고 이름 붙여지는지는, 아동이 그 사건에서 무엇을 기억하고 그 기억을 어떻게 재부호화하는지를 크게 좌우한다. 시간이 지나 아동은 양육자의 발화를 자기 것으로 흡수하고 이것은 아동의 언어와 사고를 형성한다. 함께한 사건에 대해 대화를 나누는 것은 일화기억을 지속적으로 재부호화하는 사회적 상호작용의 한 형태다. 예를 들어 서구 사회에서는 어머니가 일화기억을 재부호화하는 전형적인 방식이 있다.[13] 자녀와 함께했던 경험을 이야기할 때 단순히 사실만 짚어주기보다 그 경험의 의미를 되살리며 기억을 다시 정리해 주는 방식이다. 이는 그들이 속한 사회계층에서 통용되는 상호작용 방식에서도 영향을 받는다. 정교화된 상호작용은 아동을 사건의 중심에 두고 사물, 사람, 사건의 특성에 의미를 부여한다. 즉 양육자는 아동의 경험에 초점을 두고 그 가운데 아동이 주목할 만한 가치가 있는 장면을 강조하는 것이다. 시간이 흘러 이런 방식의 재부호화가 반복되면 아동의 일화기억도 양육자가 중요하게 강조한 측면 중심으로 맞춰지는 것이다. 연구에 따르면 동아시아계 사회에서 어머니들은 사회적 관계, 가치관, 의무와 책임에 초점을 두어 재부호화를 이끄는 경향이 있다.[14] 해당 지역의 아이들 역시 어머니가 중요하게 강조한 방식에 따라 자신의 일화기억에 색깔을 입히기 시작한다.

미국의 공립학교에서 흔히 부과되는 글쓰기 과제는 보통 개인적 경험을 바탕으로 하되, 정확한 언어 구사와 묘사(description)에 초점을 둔 스토리텔링을 중시한다. 이런 과제는 양육자와의 상호작용을 통해 일화기억을 떠올리고 재부호화하는 데 익숙한 학생의 세계관과 맞아떨어진다. 따라서 이 학생들은 다른 공동체에서 성장한 학생에 비해, 일화기억을 다루는 상호작용 방식이 비슷한 과제에서 상대적으로 유리한 위치에 선다. 언뜻 생각하면, 학생이 그저 자신의 개인적 경험을 떠올리기만 하면 글을 쓰는 데 문제가 없으리라 생각하기 쉽다. 그러나 실제로는 학생이 자신의 경험을 떠올리면서 사람, 장소, 사건 등 묘사할 만한 특성은 거의 기억해내지 못할 가능성도 크다.

3장에서 언급한 동물원의 코끼리 사례를 다시 떠올려보자(60~62쪽). 이제 그 경험을 둘러싸고 가족들 사이에 오간 대화를 훨씬 더 구체적으로 그려볼 수 있다. 짐작컨대 문해지향성이 높은 가정에서는 집으로 돌아오는 차 속에서, 그날 저녁 식탁에서 다시 한번 동물원에서의 경험을 되짚으며 이야기를 나누었을 것이다. 이 과정은 부모가 자녀의 경험 가운데 인상적인 장면이나 특징을 골라주고 그것을 중심으로 이야기를 풀어가며 자녀의 일화기억을 정리해준, 자녀 중심의 대화 방식이다. 반면 다른 문화적 환경에서는 그날의 경험에 대해 부모와 자녀가 아무런 대화도 나누지 않을 가능성도 있다. 이러한 차이는 이후 동물원에 다녀왔던 개인적 경험을 글로 써야 할 때 어떤 학생이 더 유리한 위치에 놓이게 되는지를 분명하게 보여준다.

부모를 비롯한 성인들, 공동체 안에서 자기보다 어휘 구사가 능숙한 또래와 많은 대화를 나눌수록 아동의 어휘 수준은 높아진다. 실제로 부모와 자녀 사이의 대화가 어휘 수준과 밀접하게 연결되어 있음을 보여주는 연구는 매우 많다.[15] 그래서 일화기억을 이야기로 구성하는 데 있어 유리한 위치에 있는 아이들은 묘사적인 언어 표현에 능숙하고 대상에 대해 묘사를 연습할 기회도 더 많이 갖게 되며, 그것을 가능하게 해주는 어휘 또한 더 많이 갖출 수 있다.

이 분야에 대한 연구가 아직 충분하진 않지만 학생의 정교화(elaboration) 능력이 이야기 회상에 도움을 준다는 연구 결과들도 나오고 있다.[16] 문해지향적 성향으로 중재학습지원이 잘 이루어진 학생은 대체로 양육자와의 상호작용에서도 정교화 기회를 더 많이 갖게 되고, 책을 읽을 때도 동일한 유형의 세부 요소에 더 많이 집중하게 된다는 것이다. 독자로서 수동적인 태도를 취할지 능동적인 태도를 취할지 역시 어떤 세부 요소에 초점을 맞추는지와 연결되며, 이는 타인과의 상호작용 속에서 사건을 바라보고 기억하도록 성장해온 방식과 밀접하게 연관되어 있다.

어머니와의 상호작용이 정교화 수준이 높지 않다 해도, 문해지향적 성향으로 중재학습지원이 잘 이루어진 학생이라면 학교에서 요구되는 높은 수준의 기대치에 빠르게 부합할 가능성이 크다. 이들은 충분한 중재지원을 받아왔고 전반적인 학습 성향도 문해지향적이기 때문이다. 하지만 성장 과정에서 중재지원이 상대적으로 부족했던 학생, 특히 문해지향성이 낮고 주류 문화가 아닌 문화권의 학생들은 불리한 위치에 놓이기 쉽다. 정교화된 기억의 상호작용에 대한 경험이 적기 때문이다. 앞으로 이 분야에 대한 깊이 있는 연구가 더 축적되면 학교 학습에 어려움을 겪는 학생들에게 어떤 지원을 제공해야 할지에 대해 한층 세밀하고 구체적인 시사점을 얻게 될 것이다.

일화적 현실 인식의 문제

포이에르스타인(Feuerstein et al. 2010) 등은 자신의 경험을 일반화하고 그것을 새로운 환경과 도전에 적용할 수 있는 유용한 지식으로 구성하는 능력이 모든 학생에게 다 가능한 일은 아니라고 강조한다. 그는 이러한 상태를 '일화적 현실 인식'이라 부르며 중재학습경험이 충분하지 않은 경우 나타나는 중요 특성이라고 본다. 실제로 이런 학습자들은 자신이 경험한 현실을 과거와 미래, 문화와 역사로 연결된 일관된 전체로 엮어내지 못한다. 그 결과 삶은 서로 고립되고 단절된 개별 경험의 연속에 그친다.

다음은 이런 학습자의 특징이다(Feuerstein et al. 2010).

- 사건과 사건 사이의 연결고리를 찾는 데 어려움을 느낀다.
- 자신의 경험을 더 넓은 맥락이나 관점 속에서 이해하는 데 어려움을 겪는다.
- 새로 입력된 정보, 사건, 경험들 사이에 연관관계를 파악하기 어렵고, 이를 받아들이는 데 수동적 태도를 취하며, 그로부터 새로운 것을 배우기도 어렵다.

일화기억은 어느 학습자나 만들어낼 수 있지만 그것을 학교교육에서 목표로 하는 유형의 지식으로 전환시키려면 많은 경우 교사의 도움이 필요하다. 중재학습경험이 상대적으로 부족한 학생일수록 대개 교과 학습에 암묵적으로 전제되는 핵심과는 거리가 먼, 개별 사건의 세부사항에 매몰되곤 한다. 이들에게는 특정 수업이나 활동에서 배운 것을 일반화하는 지원을 넘어서는 중재가 필요하다. 자기 관점에 머무르지 않고 넓은 시각에서 경험을 어떻게 더 일반화해 바라볼 수 있는지, 사건과 사건을 이루는 세부내용 간에 존재하는 일정한 패턴을 어떻게 찾아낼 수 있는지, 각각의 경험을 어떻게 보다 통합된 하나의 전체로 엮어나갈 수 있는지 배우기 위해 경험의 확장, 조율, 의미에 대한 중재학습지원이 필요하다.

맺으며

일화기억은 매우 강력한 기억 체계다. 의미기억과 달리 일화기억은 모두에게 동일한 방식으로 작동하며 모든 학습자는 각자의 개인적 경험을 일화기억으로 남긴다. 이렇게 모든 학생이 지닌 능력을 교사는 수업을 계획하고 가르치면서 의도적으로 활용할 수 있다는 점도 다행스럽다. 다만 교사는 교과 학습을 해나가면서 경험, 기억, 지식이 서로 맞물려 얽혀 있음을 함께 고려해야 한다.

다중감각적 정보와 사건이 일어난 정황 정보가 풍부한 일화기억 덕분에 의미기억에 저장된 개념적, 추상적 지식을 실제 상황에서 꺼내 쓸 수 있다. 반대로 의미기억의 스키마는 경험을 이해하도록 돕고, 일화기억 속에서 무엇을 알아차리고 부호화할지 선택하게 한다. 일상생활에서 문제를 해결할 때 어떤 지식이 필요한지 가늠하기 위해 때로 일화기억에 의존하기도 한다.

일화기억과 의미기억을 비교하면 서로 다른 유형의 '앎'이 극명하게 대비된다. 학교교육의 목표는 새로운 상황과 문제에 적용할 수 있는, 유연하고 일반화 가능한 지식에 초점을 둔다. 일화기억은 그 자체로 분명 가치 있는 지식임이 분명하지만 그것이 교육의 궁극적 목표는 아니다. 문해력 학습을 위해서는 일화기억과 의미기억 모두가 필요하다. 그러나 문해력을 실천하고 교과 학습에 중요한 추상적이고 일반화 가능한 지식을 형성하는 데 교사의 지원이 필요한 학생들은 너무나 많다. 일화기억과 의미기억이 각각 어떻게 작동하는지 이해하면 교사가 학습 전문가라는 관점에서 수업을 설계하고 실행할 수 있다.

앞서 여러 번 강조했듯이 적용 가능한 배경지식을 갖추는 것은 학습 과정에서 결정적으로 중요하다. 일화기억을 살펴보면 문화적 경험적 다양성이 배경지식에 어떤 영향을 미치는지, 그리고 학습자로서의 자신감에 어떤 영향을 미치는지 확인할 수 있다. 모든 학생이 일화기억을 만들어내지만 그 기억들이 학교에서 모두 동등한 가치로 여겨지거나 학교교육과정에 맞게 조율되어 있지는 않다. 교사는 학생의 삶을 탐색하고 그들이 지닌 풍부한 기억의 저장고를 교실 수업에 어떻게 연결해 확장할 수 있을지 끊임없이 모색해야 한다. 이것은 교사의 핵심적인 역할 가운데 하나다.

문화적 단절을 경험한 학생들은 포이에르스타인이 말한 '일화적 현실 인식' 상태에 머물러 있을 수도 있다. 이들은 자신의 삶과 학습 경험을 서로 연관된 전체로 인식하기 어렵고 교과 학습에 너무나 중요한 추상적 지식을 만드는 데에도 어려움을 겪는다. 특정한 신경뇌과학적 손상이 없는 한 모든 학생들에게 가능한 일이지만 일부 학생들에게는 교사의 중재학습 지원이 꼭 필요하다. 학습자가 문화적, 역사적 연속성에 대한 감각을 갖추게 하는 것도 중재학습경험의 핵심적인 업무 중 하나고 이것이 부족하면 삶과 학습경험을 해석하는 것이 어려워진다. 따라서 학습자들이 배운 내용을 의미기억에 일반화된 표상으로 저장하고 이를 미래의 문제에 적용할 수 있게 도와야 한다. 이렇게 학생을 지원할 때 그들은 한층 독립적이고 성공적인 학습자로 성장할 수 있을 것이다.

9장
자전적 기억

이 학교 학생들은 90퍼센트 이상이 저소득층 가정 자녀들로 라틴계 학생들이 대부분이었고 학업에 어려움을 겪고 있었다. 직업계 고등학교라는 학교 특성상 기술을 배워 빠른 취업을 희망하는 학생들도 있었지만 모두가 그런 것은 아니었다. 지적으로 충분한 잠재력을 지니고 있음에도 수업시간에 하는 공부에는 무관심한 학생들이 많았다. 조금만 어려워도 금세 포기하고 수업을 방해하기 일쑤였고 숙제를 내줘도 해오지 않았다. "전 공부를 워낙 못해서요." "머리가 별로 안 좋으니까요." "학교 수업은 신경쓰고 싶지 않아요." "너무 따분하고 지루해요." 이들이 자주 하는 말이다.

이와 같은 태도를 갖기까지는 오랜 시간에 걸쳐 누적된 여러 요인들의 영향이 있을 것이다. 반복된 학업 실패와 좌절을 겪으면서, 이들 대부분은 이미 학교는 나와 맞지 않는 곳이라는 부정적인 인식을 형성하게 되었다. 이 문제는 마치 닭이 먼저냐, 달걀이 먼저

냐와 같아서, 자신에 대한 부정적인 인식이 굳어지면 학교 생활과 학습에 대한 동기와 자신감이 약화되고, 이것이 다시 학습부진으로 이어져 부정적인 자기 인식을 강화하는 것이다.

자전적 기억은 일화기억에 뿌리를 두면서 그것을 넘어서는 어떤 기억이다. 개인의 삶에서 특별히 기억에 남는 일 등에 관한 정보로 구체적 사건에 대한 기억을 포함하지만 그것이 다는 아니다. 자전적 기억은 살아오면서 축적한 경험을 종합한 것이며 좋아하는 것과 싫어하는 것, 선호와 경향을 아우른다. 이러한 기억은 자신을 어떻게 느끼는지에 관해서도 깊이 작용한다. 다시 말하면 자전적 기억은 자기 정체성이 되며[1] 정체성 역시 기억 체계의 일부라는 뜻이다. 학생이 학교 생활을 통해 형성하는 정체성은 자전적 기억의 강력한 구성 요소가 되며 이는 다시 학교에서 학생이 어떻게 행동하고 학습하는가에 큰 영향을 준다.

학생이 날마다 교실에서 겪게 되는 온갖 경험은 서로 결합되고 일반화되면서 학습자로서 자신에 대한 감각을 만들어낸다. "나는 글을 잘 쓴다." "난 수학을 못해." "난 외국어 배우는 데 소질이 없어."와 같은 생각이 바로 그렇게 형성되는 것이다. 어떤 학습과제를 시작할 때 학생은 자전적 기억을 바탕으로 학습 상황에 자신을 맞춰가기 마련이며, 자신이 어떤 학습자인지 함께 배우는 다른 사람들과의 관계는 어떠한지도 함께 떠올린다.

만약 자전적 기억이 그 상황에서 자신을 '잘하지 못하는 사람'으로 자리매김하고 있다면, 불안, 걱정, 무능감 등의 생각과 감정이 작업기억 공간을 빠르게 장악해버릴 수 있다. 저자들에게도 그런 영역이 있다. 켄에게는 기계와 관련된 모든 일이, 프랜시스에게는 새로운 기술이 그렇다. 어떤 학생들에게는 교실에서 교사가 가르치는 학습 활동이 바로 그런 영역일 수 있다. 학습에 어려움을 겪는 학생들은 대체로 학교 학습과 관련된 좋지 않은 자전적 기억을 많이 지니고 있으며 이것이 이 장의 첫 부분에 소개한 직업학교 학생들처럼 학습 동기에 부정적 영향을 미친다.

이들에게는 포이에르스타인이 제시한[2] 중재의 이차적 요소 가운데 '학습자로서의 유능감(feelings of learner competence)'이 아주 중요하게 작용한다. 학생이 자신을 학습자로서 낮게 평가할 경우 그런 생각은 학습동기와 노력을 크게 약화시킨다. 따라서 이 문제를 학생과 함께 직접적으로 다룰 필요가 있다. 그런 생각을 벗어나지 못할 경우 학생은 학습에서 부딪치는 어려움을 견디고 극복하려는 노력을 기울이기 어려워진다. 교사의 중재지원에는 경험의 확장 요소도 포함된다. 이는 교사가 학생이 과거의 어느 시점에서든, 학교 안이든 밖이든, "조금 어렵더라도 해낼 수 있다!"라는 생각을 가지고 끝까지 시도해 보았던 경험을 떠올리도록 돕는 것을 뜻한다. 그리고 그때 작동했던 내적 스크립트가 왜 도움이 되었는지, 그 힘이 지금의 학습 상황에서도 어떻게 다시 활용될 수 있는지, 나아가 앞으로 맞닥뜨릴 다른 학습이나 삶의 도전에서도 계속 유용할 수 있음을 학생 스스로 이해하도록 이끄는 과정이다. 교사는 학생이 겪는 정서적 어려움을 자신의 어려움으로 느끼도록 조율하고 학생이 자신을 긍정적으로 느끼고 학습에 자신감을 가질 때까지 충분히, 공감하고 지지하며 함께할 필요가 있다.

작은 성취라도 명확히 짚어 표현하며 긍정적으로 반응해 주자. "꽤 힘든 일이었을 텐데 포기하지 않고 해냈구나. 정말 대단하다!" 또는 조용히 다가가 말해주자. "친구들이 계속 나가자고 했을 텐데 끝까지 남아서 과제를 계속해주어 정말 고마워. 훌륭해!" 때때로 교사 자신이 겪었던 어려움과 그것을 어떻게 극복했는지 들려주어도 도움이 된다. 이렇게 말하면 교사들은 진도 나가기도 빠듯해 수업 내용과 관련 없는 이야기를 나눌 시간도 여유도 없다고 토로하지만, 그런 대화가 어쩌면 가장 강력한 배움의 시간이 될 수도 있는 것이다. 실제로 빡빡하고 부담스러운 교과 내용을 학생들이 자발적으로 배우게 하자면 이런 대화는 반드시, 꼭 필요하다. 학생들은 그것이 해볼 만하고 해볼 가치가 있다고 느낄 때에만 비로소 주의를 집중하고 노력을 기울이기 때문이다. 이러한 상호작용은 학생의 자전적 기억에 자리 잡은 부정적 자기인식과 정체성에 변화를 가져올 수 있는 노력이다.

학습에 어려움을 겪는 학생들은 자신에 대해 부정적으로 생각할 뿐만 아니라 오랫동안 누적된 좌절감, 수치심, 실패 경험 때문에 학교 수업 자체에 거부감을 갖기도 한다. 자신은 학교에서 실패자라고 여기는 학생들이 학교를 매일 꼬박꼬박 등교하는 일 자체가 얼마나 큰 정서적 부담일지 생각해 보라. 그럼에도 불구하고 학교에 나와, 또다시 실패할 가능성을 마주한다는 것은 엄청난 용기를 요구하는 일이다. 이 학생들은 교사와 학교의 지원을 받을 충분한 자격이 있다. 적어도 교실에서만큼은 학생이 학교, 학습과의 부정적 관계에서 벗어날 수 있도록 충분한 시간과 공력을 들여 중재지원을 해줘야 한다.

교사라면 분명 학생이 유능하고 자신감 넘치는 학습자로 자신을 생각하도록 도우려 할 것이다. 학생이 긍정적인 학업적 정체성을 갖게 하는 효과적인 방법은 성공 경험을 충분히 제공하는 것이다. 학생의 배경지식을 토대로 수업을 설계하고 인지과부하를 피하며 긍정적이고 서로 존중하는 교실 상호작용을 실천해야 한다. 또한 흥미롭고 구체적이며 다중감각적인 학습경험 기회를 만들어 줌으로써 성공적인 학습경험을 촉진하고, 본격적인 학습으로 나아가는 발판으로 삼도록 도와야 한다.

자전적 기억과 문화적 차원

의미 형성에 관여하는 모든 기억 요소가 그러하듯 문화도 일화기억 체계에 깊이 작용하며 그 결과 자전적 기억에도 영향을 준다. 교사가 수업에서 다룰 내용을 소개하며 관련된 개인적 경험을 떠올려보라고

하는 상황을 보라. 이는 단순한 회상이 아닌, 특정한 문화적 맥락 속에서 학생에게 일어났거나 학생이 했던 일에 대한 일화기억을 불러오게 하는 것이다.

사회문화적으로 다양한 배경의 학생들은 저마다 서로 다른 경험과 세계관을 가지고 수업에 참여하고 있다. 한 예를 들면, 모든 학생들이 가족과 여름휴가를 떠날 수 있는 것은 아니다. 음악 캠프나 스포츠 캠프에 참여한 경험, 지역 박물관이나 도서관을 방문한 경험 또한 그렇다. 이런 차이는 누구나 쉽게 이해할 수 있을 것이지만 그런 경험이 학업과 자기 인식에 미치는 영향은 매우 미묘하고 때로 놀라울 정도다. 여름방학을 마치고 새 학기에 흔히 내는 과제로 '여름방학 동안 가장 즐거웠던 시간을 쓰라'고 했을 때, 특별한 곳을 방문하거나 경험하지 못하고 그저 지루한 시간을 보낸 학생들은 이 과제 때문에 오히려 자신을 더 초라하게 느낄 수도 있다. 원래 교사의 의도는 모두에게 행복한 일화기억을 떠올리게 하려는 것이었을 텐데 말이다. 이 과제는 결국 학습에 어려움을 지닌 학생들이 지닌 '나는 공부를 잘 못한다.' '나는 저 모범생들과는 다르다.'와 같은 부정적 정체성에 더하여 또하나의 부정적 인식을 더하는 셈이 된다.

켄은 학생들 중 상당수가 여름 방학 내내 저소득층들이 사는 아파트 단지를 거의 벗어나지 못하는 학생들임을 알고 글쓰기 과제를 바꾸어 내기 시작했다. "여름방학 동안 가장 지루했던 하루에 대해 써보세요. 교사가 읽었을 때 글쓴이의 지루함이 절절히 느껴지도록." 또는 "이번 여름에 가장 좋았던, 혹은 가장 나빴던 시간 하나를 골라 써 보세요. 가장 좋았던 시간이라면 교사가 읽으면서 정말 아주 많이 행복해질 수 있게, 가장 나빴던 시간이라면 교사가 읽는 내내 아주 많이 불쾌해지도록 씁니다."

경험이 자리한 문화적 맥락은 우리 자신의 경험을 해석하는 틀을 깊이 규정하며 그 자체로 자전적 기억의 일부가 된다. 켄의 저서 『Beneath the Surface(표층 아래)』(2008)에 이를 잘 보여주는 관련 사례가 있다. 켄이 있던 학교에 캄보디아계 난민 가정 학생이 대거 유입된 시기가 있었다. 그로 인해 빚어진 이해 부족 및 불일치는 교육에 중요한 시사점을 제공한다. 그중 하나는 교사와 학생 사이의 문화적 불일치였다. 교사가 한 학생의 답변에 대해 "그거 참 흥미로운 생각이구나, 필라! 왜 그런 생각을 하게 됐지?" 하고 반문했다. 중산층의 주류 문화권 학생들에게 이런 반응은 교사가 자신의 생각을 칭찬하고 존중하는 것이며, 좀더 자세히 설명해달라는 요청으로 자연스럽게 받아들여진다. 하지만 캄보디아 학생들은 고개를 숙이고 머뭇거리며 잊어버렸다고, 생각이 잘 나지 않는다고 작게 중얼거릴 뿐이었다. 캄보디아계 보조교사로부터 나중에 들은 이야기로는, 캄보디아에서는 '왜'라고 이유를 묻는 형식의 반문이 주로 처벌적 맥락에서 쓰인다는 것이었다. 즉 "왜 내가 말한 대로 옷을 치우지 않았니?"라는 발화처럼 말이다. 캄보디아계 학생들은 부정적 일화기억 때문에 '왜'라는 질문 자체를 부정적인 것으로 인식하게 되었다. 교사의 말투나 의도에 전혀 부정적 의미가 없었고 오히려 정반대였음에도 불구하고 캄보디아계 학생들은 그 발화를 부정적으로 해석했다.[3]

세 번째 사례는 켄이 초등학교 2학년 통합학급에서『오즈의 마법사(The Wizard of Oz)』단원을 가르칠 때였다. 수업 차시 중 어느 시점에서 책과 내용을 비교하기 위해 영화를 보기로 했는데 그에 앞서 학생들에게 과제가 주어졌다. 만약 가출하게 된다면 무엇을 가져갈지 열 가지를 선택해 쓰라는 글쓰기 과제였다. 대부분의 아이들이 인형, 장난감, 사탕 같은 것들을 적었다. 하지만 캄보디아계 학생들이 작성한 목록에는 성냥, 쌀, 따뜻한 옷, 텐트 같은 것들이 들어 있었다. '탈출'에 관한 캄보디아 공동체의 공유된 경험이 학생들에게도 전해져, 직접 겪지 않은 일임에도 인지 스키마의 일부가 된 것이다. 그 결과 이 과제에서 캄보디아계 학생들의 수행 수준은 다른 학생들보다 훨씬 높게 나타났는데, 평소 이들이 또래보다 학습 성취도가 낮은 편이었음에도 불구하고 캄보디아인들이 공유하고 있는 일화기억이 작동한 덕분이라고 볼 수 있다.

일화기억은 실제로 살아온 경험을 있는 그대로 저장한 것이 아니다. 이전의 경험과 지식, 즉 의미기억에 저장된 스키마를 통해 해석되고 걸러진 결과물임을 다시 한번 강조한다. 좀더 자세히 말하자면 자전적 기억이 지닌 문화적 틀과 특정한 일화적 경험은 의미 지식 형성에 영향을 주고 또 이렇게 형성된 의미 지식이 현재의 경험을 해석하는 방식에 관여하는 것이다. 자신이 독재국가 출신의 국민이라고 가정해보자. 정부에서는 강력하게 통제된 선전을 통해 자국이 민주주의 국가라고 주장하고 지방이나 지역 단위의 선거까지 치르고 있다. 이 '민주주의' 국가에서는 반대당 후보의 친구나 가족이 투옥되거나 흔적도 없이 사라지기도 한다. 이런 환경에서 자란 나에게 '민주주의'라는 개념이 갖는 의미는 미국에서 나고 자라온 사람의 것과는 전혀 다를 것이다. 만약 교사가 민주주의의 장점이 부각된 글을 읽게 하더라도 자신의 문화적 경험을 바탕으로 형성된 의미기억, 일화기억, 자전적 기억 때문에 교사가 기대한 것과는 매우 다른 방식으로 글을 이해하게 될 것이다.[4]

수업시간에 다루는 글이나 활동을 교사가 기대하는 방식 그대로 학생들이 받아들일 것이라 가정해서는 안 된다. 이를 보여주는 또하나의 강력한 사례로 스리랑카 출신의 영어 교사의 이야기를 소개한다. 학생들이 사용하던 영국 교과서에는 젊은 남녀가 데이트를 하고 사귀며 함께 일하는 이야기가 담겨 있었다.[5] 그러나 스리랑카 출신 학생들에게는 이런 이야기가 전통 시골 농촌사회의 가치관이나 신념 체계와 달라 낯설게 느껴졌다. 이러한 자전적 기억의 불일치는 교과서로 공부하는 데 거부감을 불러일으켰다.

세계 곳곳의 다양한 공동체에서 온 학생들, 그리고 영어가 모국어가 아닌 수많은 학생들은 각자 살아온 경험과 기억을 지닌 채 교실에 들어온다. 그들의 경험과 기억은 낯선 나라의 예술, 문화, 과학에 담긴 생활양식과 가치, 신념체계를 만나 뿌리부터 흔들린다. 서로 다른 공동체의 전통을 존중하면서 문화적 불일치의 틈을 메우는 것, 이것이 학습에 어려움을 겪는 학생들을 도와주는 중요한 측면 중 하나다.

어떻게 배우고 학습하는가에서도 학습자의 문화적 틀이 영향을 주며 이는 다시 현재의 학습 경험에 영향을 끼친다.[6] 어떤 문화권에서나 개인차는 존재하지만 사람들이 대체로 익숙해하고 선호하는 학습 방식에는 공통된 경향이 있으며, 이러한 경향은 서로 다른 방식들이 양쪽 끝에 놓인 연속선상에 분포한다. 어떤 문화권에서는 공개적인 자리에서 실수하는 것은 너무나 큰 수치라서 무슨 수를 쓰더라도 피해야 하는 일인 반면[7] 어떤 문화에서는 실수가 학습의 재료이자 발전을 위해 치러야 할 대가로 생각되기도 한다(실수를 좋아한다는 뜻은 아니다). 어떤 문화권에서는 협력적 학습을 선호하는 반면 어떤 문화권에서는 개인의 노력과 성취를 더 강조한다.[8] 어떤 문화권에서는 벽돌을 쌓아올리듯 기초부터 차례대로 확실히 배워가는 학습을 선호하는 반면, 어떤 문화권에서는 전체 구조나 큰 그림을 먼저 떠올린 뒤 그 틀 속에서 세부 내용을 점차 채워가는 방식의 학습을 선호한다.

한번은 켄이 근무하던 학교의 캄보디아계 보조교사에게 이런 질문을 한 적이 있다. 왜 캄보디아 학생들은 교사에게 질문하거나 수업 주제에 대한 의견을 내는 데 그토록 소극적인지, 교사가 적극적으로 격려하며 해보라고 하는데도, 또 반 전체가 보는 데서 말하지 않아도 된다고 하는데도 말이다. 평소 켄은 그에게서 캄보디아 문화에 대한 정보를 얻곤 했는데 그날 보조교사의 답변은 이러했다. 캄보디아 문화에서는 아이들이 어른이 제시한 '공인된 지식'을 질문 없이 배우고 받아들이는 것이 당연하다는 것이었다. 캄보디아에서는 학생이 교사에게 질문하는 것은 둘 중 하나를 의미했다. 하나는 수업에 제대로 집중하지 않았다는 것으로 야단맞을 일이다. 또하나는 내용을 제대로 이해하지 못한 것으로, '교사가 설명을 제대로 하지 못하셨으니 다시 설명해달라'는 요청으로 받아들여져 매우 무례한 행동이 된다.

문화와 언어가 다양한 교실에는 여러 유형의 학생이 있다. 교사가 지시하기 전까지는 아무것도 하지 않고 수동적인 학생, 실수하는 것을 못 견디는 학생, 어떤 수업에서든 가장 기초부터 배워야 한다고 기대하는 학생, 전혀 질문하지 않고 가만히 있는 학생들도 있을 것이다. 그런 학생들이 지금 우리 교실에 있다면 어떤 모습일까. 교사로서 나는 그 학생을 '느린 학습자' 또는 '개별화교육이 필요한 학생'으로 인식하고 있지 않을까.

이런 학생들은 저마다 개인적 선호, 좋고 싫은 것이 있다. 문화적으로 형성된 학습의 틀과 배경지식, 그리고 학습자로서의 자신에 대한 감정을 자전적 기억에 담아 교실로 들어온다. 이러한 수많은 요소들 중 일부 혹은 상당수가 지금의 교실, 교사가 지닌 교육의 틀과 맞지 않을 수 있다. 학생이 교실 수업의 맥락에 맞게 새로운 방식으로 사고하고 느끼고 믿고 행동할 수 있도록, 교사는 이러한 차이를 인식하고 도와야 한다. 그러기 위해서는 지속적인 대화와 중재가 필요하다.

수업 적용 | 학습부진, 그리고 자전적 기억의 문화적 기반

자전적 기억에서의 문화적 차이로 인해 나타나는 학업 격차를 줄이고 완화하기 위해 교사가 할 수 있는 일들을 소개한다.

▶ 목적과 의미에 대한 이해

이 책에서 여러 차례 강조했듯이 기억 체계를 교과 학습으로 향하게 하는 데 가장 핵심적인 것 중 하나는 학생이 배움에 대해 의미와 가치를 발견할 수 있는가이다. 이를 자전적 기억과 연결해보면, 모든 학생이 사고 방식이나 언어 사용 방식, 학교의 관행에 대해 동일한 성향을 갖고 있다고 가정해서는 안 된다. 질문하고 답하는 태도, 묘사적 언어에 대한 익숙함, 나아가 일체의 언어 사용 방식과 수업대화, 상호작용 참여 등은 학생이 속한 공동체의 문화와 개인의 스타일이 결합되어 나타난다. 교사가 기대하는 방식이나 수준에 맞게 학생이 수행하지 못할 때, 언어 표현에 어려움을 보일 때 이를 단순히 학습 부진이나 문제 행동, 부주의라고 판단하지 말라. 그보다는 지금 가르치려는 내용의 의미, 배움의 목적, 가치에 대해 학생과 진지하게 대화하고, 그 대화를 통해 학생들이 어떻게 달라지는지 살펴보는 것이 좋다.

어떤 학생이 묘사적 글쓰기를 하는데 세부 내용 구사에 어려움을 겪고 있다. 이 경우 글을 읽고 쓸 때 묘사를 하면 어떤 점이 좋은지, 혹은 좋다고 생각하는지 학생에게 물어보는 것이 바람직한 첫 걸음이다. 대화를 좀더 이어나가 학교 공부를 할 때나 그 이후의 삶에서 묘사를 잘하는 스킬이 왜 유용한지 그 이유를 함께 이야기해보아도 좋다. 마지막으로 좋은 묘사가 무엇인지 요소를 나누어 살펴보고 묘사가 잘 된 글의 예를 교사가 직접 보여주며 모델링할 수도 있다. 물론 이런 학생에게는 어휘에 대한 체계적인 지도도 필요하다.

▸ '무엇을, 어떻게, 왜' 배우는지에 대한 이해

수업에서 이루어지는 거의 모든 활동과 언어 사용 방식, 사고 방식은 문화와 밀접한 관련이 있다. 서로 다른 문화적 공동체마다 각자의 신념과 전통, 관습에 따라 학습에 통용되는 과정을 서로 다르게 조직한다.[9]

사회언어학자인 제임스 지(James Gee)는 '모든 집단은 명시적 규범과 암묵적 규범에 의해 운영된다.'라고 했는데 교실은 그 대표적인 사례가 된다.[10] 교실에서 주류 집단의 구성원일 때는 수업에 암묵적으로 적용되는 규범들, 즉 상호작용의 내용과 쓰이는 언어 등을 자연스럽게 인지하고 있는 상태다. 하지만 그렇지 않은 위치에서는 명시적으로 드러나지 않은 상호작용 요소들을 알아차리기 어렵다. '교실'이라는 개념은 정의 자체가 특정한 문화적 규범이 지배하고 작동하는 공간을 뜻한다. 특정한 말하기 방식과 행동 규칙, 사고 방식이 자연스럽게 '당연한' 규범으로 생각된다. 따라서 교실 안에 다양성이 존재한다는 것은, 어떤 학생들은 교실의 저변에 자리한 암묵적 규범을 이미 알고 있는 반면 어떤 학생들은 그것이 무엇인지 명시적으로 드러내지 않으면 알지 못한다는 뜻이다. 어떤 학생의 자전적 기억이 교사의 기대치, 즉 교실의 명시적, 암묵적 규범과 맞지 않다고 느껴질 경우도 있을 것이다. 그럴 때 교사는 학생의 품성이나 학습동기, 지능에 대해 부정적 단정을 내리지 말고 성찰적으로 질문하는 태도를 취해야 한다. '학생이 이렇게 제대로 수행을 못하고 의사소통이 어려운 이유는 뭘까? 혹시 내가 아직 이 학생에 대해 잘못 알았거나 이해하지 못한 무엇이 있는 건 아닐까?' 혹은 '이 학생이 내 수업의 암묵적 규범 가운데 아직 모르는 게 있진 않을까?' 하고 스스로 묻는 것이다.

이러한 접근은 학생의 사회문화적 배경에 대해 교사 자신이 먼저 배우고, 어긋나는 지점을 명시적으로 다루려는 노력이다. 좀 더 적극적인 노력으로 새로운 학급을 맡을 때 학생의 관심사를 미리 조사하는 것도 좋다.[11] 학교에서 경험했던 일이나 특정 교과에 대한 지식, 경험을 학생이 떠올릴 수 있도록 성찰적인 글쓰기 과제를 제시하는 방법도 있다.

▸ 사회문화적 배경에 대한 이해

다양한 배경의 학생들이 공존하는 교실 안에서 위와 같은 성찰적 실천이 지속되려면 필요한 것이 있다. 서로 다른 공동체의 저변을 이루는 문화에 대한 관심, 문화가 학습에 미치는 영향에 대한 이해, 문화적 관점에서 학생을 이해하려는 꾸준한 노력이다. 여러 차례 강조했지만 학습이 이루어지려면 배경지식과의 연결이 꼭 필요하다. 특히 문화적 경험이나 지식 기반이 크게 다른 학생의 경우 교사가 적극적으로 개입해 이러한 연결을 만들 수 있게 도와야 한다. 그러자면 교사 자신이 학생의 문화적 배경을 더 잘 알아야 한다. 그래야만 어떤 학생이 왜 그렇게 교사의 명시적 지시만 기다리는지, 왜 그렇게 소극적인 태도를 보이는지, 왜 주도적이고 독립적인 학습자가 되려고 하지 않는지, 왜 다른 학생들 앞에서 말하기를 그렇게 꺼리는지, 왜 실수를 그토록 두려워하는지 등을 이해할 수 있다. 다행히 학생의 문화적 배경에 대한 정보는 책이나 인터넷을 통해서도 비교적 쉽게 얻을 수 있다. 학생들과 직접 대화를 나누면 그들이 속한 공동체와 개인적 경험에 대해 더 잘 알 수 있을 것이다.

학생의 문화를 이해하는 또다른 경로로 '문화적 정보원', 즉 학교 안에 근무하고 있거나 지역사회에서 알고 지내는 사람을 통하는 방법이 있다. 이들은 교사에게 무척 소중한 자원이다. 다만 어떤 문화 집단의 구성원들 모두가 동일하게 생각하고 행동하는 것은 아니며, 누구든 자신의 관점에서 이야기할 뿐이라는 사실은 명심해야 한다. 또 자신의 말이나 행동이 특정한 문화나 인종을 대표하는 것으로 비칠까 봐 불편해할 수 있음도 알아야 한다. 이런 점을 감안하여 마음을 열고 겸손하게 다가간다면 그 문화에 대해 좀더 깊이 탐구할 수 있고, 다른 곳에서는 결코 접하기 어려웠던 관점을 엿볼 수 있는 좋은 방법이 될 것이다.

▸ 독립적인 학습자가 될 수 있게 격려하기

학습에 어려움을 겪는 학생들에게 가장 중요한 과제 가운데 하나는, 교사의 지시와 평가에 의존하는 위치에서 벗어나 과제에 접근하고, 문제를 해결하며, 스스로 질문을 만들어내는 독립적인 학습자가 되는 것이다.[12] 5장에서 집행기능을 설명할 때 자기조절 능력이 핵심적인 학업 스킬이라고 말한 바 있다. 이는 독립적이고 주도적인 학습자가 되는 것과도 밀접하게 연결된다. 자기조절은 장기기억과 집행기능이 함께 작동하는 방식과 깊이 맞물리며, 5장에서는 이를 지원하는 중재지원 방법을 다양하게 소개했다. 학생들이 집행기능 스킬을 발달시켜갈수록 학습자로서의 자기 이미지, 즉 자전적 기억 역시 변화할 것이다.

맺으며

자전적 기억은 일화기억과 의미기억 체계의 특징을 모두 갖고 있다. 한편으로는 개인적 경험에 기반하지만 또 한편으로는 여러 경험을 거치며 시간, 장소, 사건이라는 맥락을 벗어나 만들어진 일반화되고 추상화된 자기 이미지로 남게 된다.

자전적 기억이라는 개념을 알고 이해하게 되면 학생과 함께하는 교사라는 역할의 중요성을 새롭게 바라보게 된다. 늘 곁에 있었지만 그동안 알아차리지 못했던 세상의 어떤 측면을 인식하게 만드는 것, 이것이 바로 새로운 개념을 배우는 일의 가치다. 자전적 기억을 이해하고 나면 학생의 개인적 경험 하나하나가 모여 어떻게 학습자로서 자기를 어떻게 보는가 하는 지속적인 특징들로 통합되는지에 주목하게 된다. 학생의 부정적인 자기 이미지가 학습을 얼마나 방해하는지도 알 수 있다. 학생이 좀더 생산적이고 만족스러운 자기 이미지를 형성하도록 돕는 일은 교사로서의 역할을 훌륭히 수행하고 있음을 보여주는 핵심 징표라는 사실도 일깨운다.

자전적 기억을 통해 우리는 인간 기억에 관해 중요한 한 가지 사실을 이해할 수 있다. 기억 체계들 사이에 그어진 경계 구분은 사실상 무의미하며 실제로 이들은 고도로 통합되어 작동한다는 점이다. 이 책은 기억 체계들 중에서도 교실 학습과 가장 밀접하게 관련되는 것들을 집중적으로 다루었으나 이 역시 인간의 기억 연구와 이론 중 극히 일부에 불과하다. 기억 체계가 수업 현장에서 어떻게 작동하는지에 대한 교육계의 이해가 높아질수록 교수 학습에 대한 이해도는 그 깊이와 넓이를 더할 것이 분명하다.

10장
연습

켄은 초등학교 3~4학년 소그룹의 읽기 수업을 지도하고 있었다. 이 반은 문화적 단절을 경험한 학생들로 구성되어 있었다. 켄이 중점을 둔 것은 읽기 유창성으로, 읽을 때 잘못 읽는 실수를 줄이고, 자연스럽게 의미 단위로 구분해 적절한 속도로 읽도록 지도했다. 학생들은 비교적 잘 따라와주었다. 그래서 켄은 과제로 글 한 편을 내주고 읽어오도록 했다. 지금까지 학생들이 접해 본 적은 없는 내용이지만 혼자 읽을 만한 수준의 글이었다.

다음날 켄은 과제로 내준 글을 읽어보았는지 물었다. 학생들은 모두 그렇다고 대답했고 켄은 학생 하나하나를 불러 소리 내어 글을 읽어보게 했다. 하지만 켄의 기대만큼 유창하게 읽는 학생은 한 명도 없었다. 그럼에도 학생들은 모두 집에서 열심히 읽기를 연습했다고 말했다. 켄 역시 그러하리라 확신했지만 말이다.

지금까지 우리는 머릿속에서 일어나는 학습의 과정을 살펴보았다. 새로운 정보가 입력되고, 그리 오래 지속되지 않거니와 종종 불안정한 작업기억을 거쳐, 장기기억 체계의 거대한 저장고로 넘어가 기존의 다른 지식구조와 통합되는 과정 말이다. 이 단계에 이르면 이제 그 지식이 앞으로 필요할 때 활용 가능한 형태가 되었노라고, 확실히 뭔가 배웠노라고 말할 수 있다. 하지만 이 과정에서 매우 중요한 핵심 요소임에도 지금까지 일부 측면만 다루어온 한 가지가 남아 있다. 바로 학습한 것이 기억 체계에 보다 안정적으로 자리잡도록 어떻게 공고화(consolidate)할 것인가의 문제다.

이 문제의 해답은 바로 연습(practice)이다. 연습은 신경 네트워크에서 수초화를 촉진, 그 연결을 촉진하고 영구적으로 만든다. 나사를 한 방향으로 계속 돌려 나무 표면에 딱 맞게 고정하는 과정과도 비슷하다. 충분한 연습이 없으면 학습의 상당 부분은 얼마 안 가 사라지게 되며, 학습에 어려움을 겪는 학생들에게는 그 시점이 더 빠르게 찾아온다. 배운 것이 장기기억에 완전히 자리잡기 전 연습을 멈추게 되면 그 지점에서 학습은 끝나고 만다. 연습은 학습의 모든 과정을 연결해준다.

연습이 중요하다는 데에는 누구나 동의할 것이다. 그러나 실제 수업에서 연습에 할애하는 시간을 들여다보면 충분하다고 말하기는 어렵다. 교사도 학생도 교육과정의 흐름에 늘 떠밀리고 있다. 모든 것을 충분히 배우고 연습할 시간을 확보하기란 마치 구멍 숭숭 뚫린 체로 물을 퍼내려는 형국이나 마찬가지다. 그러나 배운 내용이 장기기억으로 옮겨가려면 충분한 연습이 필요하다는 것은 분명한 사실이다. 그렇다면 '충분한' 연습이라는 것이 어느 정도의 연습량을 뜻할까. 이는 학생들의 활동을 통해 가늠할 수 있다. 연습은 학생이 실제로 하는 활동이기 때문이다. 만약 수업 시간의 대부분을 교사의 설명이 차지하고 있다면 학생들은 충분히 연습하지도, 많이 배우지도 못하고 있는 셈이다.

수업 중 할 수 있는 연습에는 두 개의 기본 유형이 있다.[1] 하나는 상위 학습목표를 뒷받침하는 개별 교과의 스킬과 지식을 습득하기 위한 연습이다. 수학 교과에서 기초연산지식 같은 것은 문제해결에 활용할 수 있는 기본 스킬의 하나이며, 철자는 글로 정확하게 의사소통할 수 있게 돕는 도구다. 4×5=20이라는 것, 'magic'이란 단어 끝에 붙는 발음상의 묵음 규칙, 1066년은 영국 역사에서 중요한 사건(노르만 정복)이 발생한 연도라는 사실을 익히는 데 필요한 연습은 단순반복 연습(rote practice)이다. 단순반복 연습에서 학습은 정해진 형태를 반복해서 익히는 것, 즉 형태에 초점을 둔 반복의 산물이다.

단순반복 연습이 작동시키는 것이 의미기억인지 절차기억인지는 정확히 구분할 수 없지만 중요한 것은 필요한 스킬이 최대한 자동화되어야 한다는 것이다. 즉 학생이 충분한 연습을 통해 자동화 수준까지 이르도록 하는 것이 핵심이다. 그래야 작업기억이 문제해결과 내용 학습이라는 보다 중요한 과제에 집중할 수 있다.

또다른 유형으로 '정교화 연습(elaborative practice)'이 있다. 이것은 새로운 정보를 장기기억 속에 이미 형성되어 있는 스키마와 통합하는 데 중점을 둔다. 단어의 뜻을 온전히 자기 것으로 만들고, 나비의 한 살이를 묘사할 수 있고, 세포 내 미토콘드리아의 기능을 설명할 수 있게 하는 데 필요한 연습이 바로 이 유형이다. 새로 알게 된 의미를 기존의 기억 체계 속에 충분히 통합하기 위해서는 연습 기회가 많아야 한다. 정교화 연습에서의 학습은 대체로 의미 있는 과제를 장기간 수행한 결과로 이루어지며 이 경험이 많을수록 더 잘하게 된다. 교과 내용을 대상으로 의미 있는 연습을 충분히 하는 것, 이것은 수업의 주된 목표가 되어야 한다.

둘 다 필요하다

지금까지 기초학력을 다루는 교육 분야에서 치열하게 지속되어온 논쟁이 있다. 한쪽은 단순반복 연습이 중요하다는 입장으로 파닉스, 기초연산지식, 공식 같은 것들을 강조하는 접근이다. 다른 쪽에서는 큰 틀에서의 이해와 개념 형성을 중시한다. 양자 간의 충돌과 논쟁 사이에서 막대한 수익을 올리는 학습지 회사도 있겠지만 학교 현장에서는 혼란을 겪는다. 안타까운 것은 이러한 상황 속에서 학생들이 제대로 지원을 받지 못하고 있다는 점이다.

기억 체계가 어떻게 작동하는지를 이해하고 나면 이제 이러한 논쟁이 양자택일의 문제가 아니라는 점을 깨닫게 될 것이다. 학생들은 학년 수준에 맞게, 구구단이나 기초연산지식, 공식, 수 세기 등 자동화에 도달할 수 있도록 돕는 기계적 도구를 익혀야 한다. 이들은 최대한 빠르고 수월하게 활용될 수 있어야 하며, 그래야만 작업기억이 수업의 궁극적 목표에 해당하는 개념 지식 형성에 집중할 수 있다. 물론 스킬을 자동화한다고 해서 의미를 내면화하는 것이 바로 이어지진 않으며, 그 반대 역시 성립하지 않는다. 스포츠 경기를 예로 들어보자. 실제 경기를 치르는 것과는 별도로 수많은 연습 시간이 항상 따로 마련된다. 경기 중에 사용되는 수많은 스킬은 경기 때만 연습해서는 충분하지 않기 때문이다. 반대로 드리블이나 슛만 잘한다고 해서 자동으로 훌륭한 농구 선수가 되는 것도 아니다. 의도적 연습(deliberate practice)에는 주의집중이 필요하다. 개별 스킬을 단순히 많이 사용하는 것만으로는 실력 향상이 어렵다.

다음에 제시된 사례들은 이처럼 학업 스킬로 바로 이어지지 않는 정교화 연습들이다.

- 초등 저학년: 학교에서 책읽기에 참여하지만 소리와 문자 간의 대응 관계를 저절로 익히는 것은 아니다.
- 초등 중학년: 100칸 차트를 활용, 곱셈에서 같은 크기의 묶음 개념을 탐구하고 이해했지만 기초연산지식이 자동화될 정도의 수

준에 이르지는 않는다.

- 중고등 : 역사 교과서에서 유럽 왕조와 군주에 관한 글을 읽는다고 해서 전체 사건 흐름을 정리하는 데 필요한 중요 연도와 인명, 지명 등의 정보가 자동으로 기억되는 것은 아니다.

반대로 개념적 정보는 스킬만 단순 반복연습한다고 해서 습득될 성질의 것이 아니다.

- 음소 인식 연습을 한다고 해서 글의 독해 능력이 자동으로 발달하는 것은 아니다.
- 기초연산지식을 자동화 수준까지 연습한다고 해서 '같은 크기의 묶음'이라는 곱셈의 개념을 터득하게 되는 것은 아니다. 또 기초연산지식을 적용해야 하는 서술형 문제를 모두 잘 풀 수 있는 것도 아니다.
- 연도와 이름을 암기한다고 해서 역사의 전체적 흐름이나 왕조의 흥망성쇠의 원인을 이해할 수 있는 것은 아니다.

단순반복 연습과 정교화 연습은 둘 다 꼭 필요하며 자세한 내용은 앞으로 좀 더 나올 것이다.

연습의 딜레마

숙달에 이를 때까지 연습하는 것은 바람직한 목표일 수 있다. 하지만 현실적으로 교사들에게 어디까지 기대할 수 있을까. 수학, 읽기, 쓰기, 과학, 사회 등 학생이 배워야 할 방대한 개념 정보와 스킬 모두를 숙달 수준까지 연습하는 것이 과연 가능할까. 배운 것 모두 숙달에 이를 때까지 새로운 정보 입력을 중단한다 치더라도 연습만 계속하다가 학교 생활이 끝나버릴지 모른다.

그럼에도 불구하고 연습은 반드시 필요하다. 바로 여기에 딜레마가 있다. 그렇다면 선택의 문제다. 자동화시킬 필요가 있는 것은 무엇인가, 장기기억 속 스키마와 깊이 있게 통합해야 할 것은 무엇인가, 그리고 일시적으로 다룬 뒤 수업이나 단원이 끝나면 내려놓아도 좋은 것은 무엇인가.

우선 장기적으로 효과가 큰 지식이나 스킬은 숙달 수준까지 시간을 들여 연습해야 한다. 수학에서는 수 감각, 기초연산지식, 스킬은 반드시 자동화되어야 한다.[2] 읽기에서는 글자와 소리의 대응(음소 인식), 읽기 전략 사용 능력(글을 읽을 때 상황에 맞게 읽고 이해할 수 있는 수준을 말함. 예를 들어 읽다가 모르는 낱말이 나온다거나 내용이 잘 이해가 안 될 때, 내용을 다시 읽어본다거나 앞뒤 문맥을 살피는 등의 전략을 사용함—옮긴이)의 숙달이 중요하다. 과학에서는 과학적 방법과 가설을 설정하는 능력을 숙달 수준까지 연습할 필요가 있다.

공통핵심기준에서 제시하는 교과 및 학년별 성취기준은 무엇을 숙달 수준까지 연습해야 하는지에 대한 지침이 될 수 있다. 더 많은 연습이 필요한 것이 무엇인지는 정할 수 있더라도 얼마나 많은 연습이 필요한지에 대해서는 기준이 없다. 학생마다 모두 다를 것이고, 한 학생에게서도 교과마다 다를 수 있다. 즉 수학 교과에서는 조금만 연습해도 충분하지만 과학 용어를 숙달하기까지는 훨씬 많은 연습이 필요할 수 있는 것이다.

연구에 따르면 연습은 한 번에 몰아서 하기보다 여러 번 분산하여 진행하는 편이 낫다고 한다.[3] 뇌는 새로운 정보를 흡수하는 데 시간이 필요하다. 물을 마시는 것에 비유해보자. 목이 마르면 물을 한두 컵 마신다. 조금 후에 한 잔 더 마실 수도 있다. 시간이 지나면 더 이상 목이 마르지 않게 된다. 반면 목이 마르다고 해서 한 번에 1.5리터 한 통의 물을 마실 수는 없는 일이다. 오히려 배탈이 날 수도 있다. 교사는 학생의 머리에 쥐가 나지 않도록 해야 한다. 배우는 내용이 복잡할수록 긴 시간 동안 여러 차례에 걸쳐 마시게 하자. 한번 마실 때도 가급적 충분한 시간을 두어 천천히 마시게 한다.

주기적으로 연습할 수 있는 스테이션을 마련해도 좋다. 생물 수업에는 익혀야 할 과학 용어가 엄청나게 많다. 색인카드 어휘게임, 그림 보고 용어이름 붙이기, 단어 분류하기 등으로 구분해 집중 연습할 수 있는 스테이션을 마련해보자. 이렇게 하면 특정 수업이나 단원이 끝난 뒤에도 학생들은 필요한 내용을 계속 연습하면서 숙달 수준에 이를 때까지 반복할 수 있다.

▶ 고부담 시험을 위한 연습

현 상황에서 고부담 시험 준비는 불가피하기에 반드시 시험에 대비한 훈련이 필요하다. 주 단위, 국가 단위 표준화시험 일정이 다가오면 학교 운영이 사실상 중단되고 모든 수업이 시험 대비 연습으로 대체되는 경우가 많다. 그러나 기억 체계의 관점에서 보면 시험을 치르는 일은 인지적으로 매우 복잡한 활동이며 충분한 연습이 필요하기 때문에, 시험 직전에 이런 식으로 몰아서 훈련하는 것은 '배탈이 나도록 물을 들이켜는' 접근에 가깝다.

다음은 기억 체계의 작동 방식에 부합하는 몇 가지 제안이다.

- 표준화시험과 동일한 환경으로 구성된 공식적인 학교 시험을 연중 주기적으로 마련한다.
- 시험을 잘 치르기 위한 전략을 학급 차원에서 함께 논의한다. 그런 다음 모의시험, 단원말 평가 등 공식적인 표준화시험 전에 이 전략을 실제로 연습할 기회를 갖고 그 효과를 점검한다.
- 학생들 각자에게 자신이 표준화시험에 대비해 어떤 전략을 사용했는지, 그 전략으로 어떤 결과를 얻었는지, 앞으로 어떤 전략을 좀더 발전시키고 싶은지 등을 스스로 평가하게 하고, 연습할 수 있도록 스크립트 형태로 전략을 작성하게 한다.

- 시험 과목과 관련된 교실 내 게시물, 인쇄물, 단어벽 등을 모두 내려놓거나 가린다. 그리고 학생이 그 자료들을 어떻게 활용해왔는지 시험지 여백이나 별도의 종이에 간단히 적는 시간을 갖는다.
- 해당 학년의 표준화시험 문항을 면밀히 분석하여 반복적으로 등장하는 핵심적 서술어(분석하라, 대조하라, 설명하라 등) 및 표현(저자에 따르면~)을 추려낸다. 그런 다음 이러한 단어와 표현을 명시적으로 가르치라. 수업 중에 사용하는 언어나 자체 평가 전반에도 이들을 포함하라.

입력 연습 vs 인출 연습

반복적으로 공부하는 것보다 반복적으로 인출하는 것이 기억을 유지하고 강화시킨다.[4] 이는 직관과는 좀 다를 것이나 실제로 시험 등의 인출 행위가 기억에 더 도움이 된다. 학습한 정보와 스킬은 주기적으로 사용되면서 그때마다 기억 속에서 노력하여 인출하는 방식으로 쓰일 때 더 장기적이고 안정적으로 유지될 수 있다.

이런 뜻에서 시험은 '노력을 기울이는 인출(effortful retrieval)' 행위라고도 할 수 있다. 다만 이것이 시험이나 평가를 많이 실시하면 좋다는 뜻은 아니다. 그보다는 게임, 퀴즈, 집중연습 코너, 노래 등 무엇이 되든, 오래 기억할 가치가 있고 학생들이 그 답을 의도적으로 떠올리려고 노력하고 주의를 기울이게 하는 활동이라면 좋다.

또다른 예로는 학생이 이제 막 배운 정보를 스스로 떠올리도록 하면서 교사가 그 답을 비계적으로 지원하는 방식이 있다. 사실 교사들은 시간상의 이유 등으로 또는 몸에 밴 습관 때문에, 학생에게서 정보를 끌어내려 애쓰기보다 필요 이상 설명을 많이 해주는 편이다. 5장의 집행기능 편에서 제안했던 방식과 비슷한데, 수업에서 사용하는 스크립트에서 단어를 점차 줄여나가면서 최종적으로 아이콘이나 그림으로 대체하는 방법(인출)을 제안한 바 있다. 이는 같은 내용을 교사가 반복해서 말해주거나 학생이 또다시 읽게 하는 방식(입력)과 대비된다. 핵심은 학생 스스로 중요한 정보와 스킬을 주기적으로 인출하게 만드는 것, 그리고 그러한 인출 전략에 대한 피드백과 추가적 논의가 이루어져야 한다는 점이다.

이러한 방식은 학생에게 끊임없이 새로운 정보를 제시하고 익히게 한 뒤 단원 말 또는 학기말 한 번의 시험으로 마무리하는 기존 방식과 분명 다르다. 학교 관리자나 교육 행정가들이 기대만큼 진도를 나가지 못했다며 교사를 압박할 때 이 내용을 근거로 활용해 설득하기 바란다. 학생이 정보를 처리하고 자기 것으로 만들기 위해서는 연습을 포함해 충분한 시간이 필요하기에 그러기 위해서는 새로운 정보의 입력 속도를 늦춰야 했다고, 그리고 기억 유지에 도움이 된다는 연구 결과를 반영, 좀더 자주 시험을 보며 연습할 시간을 확보할 필요가 있었다고 말이다.

연습에 반영된 사회정의

현실적으로 보면 교실에서 스킬 연습을 아무리 촘촘하게 설계하더라도 문해지향적 환경에서 자란 학업성취도가 높은 학생들은 그 연습을 학교 밖에서도 자연스럽게 반복하게 된다. 이미 유리한 위치에 있는 학생들이 더 많은 연습 기회를 갖게 되는 구조다. 자동차로 장거리 여행을 할 때 자녀와 구구단을 외우며 시간을 보내고 취학 전 아이들을 위해 수백 시간 이상 책을 읽어주는 부모를 가진 학생은 얼마나 될까.

어떤 부모들은 아예 자녀를 도와줄 여력이 없다. 또는 학교 학습과 관련된 연습에 참여하기 쉽지 않을 수도 있다. 자녀와 함께 숫자 세기 놀이, 고리 쌓기, 퍼즐 놀이를 하면서 기초적인 학업 스킬을 연습할 수 있게 도와주는 것도 모든 부모가 할 수 있는 것은 아니다. 이런 활동들은 유아기 단계에서 기본적인 학업 스킬을 오랫동안 반복적으로 연습할 기회를 제공하며 훗날 학교에 들어가서도 큰 도움이 된다.

고학년이 되었을 때 학교 공부보다 가족의 생계를 돕는 데 집중해야 하는 학생도 있다. 이들은 밤이나 주말에 공부 대신 일을 해야 하므로 학교 수업 외에는 공부할 시간이 거의 없을지도 모른다. 이처럼 연습에 격차가 생기는 현실적 이유는 이 외에도 너무나 많다. 하지만 원인이 무엇이든 이처럼 불평등한 상태가 그대로 지속되게 방치할 수는 없다.

책읽기를 예로 들어보자. 진화론적 관점에서 보면 뇌는 애초에 책읽기를 하도록 설계되지는 않았다.[5] 읽기를 배우는 과정에서 학습자는 시각처리 영역과 언어처리 영역이 빠르게 연결되도록 뇌의 여러 영역을 재구성해야 한다.[6] 본질적으로 책읽기에 맞게 설계되지 않은 뇌를 가지고 핵심적인 학업 스킬인 읽기 능력을 발달시키자면 사전 준비(prepping)가 반드시 필요하다. 문해지향적 환경에서 자란 학생들은 부모와 함께하는 다양한 활동과 그 과정에서 이루어지는 중재지원을 통해 충분한 사전 준비를 한 상태로 학교에 온다. 그 결과 유치원에 입학할 때부터 이미 책을 읽을 수 있거나, 곧바로 읽기를 시작할 수 있는 상태가 된다. 하지만 문해지향성이 낮고 문화적 단절을 경험한 학생들은 이런 사전 준비를 제대로 하지 못했을 가능성이 크고, 읽기를 제대로 하지 못하며 준비도 안 되어 있을 가능성이 훨씬 높다.

흥미롭게도 학교에서는 이런 학생들에게 읽기를 가르치기 위해 음소 인식 연습을 많이 시키는 방향을 선택하고 있다. 그러나 이런 방식은 문해지향적 환경에서 자란 학생들이 읽기에 익숙해지게 만들어주는 사전 준비 활동과는 거리가 멀다. 물론 읽기를 잘하려면 음소 인식 스킬이 일정 수준 이상 필요한 것은 맞다. 그러나 문해지향성이 낮고 문화적 단절을 경험한 학습자들에게는 그보다 더 먼저, 정말 많이 연습해야 할 것들이 있다. 다음은 문해지향적 학습자들이 사전 준비를 통해 갖춘 능력을 따라잡기 위해 이 학생들에게 꼭 지원해 주어야 할 것들이다.

- 탄탄한 집행기능 스킬: 적절한 스크립트, 충동 억제, 유연성, 조직화스킬, 목표 설정 능력
- 강력한 메타인지 스킬
- 해낼 수 있다는 믿음, 자신의 능력에 대한 자신감, 어려움이 닥쳤을 때 견뎌낼 수 있는 끈기
- 언어 사용 능력, 특히 어휘와 문법
- 작업기억을 효과적으로 운영하는 능력
- 문제를 스스로 해결하는 능력

학교의 존재 이유는 모든 이들에게 공정한 삶의 기회를 제공하는 데 있다. 교사들 또한 마찬가지다. 학생을 가장 잘 아는 학습 전문가로서, 어떤 종류의 연습을 얼마나 잘 구조화하여 제공할 것인지 판단하고 학습에 어려움을 겪는 학생을 위해 개별화된 지원을 하는 것, 이것이 학습 부진의 악순환을 끊어내는 한 가지 방법이 될 것이다.

기술 습득의 자동화: 단순반복 연습

단순반복 연습은 흔히 '드릴 앤 킬(drill and kill)', 즉 의미 없는 반복훈련으로 생각되곤 한다. 왜 학생들에게 로봇처럼 반복하는 기계적 연습을 계속 시키느냐는 비판이 따라온다. 그러나 스킬이 자동화되

면 그것을 불러내고 사용하는 데 필요한 인지적 부담이 줄고 문제해결 및 학습에 필요한 공간은 늘어난다. 스킬을 사용하는 데 의식적인 노력이 많이 필요할수록 작업기억 공간은 그만큼 소모되어 과제에 집중할 여력이 줄어든다. 단순하고도 명확한 제로섬 게임이다. 빅 아이디어(big ideas)나 핵심 개념에 의미 있게 참여하다 보면 필요한 스킬은 자연스럽게 습득할 수 있다는 주장이 있고 이를 믿는다 해도 뇌의 생리학적 특성은 변하지 않는다. 새로운 정보를 기억 체계에 통합하고 숙달하기까지는 집중적인 연습이 필요하다.

학생에게는 학업 스킬을 자동화 수준까지 연습할 기회와 함께 개념 발달을 위한 학습의 기회 모두가 필요하다. 사회 교과에서 중요한 인물과 연도를 기억하는 것, 수학 교과에서 기초연산지식과 공식을 익히는 것, 읽기에서 소리와 문자의 대응 관계를 익히는 것, 과학에서 기호를 떠올리는 것 등은 자동화 수준에 이를 수 있게 반복적 연습이 반드시 필요하다.

연습하는 방법의 학습

교사들은 흔히 연습 방법을 학생들이 당연히 알고 있을 거라 생각한다. 하지만 이는 교사들이 종종 저지르는 실수 중 하나다.

켄은 학습에 어려움을 겪는 학생들에게서 연습과 관련된 문제점

두 가지를 찾아냈는데 이 둘은 사실상 동전의 양면이나 마찬가지다. 하나는 이 학생들에게 도움이 되는 연습 과정 자체가 없었다는 점이다. 목표 설정, 전환, 적절한 스크립트 사용 등 필수 집행기능 스킬이 부족했던 탓이기도 하다. 또다른 문제는 자신이 하고 있는 연습이 효과적인지 아닌지 메타인지적으로 점검하지 못했다는 것이다.

켄이 지도했던 6학년 학생이 있었다. 편의상 그의 이름을 미구엘이라고 하자. 그는 수학 과목에서 기초연산지식을 자동화하지 못해 곱셈 계산을 몹시 힘들어했다. 켄은 미구엘에게 플래시카드를 이용해 곱셈을 어떻게 연습하는지 보여달라고 요청했다. 미구엘은 카드 하나를 들고 소리 내어 읽은 뒤 탁자 위에 내려놓았다. 그리고 모든 카드에 대해 같은 과정을 반복하고는 "다했어요."라고 말했다. 초등 저학년 시기부터 교사들은 미구엘에게 구구단을 외우라고 말했지만 미구엘이 한 일은 카드를 한 번씩 본 것뿐이었다. 이는 미구엘에게 도움이 되는 연습 과정 자체가 없었던 것이니 그가 곱셈을 제대로 익히지 못한 것은 어쩌면 당연한 일이었다.

그리고 동전의 뒷면, 즉 문제의 또다른 측면이 되는 것은 미구엘 자신이 구구단을 제대로 익히고 외웠는지 여부에 주의를 기울이지 않았다는 점이다. 그는 부분적으로 알고 있던 기초연산지식을 의도적으로 떠올려 정확히 알고 있는지 확인하지 않고 카드를 다시 바라보는 것만으로 끝내곤 했다. 앞에서 주의를 기울여 의식적으로 노력할 때 더 잘 기억하게 된다고 했다. 학생이 주의를 기울여야 할 대상 중 하나는 학습하고 있는 자기 자신이다. 미구엘은 바로 이 부분이 부족했던 것이다.

교사는 미구엘에게 구구단 연습을 하라고 시켰고 미구엘은 충실히 그 말을 따랐다. 그러나 미구엘이 사용한 연습 방식은 단순한 입력에 불과했기에 수없이 반복했음에도 이렇다 할 성과가 없었다. 이 장의 첫머리에 소개한 일화 속 여학생들은 자신들의 연습 과정을 켄에게 이렇게 설명했다. 한 아이는 지문을 한 번 읽었고 다른 한 아이는 두 번 읽었다. 그것이 그들이 말한 '연습'이었다. 과제를 하기 전 수업 시간에는 읽기 유창성에 대해 알고 있는 것처럼 보였음에도 불구하고 그들은 연습 과정에서 자신의 수행을 전혀 돌아보지 않았다. 즉 유창성에 대한 메타인지적 이해가 되지 않았기에 집에서 연습할 때에도 그것을 전혀 활용하지 못한 것이다. 또한 그날 학생들은 가정에서 목표 설정, 계획 수립, 자기 점검 같은 집행기능 작동도 제대로 되지 않았다. 켄은 어떤 방법으로 연습을 해야 하는지에 대해 학생들과 알아보는 시간을 따로 갖지 않았다는 걸 깨달았다. 이 학생들에게는 연습을 위한 연습, 즉 연습하는 방법을 익히는 또다른 연습이 필요했던 것이다.

교사와 학생 앞에 놓인 두 가지 과제가 있다. 첫째, 일부 학생들은 수학이나 읽기를 포함한 어떤 교과에서든 스킬을 습득하기 위한 효과적인 연습 방법 자체를 알지 못한다. 둘째, 학습에 어려움을 겪는 학생들은 장기기억 체계를 활성화하는 데 필요한 주의와 몰입 없이 그저 연습 과정을 반복하고 있다. 이들에게는 자신의 학습을 점검할 정도의 메타인지 스킬이나, 스스로 목표를 세우고 계획을 조정하는 독립적인 집행기능이 충분하지 않다. 이 학생들에게 '잘했다'는 기준은 결과가 아니라 들인 시간이 된다. 교사는 수업에서 이 문제를 다룰 시간을 어떻게 마련할지에 대해 고민해야 한다.

의도적 연습(deliberate practice)[7]에 참여할 때 연습은 가장 효과적일 수 있다. 의도적 연습의 특징으로 꼽을 수 있는 것들은 전문가들의 실제 수행이 어떻게 이루어지는지 탐구한 연구를 통해 도출된 것이다. 물론 학교에서 학생들이 항상 전문가 수준으로 수행하기를 기대할 수는 없다. 실제로 전문가 수준으로 수행하려면 엄청난 연습량과 시간이 필요하기 때문에 현실적으로 불가능한 일이다. 그럼에도 학생들을 위한 연습을 계획할 때 참고할 만한 의도적 연습의 핵심적 특징들이 몇 가지 있다.

- 참여하려는 동기가 필요하다. 미구엘은 구구단을 익혀야 할 동기를 갖고 있지 않았고, 만약 노력을 기울여 연습할 경우 그것이 자신에게 어떤 가치를 갖는지 이해시킬 시간이 필요했다. 연습은 학습자와 조율되어야 하며 노력을 이끌어내고 흥미를 자극할 수 있어야 한다. 또 교사의 지원을 통해 학생이 실제로 수행할 수 있는 것이어야 한다.
- 노력을 기울여야 하고 특히 주의집중이 필요하다. 자동조종

(autopilot, 생각하거나 주의를 기울이지 않은 채 무심코 손과 입만 움직이는 상태—옮긴이) 상태에서는 의도적 연습이 이루어질 수 없다.

- 즉각적인 피드백과 함께 자기점검을 할 수 있는 장치가 필요하다. 이상적으로는 피드백이 기준에 비추어 평가하는 데 그치지 않고 경험의 확장까지 이어져야 한다.
- 일정한 시간에 걸쳐 여러 차례 반복되어야 한다.

수업 적용 | 효과적인 단순반복 연습의 조건

다음에 제시하는 전략은 학생이 어떤 스킬을 자동화 수준까지 연습해야 하는 상황에서, 그 연습을 보다 효과적으로 수행할 수 있는 학습자로 성장하도록 돕기 위한 것이다. 이 전략은 의도적 연습의 특성, 기억을 유지하는 데 있어 인출 노력이 갖는 중요성, 그리고 학습에 어려움을 겪는 학생에 대한 이해를 토대로 구성되었다. 다음에 제시된 각 단계는 학생들의 연습을 위한 스크립트와 연결될 수 있다.

1. 학생에게 연습하라고 요구하는 그 스킬이 왜 중요한지 분명히 이야기한다.
2. 학생의 연습이 목표 수준에 도달했는지 판단하는 기준에 대해 학

생과 명시적으로 논의한다.

3. 특정 스킬을 어떻게 연습해야 할지 그 방법을 명확히 가르치고, 왜 그 방식으로 연습해야 하는지 이유를 설명해준다. 예를 들어 구구단 카드를 가지고 연습할 경우 다음과 같이 한다.
   a. 각 카드를 보면서 답이 즉시 떠오르는지 아닌지 스스로 판단한다.
   b. 정답을 확인한다.
   c. 정답을 맞혔다면 그 카드를 한 더미로 탁자 위에 놓는다.
   d. 정답이 틀렸거나, 맞혔더라도 바로 정답을 내놓지 못했다면 그 카드를 다른 더미에 놓는다.
   e. 모든 카드를 이런 방식으로 한 번씩 확인하여 두 더미 가운데 하나로 분류한다.
   f. 오답을 말했거나 바로 정답을 대지 못한 카드를 하나씩 다시 보면서 답을 말한다. 그런 다음 카드를 가린 뒤 다시 답을 말하고, 한 번 더 본 다음 다시 말한다.
   g. 모든 카드를 다시 섞은 뒤 a~e의 과정을 다시 반복한다.
   h. 여전히 틀렸거나 바로 정답을 내지 못하는 카드가 남아 있다면 f와 g의 과정을 반복한다.
   i. 수업 중 연습이나 과제를 마친 후 연습이 성공적이었는지, 그렇게 판단한 근거는 무엇인지, 다음에는 어떻게 하면 더 효과적으로 연습하게 될지 교사에게 보고한다.[8]

4. 교사가 먼저 그 과정을 시연하고 필요하다면 한번 학생들과 함께 실제로 수행해 보면서 즉각적인 피드백을 제공한다.
5. 해당 스킬이 다른 상황에 어떻게 전이될 수 있는지 논의할 기회를 마련하고, 그 전이가 일어나도록 연습 시간을 구조화한다.
6. 교실에서 이루어지는 스킬 연습에 재미있는 요소를 주기적으로 포함한다.

연습이 재미있으면 학생들은 그 연습을 더 많이 하게 될 것이다. 화학 교과에서 원소 기호를 배워야 한다면 두 가지 색상의 인덱스 카드를 마련해 한쪽에는 기호, 한쪽에는 원소 이름을 적어 놓고 짝을 짓는 집중력 게임을 해보는 것이다. 같은 방식으로 원자량과 원소 이름, 또는 원소 기호를 짝짓는 활동도 좋다.

스무고개 게임도 학년과 교과를 막론하고 다양하게 활용할 수 있다. 예를 들어 초등 고학년이나 중학교 사회과에서 역사를 배운다고 하자. 그러면 이런 식으로 단서를 제시할 수 있다.

"내가 생각하고 있는 것은 중요한 연도입니다."

"미국 독립전쟁 이전 시기입니다."

"영국 의회와 관련되어 있습니다."

교사가 직접 만든 보드게임을 가져오거나 학생들 스스로 연습용 보드게임을 만들어 보아도 좋다. 또는 다음과 같이 학급 전체가 함께 부를 수 있는 랩 가사를 직접 만들어보는 것도 있다.

원소 기호, 어떤 건 정말 쉽지.
수소는 H, 게르마늄 Ge,
리튬은 Li, 스칸듐은 Sc
이런 건 별로 어렵지 않지.
하지만 너무너무 많지.
그래서 돌지. 머리를 돌리지.
수은은 Hg, 은은 Ag
이런 건 한번에 외워지지 않지.
내가 게으른 게 아니지.

스킬의 자동화를 위한 단순반복 연습은 학교 학습에서 매우 중요한 요소다. 이것이 학습의 가장 주된 목표는 아니지만 자동화가 이루어져야만 작업기억 공간이 확보되어 의미 있는 학습과 문제해결에 참여할 수 있기 때문이다. 가정에서 이런 연습을 할 만한 여건이 안 되는 일부 학생에게는 연습하는 방법을 가르치는 것 외에도 연습할 수 있는 시간과 공간을 수업 시간 동안 함께 제공해야 한다.

정교화 연습

학생이 의미를 중심으로 연습하게 하려면 정교화 연습을 수업 속에 설계해야 한다. 정교화 연습에는 주로 바꿔 말하기(paraphrasing) 또는 고쳐 말하기(restating)가 포함되며 어떤 내용을 여러 관점에서 바라보는 활동이 들어간다. 이는 새로운 스킬과 지식을 기존의 지식구조와 연결하고 통합하는 과정을 뜻한다.

블룸의 분류 체계(Bloom's taxonomy)[9]는 정교화 연습을 설계하는데 유용한 길잡이가 될 수 있다. 이 체계는 정교화 학습활동과 관련된 고차적 사고 스킬을 이해하기 위한 틀을 제공한다. 즉 정교화 연습에 참여할 때는 곧 고차적 사고를 수행하게 되는 것이다. 도표 10.1은 블룸의 분류 체계를 보여준다. 단계가 위로 향할수록 각 단계에서 요구되는 인지 스킬은 점점 더 복잡해진다. 단계 사이의 경계가 엄격하거나 철저히 위계적인 성격은 아니지만, 일반적으로 상위 수준의 사고는 하위 수준의 사고를 포괄한다고 볼 수 있다.

[도표 10.1] 블룸의 분류 체계

단순히 사실 하나를 떠올리거나 정형화된 정의를 암송하는 수준을 넘어 학생을 참여시키는 모든 활동에는 정교화 연습이 필요하다. 분석하거나 평가, 비교하는 능력은 다수의 장기기억 스키마를 동시에 끌어와 활용해야 한다. 새로운 지식을 기존의 지식과 연결하는 과정은 고차적 사고를 가능하게 하고 새로운 문제와 맥락으로 전이되게 만든다. 반대로 학생이 어떤 주제를 피상적으로만 이해하고 있다면, 그 새로운 학습을 다른 지식 구조와 연결해 고차적 과제를 수행하기란 사실상 불가능하다.

예를 들어 "아인슈타인의 가장 유명한 공식은 무엇인가?"라는 질문에 곧바로 "$E=MC^2$"이라고 대답할 사람은 많다. 이 공식은 오랫동안 충분히 반복된 나머지 머릿속에 단단히 저장되었기 때문이다. 그러나 그 의미를 제대로 대답할 사람은 얼마나 될까. 질량과 에너지에 관한 공식이라는 정도만 알고 있을 가능성이 크다. 빛의 속도가 공식 어딘가에 포함되어 있지만 정확한 수치는 반복 연습이 부족해 잊어버렸을 것이다. 이는 블룸의 분류 체계 속 가장 낮은 단계인 '기억' 수준에 해당하며 매우 빈약한 수준의 스키마다. 공식에서 C가 무엇을 뜻하는지, 혹은 빛의 속도가 질량이나 에너지와 어떤 관련이 있는지 묻는다면, 공식을 즉각 떠올릴 수 있음에도 대부분 제대로 설명하지 못할 것이다. 핵심 개념에 대해 충분한 정교화 연습을 하지 못해 더 발달되고 통합된 스키마를 형성하지 못했기 때문이다. 이것이 7장에서 언급한 '공허한 언어주의(empty verbalism)'의 사례다. 기계적 반복 연습만으로는 정교화된 지식을 기대할 수 없다.

블룸의 분류 체계 인지동사표(Bloom's taxonomy verb wheel) 역시 수업 도구로 매우 유용하다.[10] 도표 10.2는 이 표의 개략적인 모습을 보여주는 것으로, 특히 분석 수준에 몇 가지 구체적 예시가 함께 제시되어 있다. 가운데 중심부에는 블룸 분류학에서 제시하는 지식 수준인 '지식, 이해, 적용, 분석, 평가, 창조'가 나와 있다. 중간부에는 각 단계별로 교사와 학생이 활용할 수 있는 동사들, 예를 들면 분석 수준에서는 '비교, 논쟁, 검토'가 사용된다. 이들은 학생이 어떤 방식으

[도표 10.2] 블룸의 분류 체계 인지동사표

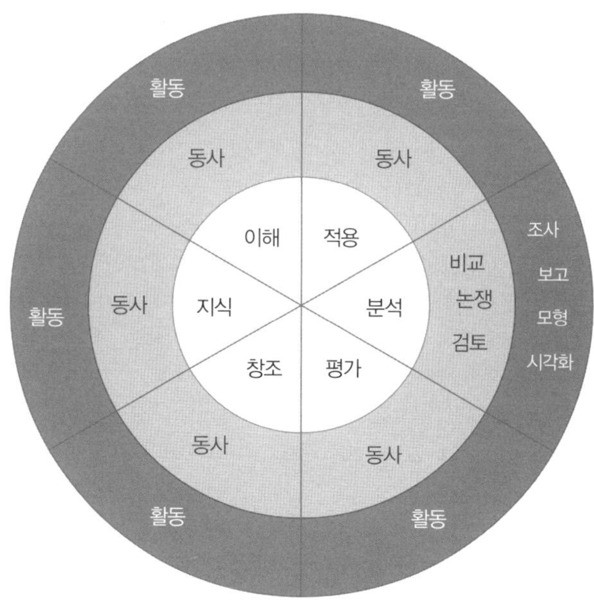

로 사고해야 하는지를 구체적으로 안내하는 언어적 도구다. 가장 바깥쪽 원에는 학생이 실제로 수행하는 활동(activity)이 제시되어 있다. '조사(조사하다), 보고(보고하다), 모형(모형이나 샘플을 만들다), 시각화(도표나 그래프로 나타내다)' 등의 활동은 학생을 특정 사고 수준으로 이끌어준다. 이처럼 블룸의 분류 체계의 각 단계에 맞는 활동을 의도적으로 구성하면 학생들은 단순한 암기나 반복을 넘어 다양한 사고 수준에서 학습에 참여하게 될 것이다. 이러한 구조는 학생들에게 정교화 연습을 할 수 있는 시간과 기회를 제공하는 수업 설계의 틀이라 할 수 있다.

교사가 설계한 연습은 처음에 설정한 학습목표와 평가를 세 가지 측면에서 직접적으로 연결해야 한다. 첫째, 연습과 평가 내용이 일치해야 한다. 둘째, 학습목표와 평가에 내재된 블룸 분류 체계의 사고 수준이 서로 같아야 한다. 셋째, 연습의 수준은 최소한 그 목표와 평가 수준에 도달해야 한다. 예를 들어 학생은 지식, 이해 수준에서만 연습했는데 평가는 분석 수준에서 이루어지는 경우가 있다. 이 때문에 교사들이 종종 속아넘어가는 것이다. 그날 수업에서는 모두가 이해한 것처럼 보였는데 다음 시간에 예고 없이 평가를 실시해보면 제대로 알고 있는 학생은 거의 없는 그런 경우다. 이는 학생이 참여했던 연습의 수준보다 더 높은 수준에서 평가를 실시했기 때문이다.

예를 들어 학생들이 미국 독립전쟁을 유발한 여러 사건을 파악하는 데 집중하고 있다고 하자. 그들의 활동 수준은 사건의 이름, 사건의 개요에 대한 간략한 설명, 그리고 사건이 언제, 왜 일어났는지 파악하는 정도다. 이런 상황에서 "미국 독립전쟁을 유발한 사건에 대한 식민지 미국과 영국의 관점을 세 가지 측면에서 비교하라."와 같은 평가 주제가 나온다면 어떨까. 학습에 어려움을 겪는 학생들에게 이런 평가는 적합하지 않다. '지식' 수준, 더해봐야 약간의 '이해' 수준 정도까지 연습했을 뿐인데 평가는 '분석' 수준에서 이루어졌기 때문에, 숙련된 학습자들은 이런 상황에서 수준의 차이를 좁히고 도약을 해낼 수 있지만 학습에 어려움을 겪는 학생들은 그럴 수 없다. 이들을 위해 교사는 연습 활동을 다음과 같이 설계할 수 있다. 첫째, 비교하는 스킬 자체를 목표로 삼아 연습할 것. 둘째, 식민지 주민과 영국 의회 의원 간의 가상 토론을 준비할 것. 이는 분석이 이미 이루어졌음을 전제로 하는 종합 수준의 활동으로, 평가 수준에 도달하도록 학생을 단계적으로 준비시키는 연습이 된다.

여기서 교사가 또하나 주의할 점이 있다. 집행기능 스킬이 부족한 학생에게 분석 수준의 활동을 요구할 경우 좋은 결과로 이어지지 않을 것이다. 또한 학생이 과제를 이해하는 데 필요한 배경지식을 아직 갖추지 못했다면 그 활동이 '평가' 수준이라고 해서 실제로 평가가 잘 이루어지는 것도 아니다. 제시된 학습량과 수준이 작업기억을 압도해버리면, 애초에 블룸 분류 체계의 어떤 수준에서 사고하라고 요구하든 의미가 없다.

이 책에서 제기한 쟁점들은 성공적인 교실 수업을 떠받치는 기본적인 토대에 해당한다. 학습에 어려움을 겪는 학생들에게 무엇이 필요한지, 그리고 학습과정에서 기억 체계가 어떻게 작동하는지를 바탕으로 설계된 정교화 연습은 그 토대 위에 더해지는 마무리 장식과도 같다.

맺으며

연습은 학습이라는 엔진을 돌려 기억 체계에 영구적으로 남게 하는 연료와도 같다. 연료가 전혀 없으면 기계가 움직이지 않고 너무 많으면 오히려 멈춰선다. 연료의 종류가 맞지 않으면 덜컹거리며 비효율적으로 작동한다. 연료를 자기 차에만 주입할 경우 그 차는 움직이더라도 다른 차들은 움직이지 않는다. 교사가 하는 활동은 학생의 연습이 아니기 때문에 교사가 수업을 차지할수록 학생의 연습은 그만큼 줄어든다. 이렇게 볼 때 교수 기술이란 것도 학생에 대해 교사가 알고 있는 내용을 토대로 적절한 종류와 분량의 연습을 구조화하는 일이라 하겠다.

교사가 학생에게 제공하는 연습은 그 학습목표와 평가 내용 및 방식이 연계되어 있어야 한다. 이는 학습내용뿐 아니라 그 학습이 요구하는 블룸 분류 체계상의 사고 수준까지 포함해야 한다는 뜻이다. 그럼에도 이런 현실은 종종 간과되고, 내용상으로는 맞지만 학생의 연습과 맞지 않는 수준의 평가가 실시되곤 한다. 연습을 통해 학습목표와 평가를 꾸준히 연결하고 있지만 그 연습이 늘 블룸 분류 체계상 낮은 수준에 머물러 있을 경우 더 높은 사고 수준과 스킬을 요구하는 표준화시험 문항 앞에서 혼란을 겪기도 한다. 따라서 학습 전문가로서의 교사는 연습을 설계하는 데 더욱 능숙해져야 하며, 그래야 학생들의 학습을 가장 효과적으로 지원할 수 있다.

11장

마무리하며

학업 격차를 줄이기 위해 지금까지 수많은 교육 개혁과 노력이 추진되었지만 성과는 미미하다. 오히려 소득 집단 간의 학업 격차가 점점 더 벌어지고 있다는 증거만 계속 쌓이고 있다.[1]

물론 학업성취에 영향을 미치는 요인은 한두 가지가 아니다. 그러나 우리는 문해지향성이 낮거나 문화적 단절을 겪은 학습자, 그리고 문해지향적 학습자 사이의 격차야말로 학업 격차를 이해하는 핵심이라고 본다. 현실에서는 학업 격차 외에도 연간적정향상도(Academic Yearly Progress), 고부담시험 등으로 인해 '성적이 낮은 학교', '성과가 미미한 교사'라는 공개적인 낙인까지 감수해야 한다. 이런 상황에서 학생을 가르치는 교사로 살아간다는 것이 얼마나 큰 부담인지 교사라면 대부분 공감할 것이다. 해마다 좋은 의도를 담은 교육적 결정이 쏟아지고 있는데도 말이다. 대체 교육은 지금 무엇을 놓치고 있는 것인가. 이 책의 핵심 틀을 이루는 두 가지 요인이 그 답이 될 것이다.

우선 학습이 본질적으로 사회문화적 과정이라는 사실을 놓치고 있다. 특히 학교교육과 문식성 중심의 성장 환경 사이에 존재하는 공생관계를 간과하고 있다. 문해지향적 환경은 주로 중산층과 부유층 가정의 몫이기에 학생이 그런 가정에서 태어나 성장하는 것 자체가 행운이고 유리한 출발선에 서는 셈이다. 그런 행운을 타고나지 못한 학생은 상대적으로 불리한 위치에서 출발하며 학교교육에서도 수동적인 학습자가 되기 쉽다. 이런 방식은 학습자로서의 역량을 키워주지도, 더 높은 수준의 학업성취로 이끌지도 못한다. 이와 같은 현실의 의미를 정확히 이해해야만 문제해결에 다가갈 수 있다. 문해지향성이 낮은 학습자와 문화적 단절을 겪은 학습자들이 '학습하는 법'을 배울 수 있게, 학교에서 요구하는 문해지향적 방식으로 언어를 사용할 수 있게 도와야 한다. 학교와 교실이 그것을 돕고 지원하는 공간이 되어야 해결의 실마리를 찾을 수 있다.[2] 아동을 학자로 길러내겠다는 명분 아래 학습에서 생기와 즐거움을 짜내는 현재의 교육 방식에서는 가진 자와 갖지 못한 자 사이의 근본적인 역할을 바꿀 수 없다. 이는 오늘날 인류가 직면한 가장 중요한 쟁점 중 하나인 사회정의와도 관련되는 문제다.

또하나는 공통핵심기준에서 비롯되는 문제다. 안타깝게도 우리는 공통핵심기준이 현대 교육에서 반복되어 온 많은 교수학습 개혁과 마찬가지로, 결국 문제를 해결하지 못한 채 또다른 한계에 부딪히는 방향으로 모두를 이끌었다고 본다.[3] 공통핵심기준은 교과에서 다루는 학습 내용의 양을 어느 정도 줄이긴 했지만 그 내용을 다루는 방식의 복잡성은 한층 높이고 말았다. 대학 교육에서 요구하는 수준의 역량을 먼저 규정하고 그것을 유아교육과 유치원 단계까지 거꾸로 풀어내려오는 방식으로 교육과정을 설계하고 있다는 점에서 그러하다.

이런 접근은 일견 이상적이고 바람직한 시도라 할 수 있지만 그 출발점에 자리한 전제가 문제였다. 우선 공통핵심기준의 역방향 설계 철학이 갖는 한계를 들 수 있다. 공통핵심기준은 모든 학생이 학교에 입학할 때 준비 정도가 대체로 비슷한 수준일 것이라 전제한다. 또 학교에서 수행하는 복잡하고 고차원적인 과제와 활동을 반복적으로 경험하기만 하면 모든 학생이 학업 수행에 필요한 언어와 사고 스킬을 자연스럽게 갖추게 될 것이라고 가정한다. 그러나 현실에서 이러한 가정이 맞지 않다는 것을 교사라면 모두 알 것이다. 학생들 모두가 같은 수준의 스킬을 갖추고 학교에 오는 것은 결코 아니다. 더 고차적이고 복잡한 학습을 시킨다고 해서 학생의 언어스킬, 집행기능, 작업기억 스킬 등이 자동으로 향상되는 것도 아니다. 기대치를 높게 갖는 것은 필요하고 중요하지만 그것은 학생이 실제로 도달할 수 있는 수준일 때에만 비로소 의미 있는 효과를 가져온다. 게다가 공통핵심기준이 학습자의 경험과 학습과정에 주목했던 듀이(Dewey)의 주장을 망각한 이래 우리 교육계가 벗어나지 못한 관행적 틀을 그대로 답습하고 있다는 점도 지적할 수 있다. 공통핵심기준은 학업성취의 핵심이 학생의 내부, 즉 인지적, 정서적, 자전적 차원에서 일어나는 변화가 아니라 교사가 학생의 외부에서 무엇을 하느냐에 달려 있다고 가정한 것 같다. 하지만 이는 현실과 맞지 않는다. 학습에 어려움을 겪는 학생의 요구에 대응하려면 교사가 먼저 학습 전문가가 되어야 한다. 뇌의 실질적 작동 원리에 맞게 가르쳐야 하며, 그러자면 기억 체계가 학습 과정에서 어떻게 작동하는지 알아야 한다. 공통핵심기준은 결코 교사를 대신할 수 없다.

수업은 사회문화적 과정이다

교실에는 서로 다른 사고와 학습 방식을 지닌 다양한 학생들이 있다. 한때는 모든 학생이 동일한 학습 잠재력을 지니고 있으므로 동등한 교육 기회가 주어진다면 같은 수준의 성취를 할 수 있다는, 이른바 '진보적' 관점이 교육계에 유행했다. 당시 사회 전반에 깊이 깔려 있던 인종주의와 성차별 관성을 떨쳐내기 위한 집단적 시도의 첫걸음이었을지도 모르겠다.

하지만 지금, 인류학, 교육학, 심리학, 언어학 등 여러 학문 분야의 연구 성과를 종합해 나온 결론은 인지적 다양성이 문화적 다양성과 긴밀하게 관련된다는 것이다. 인간의 정신은 기억 체계를 통해 형성되며 언어, 사회, 생리학적 환경에 민감하게 반응하도록 설계되었다. 즉 서로 다른 유형의 사회적 활동에 참여하는 경험을 통해 사고 방식과 학습 방식이 달라질 수도 있는 것이다. 실제로 문화와 언어가 다양한 학습자들과 함께하는 교사에게는 낯설지 않은 사실이다.

학습과 성장의 조건이 가장 불리한 위치에 놓인 학생들을 가르치는 일은 결코 쉽지 않은 일이다. 특히 첫 걸음을 내딛는 것이 가장 어렵다. 우선 문해지향성이 낮은 환경의 학생, 문화적으로 단절된 경험을 지닌 학생을 지원 대상으로 바라보는 것부터 시작하자. 그리고 이런 학생들에게 필요한 것은 학교에서 무엇을 배울 것인가만을 다루는 교육과정이 아니라, 그 내용을 스스로 이해하고 활용하려면 어떻게 배워야 하는가를 함께 가르치는, 그런 교육과정이라는 사실을 인식해야 한다.

교사는 학습 전문가가 되어야 한다

기억 체계가 학습 과정에서 어떻게 작동하는지, 이 과정이 문화의 영향을 얼마나 깊이 받는지, 이 두 가지 사실 모두를 고려할 때 학습은 더욱 촉진될 수 있다. 또한 학생의 기억 체계가 생각보다 훨씬 섬세하고 취약하다는 사실도 깨닫게 될 것이다.

학업 격차를 줄이는 방법은 교실 환경과 수업 내용을 복잡하고 어렵게 만드는 데 있는 것이 아니다. 학습에 어려움을 겪는 학생들에게 필요한 것을 찾고 조율하는 것이 더 중요하다. 그래야만 현실에 맞지 않는 수업을 줄이고 중요한 다음 내용을 수업에 포함할 수 있다.

- 관련 배경지식 활성화하기
- 학생의 작업기억에 과도한 부담이 걸리지 않게 하기
- 학생에게 충분한 연습 기회 제공하기
- 학습목표 명확히 하기
- 연습 활동이 학습목표와 평가에 조율되게 하기
- 학생이 적극적으로 말하고 생각을 표현하는 시간을 충분히 주기
- 학습 내용의 구조와 의미를 시각자료로 표현하기
- 수업에서 집행기능을 명시적이고 체계적으로 다루기
- 학생이 수업에 어려움을 겪을 때 다르게 대처할 방안은 없는지 성찰하기
- 초보 학습자의 이해 수준과 관점을 고려하기
- 학습에 어려움을 겪는 학생을 위해 '어떻게 배우는가'에 초점을 둔 중재학습경험을 구조화하기

위 목록은 우리가 제안한 핵심적인 교수 방안들을 종합한 것으로 기존 수업과 교실이 어떠했는가를 어느 정도 짐작하게 한다. 학교에서 문해지향적 학습자들이 누려온 이점을 외면한 채 이들의 속도와 수준을 '보통' 또는 '기준'으로 삼아 수업을 진행하는 관행 말이다. 물론 대부분의 교사들은 위 목록 중 일부라도 의식적으로 실천하고 있

을 것이다. 꾸준히 적극적으로 실천하는 사람도 분명 있다. 그러나 모두를 일관되게 실천하는 교사는 드물다. 모든 학생을 성공적으로 가르치고 싶다면 성과 중심의 접근에서 벗어나 학습의 과정에 초점을 두어야 하며 이를 위해 교사는 학습 전문가가 되어야 한다.

학습 전문가로서 교사는 학생의 어려움에 더 민감하게 대응하고, 그러한 어려움이 생기지 않도록 기억 체계가 작동하는 방식에 맞게 수업을 설계해야 한다. 이것이 교사의 역할이며 좋은 수업의 출발이라는 사실을 깨달을 때 학습 전문가로서 학생을 더 깊이 이해할 수 있다. 이런 교사들로부터 가장 큰 도움을 받을 수 있는 것은 학습에 어려움을 겪는 학생들이다.

그밖에 교사가 할 수 있는 것들

마지막으로 덧붙일 말은 교사가 학습 전문가로서 교육 정책과 개혁 논의에서 주도적인 목소리를 낼 수 있게 자신을 준비시켜야 한다는 것이다. 교사는 누구보다 학습자와 가깝게 연결되어 있으며 교실에서 실제로 일어나는 학습 과정을 가장 잘 알고 있다. 따라서 학습에 어려움을 겪는 학생들의 실제 요구를 대변하는 옹호자가 되어야 한다. 우리는 교사가 교실, 학교, 지역에서 선도적인 정책결정권자의 역할을 다하기 위해 기꺼이 학습 전문가가 되겠다는 태도를 갖는 것이 학생들에게 가장 이로운 일이라고 믿는다.

이 책의 목표 중 하나는 관리자, 학교 운영위원회, 학부모, 지역사회 구성원들의 관심을 학습에 어려움을 겪는 학생들에게 집중하게 하는 데 있다. 이를 위해서는 교사가 경험에만 의존하지 않고, 학습자의 다양성을 전제로 한 교수학습 방식이 효과적임을 입증하는 연구와 이론을 근거로 제시할 수 있어야 한다. 이 책은 기억과 문화라는 관점에서 학습을 살펴보며, 학생마다 인지 방식이 다르다는 것, 그리고 학습에 어려움을 겪는 학생들에게는 그에 맞는 특별한 지원이 필요하다는 사실을 밝히고 있다. 이 책이 이를 옹호하고 실천하려는 모든 교사들의 노력에 도움이 되기를 희망한다.

주석

저자 서문

1. The Feuerstein Instrumental Enrichment program(포이에르스타인 인지 강화 프로그램). 'FIE 프로그램'이라고도 불리며, 교육학·심리학 분야에서 널리 알려진 인지교육 프로그램이다.
2. 논의의 기반이 되는 모델 및 이론은 인지과학 분야의 연구를 토대로 하고 있으며 기억 및 학습에 대한 우리의 이해도 이에 근거한다.

도입

1. Baddeley(2007).
2. Barkley(2012).
3. Grossman and Koenig(2002).
4. Paradis(2009).
5. Draaisma(2004).
6. Baddeley et al.(2009).

1장

1. Medina(2008); Dehn(2008); Sousa(2011); Ambrose et al.(2010).

2. Shah(1972).

3. 빈곤, 인종, 문화적 배경, 언어적 다양성이 미국 공립학교 학생들의 학습부진을 예측하는 지표임은 검증된 주장이다(Hochschild, 2003/ Kozol, 1992/ Spring, 2011).

2장

1. Gluck et al.(2008).

2. 뇌에 유입된 감각정보는 초기에는 장기기억과 별개의 수준에서 처리되지만 곧 장기기억 속의 스키마가 작동하면서 새로 들어온 자극을 식별하고 의미를 부여한다. 뇌 속에서 일어나는 의식적 사고 활동, 이를테면 어떤 물체나 일어난 일에 이름 붙이기, 비교하기, 의견 형성하기, 언어 해석 등은 모두 장기기억에 접근함으로써 이루어진다(LeDoux, 2002).

3. Feuerstein et al.(2010).

4. Armstrong(2008).

5. Vanderhaeghen & Cheng(2010).

6. Tulving(1985).

7. Pinker(1997).

8. Sadoski & Paivio(2001).

9. 1밀리초 단위로 측정된다.

10. Egan(1997).

11. LeDoux(1996).

12. Bibok, Carpendale, & Müller(2009); Blair et al.(2011); Buckner & Kim(2012); Fernald et al.(2011); Herbers et al.(2011); Hughes & Ensor(2009).

13. Armstrong(2008).

3장

1. Frawley(1997).

2. Vygotsky(1978; 1986); Feuerstein et al.(2010).

3. Feuerstein et al.(2010).

4. Rogoff(2003); Gauvain(2001).

5. 이 장에서 말하는 두 성향은 문해 사용과 학습을 바라보는 사회문화적 관점에 근거하고 있다(Bloome & Bailey, 1992; Delpit, 1996; Heath, 1983; Gee, 1990; Purcell-Gates, 1995; Perry, 2012).

6. 이 용어는 학교에서 학업적으로 어려움을 겪는 학생 집단을 편의상 지칭하기 위해 사용된 것이다. 이 표현의 의도는 결핍이나 부족함을 의미하는 것이 아니라, 많은 학습부진 학생들이 학교에서 직면하는 근본적인 어려움을 이해하는 하나의 개념적 틀을 제시하려는 데 있다. 실제로 문해지향적 학습에 얼마나 익숙한가 하는 정도의 차이는 학업성취에 결정적인 영향을 미치는 요인으로 보인다.

7. 영어권 학교를 다니는 이민자 가정, 다문화가정 학생들의 예를 통해 어떤 성향의 학생이 학교 학습에 더 잘 적응하는지 알 수 있다. 모국어에서 문해지향성이 높은 학습자들은 영어권 학교에서 일시적으로 어려움을 겪더라도 극복하고 성공할 가능성이 높다. 반면 문해지향성이 낮은 학습자들은 영어를 유창하게 구사하더라도 학업적으로는 계속 어려움을 겪는다(Bailey & Pransky, 2005; Pransky, 2008, 2009).

8. Kozulin(2011); Ben-Hur(1994).

9. 포이에르스타인이 쓴 히브리어 용어를 그대로 번역하면 '문화적으로 박탈당한 학습자'가 된다. 이 표현은 전통적으로 서구 중산층 문화와 비교하여 특정 문화를 폄하하는 의미로 사용되어 왔기에 부정적으로 생각되는 경향이 있으나 본래의 의도는 그러한 가치 판단과 무관하다. 포이에르스타인이 생각한 '문화적 박탈'은 어떤 공동체의 문화가 개인의 특정한 상황 때문에 제대로 전달되지 못하는 상태를 가리키며, 우리는 그러한 개념을 독자에게 더 정확히 전달하기 위해 '문화적 단절'이란 표현을 사용하기로 했다.

10. Feuerstein et al.(2006); Kozulin(2011).

11. Feuerstein et al.(2010).

12. '중재(mediated)'는 사회문화적 관점에서 학습을 이해할 때 핵심이 되는 개념이다. 사람들은 언어와 수학처럼 문화적으로 만들어진 상징 체계를 '중재'로 삼아 주변 세계와 인간 사회를 이해하고 변화시킨다(Lantolf & Thorne, 2006). 포이에르스타인은 '한 사람이 다른 사람의 학습 과정에 직접 개입하는 상호작용'으로 '중재'라는 개념을 좁혀 사용하고 있다. 중재자의 역할은 학습자가 접할 정보를 선별하고 조직하며 의미 있게 구성하도록 돕는 데 있다.

13. 교실에서 문화적 단절을 겪는 학습자들과의 상호작용 속에서 나타나는 세 가지 중재학습지원 형태에 대한 분석은 Bailey & Pranksy(2010)를 참고하라.

14. 우리는 이 용어 대신 '조율(alignment)'이라는 용어를 사용하고자 한다. 의미는 동일하지만 훨씬 간결하게 표현할 수 있기 때문이다.

15. 이 내용을 좀더 상세히 말하자면 중재된 학습경험이 풍부한 학습자들은 자신을 전체의 일부이자 전체를 이루는 요소들과 연결되어 있다고 느끼며, 역사적 시간의 흐름 속에서 자신의 존재감과 문화적 정체성을 인식할 줄 안다. 또한 주변 환경의 영향을 받기도 하지만 환경에 영향을 미치는 존재로 자신을 바라볼 수 있다.

4장

1. Gathercole & Alloway(2010).

2. Levine(2002).

3. 과제 수행에는 여러 뇌 영역과 다른 기억체계들이 함께 작동해야 한다. 그러나 그 중심에는 언제나 작업기억이 있다.

4. 단기 언어 작업기억(short-term verbal working memory)과 단기 시공간 작업기억(short-term visio-spatial working memory)을 말한다.

5. 이 책은 일반적으로 쓰이는 '단기기억'이란 말 대신 '단기 작업기억'으로 구분해 썼다. 단기 작업기억은 언어적·시각적 정보를 몇 초 동안만 처리하며, 몇

초 이상 유지되는 정보는 장기기억의 영역이다.

6. 이 작업기억 모형은 Dehn(2008)의 '통합적 작업기억 모형(Integrated Model of Working Memory)'을 바탕으로 재구성한 것이다.
7. Miller(1956).
8. Baddeley(2007).
9. Dehn(2008).
10. Gathercole & Alloway(2010).
11. Rasinski(2010).
12. Baddeley(2007).
13. 배들리의 작업기억 모형에서는 이 기능을 '에피소딕 버퍼(episodic buffer, 일화적 완충기)'라는 독립된 구성 요소로 설명하고 있다. 그러나 이 책에서는 작업기억의 구조와 원리를 설명하는 데 초점을 두고 중앙집행기의 일부로 묶어 설명하기로 했다.
14. Baddeley(2007).
15. Lantolf & Thorne(2006).
16. 5장은 '작업기억'이라고 불리는 집행기능뿐 아니라 그 외의 다양한 집행기능 전체를 다루는 데 할애되어 있다.
17. 주의를 두지 않은 상태에서도 어떤 것을 배우는 경우가 있기는 하지만 이런 종류의 학습은 실제 교실 상황에서 활용할 수 있는 가치가 매우 제한적이다. 이에 대해서는 오르테가(Ortega, 2009)가 '우연적 학습(incidental learning)'과 '암묵적 학습(implicit learning)'을 구분하며 자세히 논의한 바 있다.
18. 작업기억 기능 목록은 Dehn(2008)의 내용을 참고해 재구성한 것이다.
19. Medina(2008).
20. Baddeley(2007).
21. Harrington & Sawyer(1992).
22. Alloway, Gathercole, Kirkwood, & Elliot(2009).
23. Gathercole & Alloway(2010).

24. 작업기억 훈련 프로그램의 효과에 대한 메타분석(Melby-Lervag & Hulme, 2012) 및 작업기억 향상을 위한 프로그램의 가능성을 논의한 연구(Alloway, 2011)를 참고하라.

25. Sweller et al.(1998); Plass et al.(2010).

26. Sweller et al.(1998).

27. 새로운 학습 내용이 완전히 공고화되어 장기기억에 자리 잡기까지는 며칠, 몇 주, 때로는 몇 달이 걸릴 수 있기 때문이다.

28. Smith(1985).

29. Schacter(2001).

30. Rose(2005).

31. Medina(2008).

32. Clark et al.(2006).

33.작업기억의 과부하가 교실에서 어떻게 나타나는지에 대해서는 다음 두 문헌에 상세하게 제시되어 있다. Gathercole & Alloway, 2010; Alloway, 2011

34. Sweller et al.(1998).

35. Clark et al.(2006).

36. Gathercole & Alloway(2010).

37. 존 콜린스(John Collins, 1997)는 작업기억 친화적인 글쓰기 프로그램을 제안한 바 있다. 프로그램의 핵심 전략이 바로 FCA(Focus Correction Areas), 즉 '집중교정 영역'이다. 글쓰기를 시작하기 전에 딱 세 가지 집중교정 항목을 미리 정해 두고, 이 항목들만 1~10점 척도로 평가하는 방식이다. 의견을 개진하는 글을 예로 들면, '글의 첫 도입부가 흥미로운가'(3점), '의견을 뒷받침하는 근거가 세 가지 이상 제시되었는가'(6점), '문장의 끝에 마침표를 썼는가'(1점)의 세 가지만 평가해 점수를 부여한다.

38. Wong-Fillmore(1985).

39. Zwiers & Crawford(2011).

40. Pransky & Bailey(2003).

5장

1. 드 라 파즈 등은 교사가 고쳐쓰기 과정에서 집행기능을 지원해 줄 경우, 그런 지원 없이 수정한 학생들보다 훨씬 더 많은 양의 수정 작업을 해냈다는 연구 결과를 보고했다(De La Paz et al., 1998).
2. 이 내용과 관련해 추가로 참고할 저작으로 다음을 추천한다. Best et al., 2011; Marcovitch et al., 2008; Sasser & Bierman, 2012.
3. Blair & Razza(2007); Molfese et al.(2010); St. Clair-Thompson(2011).
4. 청각장애가 있는 아동은 이 과정이 활성화되진 않는다.
5. Blair & Razza(2007); Booth et al.(2010); Booth & Boyle(2009); Cart-wright(2012); Cutting et al.(2009); Jerman et al.(2012) Swanson(1999).
6. Blair & Razza(2007); Jerman et al.(2012); Kostopoulos & Lee(2012); Toll et al.(2011)
7. 학생들이 수학 서술형 문제를 어려워하는 원인이 꼭 수학 실력의 부족 때문만은 아니다. 읽기 과정이 개입되면서 집행기능과 작업기억에 부담이 가해지기 때문이다. 문해력 스킬이 자동화되어 있지 않으면 수학적 사고에 쓰여야 할 작업기억 용량을 읽기 처리에 빼앗기게 된다.
8. Barkley(2012); Kaufman(2010).
9. Dawson & Guare(2010); Kaufman(2010).
10. Lewis et al.(2009); Lan et al.(2011).
11. Pransky & Bailey(2003); Pransky(2008).
12. Rogoff(2003); Delpit(1996).
13. Lantoff(2000).
14. 연구에서는 학생들의 부모가 아니라 교사들을 선정했지만 연구자들은 이들이 자녀들과 상호작용할 때도 비슷한 방식으로 행동하리라 보았다.
15. Fernald et al.(2011); Bibok et al.(2009); Hughes & Ensor(2009).
16. Bibok et al.(2009); Blair et al.(2011); Buckner & Kim(2012); Fernald et al.(2011); Herbers et al.(2011); Hughes & Ensor(2009).

17.집행기능 스킬에는 이 외에도 감정조절(emotional control)과 시간관리(time management)가 있으나 여기서는 다루지 않는다.

18. 켄은 당시 ESL 교실에서 로자를 포함한 몇몇 아이들을 대상으로 포이에른스타인 도구심화 인지교육 프로그램을 진행하고 있었다(Bailey & Pransky, 2010).

19. 벽에 붙이는 차트 대신 안내자료, 책갈피, 데스크매트 등의 형태로 만들어 제공해도 좋다.

20. Vygotsky(1978).

21. Shank & Abelson(1977).

22. 모두 다 그런 것은 아니다. 실제로 아이들은 자신이 처한 문화적 환경에서 요구되는 형태로 내적 스크립트를 발달시키게 된다.

23. Pransky & Bailey(2003)

24. 이 표어는 이솝 우화의 <토끼와 거북의 경주> 이야기에서 가져왔다. 옛이야기나 우화에는 이처럼 교실 학습에 그대로 적용할 수 있는 메시지가 많다. 옛이야기를 읽거나 들려주는 활동에서 자연스럽게 이 메시지를 언급하면서 마지막에 교실 학습과 이 메시지가 어떻게 연결되는지 학생들과 이야기를 나눠보면 무척 효과적이다.

25. Dawson & Guare(2010).

26. Blair & Razza(2007); Booth & Boyle(2009).

27. http://en.wikipedia.org/wiki/Stanford_marshmallow_experiment

28. Medina(2008).

29. 충동조절을 포함한 모든 집행기능 지도에서 학생에게 자기 행동을 스스로 점검하게 하는 맞춤형 자기평가지(체크리스트)를 만들어 쓰면 유용하다. 평가지 양식과 아이디어에 관해서는 Meltzer(2010), Dawson & Guare(2010) 등을 참고하라.

30. Schacter(2001).

31. http://www.clarksvilleonline.com/2009/09/21attention-span-can-lead-to-success-

orfailure-in-school/.

32. 문화적 요인이 주의 지속에 영향을 미치는 사례로 루이스 등(Lewis et al., 2009)은 한국 학생들의 경우 비교적 어린 나이부터 대규모 집단 속에서 주의 집중을 지속하는 능력을 발달시켰다고 보고했다.

33. Medina(2008).

34. Himmele & Himmele(2011).

35. 이 방식은 사전 평가로도 활용 가능하다. 객관식 질문 몇 개를 화이트보드에 게시하거나 스크린으로 보여준 뒤 카드로 체크하면 그 내용을 누가 알고 누가 모르는지 교사가 사전에 확인할 수 있으므로 개별화지도를 결정하는 데에도 도움이 된다. 이어 간단한 사후 평가로 같은 질문을 다시 활용하면 이전에 틀렸던 학생들의 답이 바뀌었는지 여부도 확인할 수 있다.

36. Medina(2008).

37. Dawson & Guare(2010); Kaufman(2010); Meltzer(2010).

6장

1. Tulving & Donaldson(1972); Grossman & Koenig(2002).

2. Collins & Loftus(1975).

3. Baddeley et al.(2009); Bower(2000).

4. 배들리 등(Baddeley et al., 2009)은 '프레임(frame)'이라는 용어에 대하여 '사물과 사물의 속성에 관한 정보(p.128)'라는 의미로 사용하며, 우리도 이 정의를 따른다. 주의해야 할 점은, 문화적 관점의 마음 연구에서 말하는 '프레임'의 의미인 '어떤 현상을 해석하거나 문제를 해결할 때 인간이 일정한 조건이나 신념을 적용하는 능력(Frawley, 1997)'과는 다르다는 것이다.

5. Grossman & Koenig(2002).

6. Swain et al.(2010).

7. '체계1'에 관한 논의는 Kahneman(2011)을 찾아볼 것.

8. Bower(2000).

9. Renkle & Atkinson(2010).

10. Ambrose et al.(2010).

11. Wiggins & McTighe(2005).

12. 만약 학생들이 오염에 대해 잘 모른다면 핵심 질문을 "깨끗한 음식을 먹고 싶니, 더러운 음식을 먹고 싶니? 왜 그렇게 생각하니?"와 같이 바꿀 수 있다.

13. Ambrose et al.(2010).

14. Harvey(1628/1941).

15. Gluck et al.(2008).

16. Ibid.

17. Taylor(1995).

18. Willis(2006).

19. Gluck et al.(2008); Schumann, et al.(2004).

20. Delpit(1996).

21. Echevarria, Vogt, & Short(2008).

22. Zwiers(2007); Zwiers & Crawford(2011).

23. Schleppegrell(2004); 영어 학습자의 학업능력 증진 방안에 대한 토의는 Zacarian(2013)을 찾아볼 것.

7장

1. Geertz's(1973) discussion of culture.

2. Karpov(2003).

3. Gauvain(2001).

4. Rogoff(2003).

5. Nisbett(2003).

6. Ibid.

7. Reardon(2013).

8. Philips(1983); Heath(1983); Scollon & Scollon(1981); Bailey & Pransky(2005); Fu(2003)

9. Newman, Griffin, & Cole(1989).

10. Nisbett(2003).

11. Lantolf(2000).

12. 인지 도구에 대한 통찰력 있는 논의는 Rogoff(2003) 7장을 참고하라.

13. 잠재적 교육과정(hidden curriculum)이란 학교 교육을 떠받치고 있으나 공식적이고 명시적인 교육과정에는 포함되지 않는 사회적 신념, 가치, 관행을 가리킨다(Giroux, 1983). 여기서는 이 개념을 확장하여 학교 맥락에서의 학습 과정과 지식의 구조까지 포함해 이해한다.

14. 여기서 '질(quality)'은 더 낫다거나 더 못하다는 가치 판단을 의미하는 것이 아니다. 이는 학업 환경에서 보다 독립적으로 성공할 수 있도록 돕는 언어적·인지적·문화적 기술이 지닌 성격과 특성을 가리킨다.

15. Pransky & Bailey(2003).

16. Hyerle(2008).

17. Marzano 등은 Mid-continent Research for Education and Learning(McREL)에서 활동한 교육 연구자들이다.

18. Pransky(2008).

19. Cole et al.(1971); Luria(1976).

20. Cole & Scribner(1977); Rogoff(2003).

21. Taylor(1995).

22. Ibid.

23. Lakoff(1987).

24. Marzano & Pickering(2005).

25. Tennyson & Cocchiarella(1986).

26. Baumann et al.(1993); Davey(1983).

27. 학생: 삼각형은 세 가지가 있다. / 교사: 맞다, 삼각형은 변이 세 개다.

28. 또한 대비, 시간 등 서로 다른 범주별 전환어 목록을 교실 벽에 게시해 두어, 학생들이 글을 쓰는 동안 언제든지 참고할 수 있도록 한다.

29. Pransky & Bailey(2003); Pransky(2008).

8장

1. Tulving(1993).

2. McRae & Jones(2013); Burianova et al.(2010).

3. McPhee(2013).

4. Tileston(2004); Willis(2006); Armstrong(2008).

5. 배경지식과 경험이 학습에서 지니는 중요성은 기억 체계의 모든 요소에서 드러난다.

6. 예를 들어 아프리카·아메리카·유럽을 잇는 삼각 무역 경로를 다루는 수업에서 중학년 초등학생들에게 당밀 쿠키를 제공하는 경우가 그렇다.

7. Tulving & Donaldson(1972); Tulving(1985).

8. Vygotsky(1986).

9. Miller(1956); Conway(1997); '표상적 재기술(representational redescription)'에 대한 Tomasello(1999)의 논의를 참고하라.

10. Cummins(1981).

11. 예를 들어 공통핵심기준(Common Core) 평가를 개발하는 데 책임을 지고 있는 주요 기관 가운데 하나인 PARCC(Partnership for Assessment and Readiness of College and Careers)가 공개한 자료를 참고할 수 있다.

12. Nelson(2007); Hedrick et al.(2009); Chiao(2009); Hayden & Ornstein(2009); Reese et al.(1993).

13. Nelson(2007).

14. Gutchess & Indeck(2009); Wang(2011).

15. Hart & Risley(1995; 2003).

16. Toyota(2004).

9장

1. Fivush(2011); Fivush & Nelson(2004); Bloome et al.(2005); Pavlenko & Lantolf(2000).

2. Feuerstein et al.(2010); Mentis et al.(2008).

3. Bailey & Pransky(2005).

4. 학문적 학습이 학생의 정체성과 어떻게 맞물려 작동하는지에 대해서는 Rose(2005)의 논의를 참고하라.

5. Canagaraja(1999). Canagaraja는 펜실베이니아대학교의 응용언어학 교수다.

6. Greenfield & Cocking(1994); Scollon & Scollon(1981).

7. Fu(2003).

8. Philips(1983); Rogoff(2003).

9. Au(1980); Lave & Wenger(1991); McKeon(1994); Spring(2011); Rogoff(2003).

10. Gee(1990).

11. Zacarian(2013).

12. Lantolf & Thorne(2006).

10장

1. American Psychological Association(2013); Sousa(2011).

2. 이 주제만으로도 한 장 전체를 따로 써도 될 만큼 논의할 거리가 많다. 학생들은 모든 음소를 처음부터 다 알 필요가 없으며, 음소를 알파벳 순서대로 배워야 할 이유도 없다. 사용 빈도가 높은 자음은 자동화될 필요가 있고, 학생들은 이러한 자음을 최대한 전략적으로 활용하는 연습을 해야 한다. Ken의 경험에 따르면 여섯 개나 일곱 개 정도의 자음을 자동화 수준까지 익히는 것만으로

도 다른 자음들을 스스로 학습하는 데 충분한 도약대가 되는 경우가 많았다. W- d-n't n--d v-w-ls t- r—d—so we don't need to bog students down in much vowel practice. 학생들이 음소 인식의 기초를 단단히 다지되, 이를 과도하게 강조하지 않고, 새로 배운 음소로 무엇을 할 수 있는지를 늘 강조하는 것이 중요하다. 여기에 체계적인 어휘 연습이 함께 이루어질 때 학습의 효과가 극대화된다.

3. Medina(2008); Cepeda et al.(2006).

4. Roediger & Butler(2011).

5. Wolf(2007).

6. 시각적 대상 인식에 사용되던 시각 처리 영역이 시각적 언어 기호를 빠르게 처리하는 '신경 재활용(neuronal recycling)'에 대한 논의는 Dehaene(2009)를 참고하라.

7. Ericsson et al.(1991).

8. 처음에는 학생들에게 한 번에 하나의 사실 묶음만을 제시할 수 있다(예를 들어 2단을 충분히 익힐 때까지는 2단만, 3단도 마찬가지로 충분히 익힐 때까지는 3단만, 그다음에 4단). 그런 다음 5단으로 넘어가기 전에 2단·3단·4단을 함께 연습하도록 한다.

9. Bloom(1956).

10. 'Bloom's Taxonomy Verb Wheel'을 인터넷에서 검색하면, 이 도구의 여러 변형 사례를 찾아볼 수 있다.

11장

1. Reardon(2013).

2. 현실적으로 학교의 문해지향적 성향은 근본적인 특징이며, 앞으로도 바뀌지 않을 가능성이 크다.

3. Bailey & Pransky(2005).

참고 문헌

Alloway, T. (2011). *Improving working memory: Supporting students' learning*. Los Angeles: SAGE.

Ambrose, S., Bridges, M., DiPietro, M. Lovett, M., & Norman, M. (2010). *How learning works: 7 research-based principles for smart teaching*. San Francisco, CA: Jossey-Bass.

American Psychological Association (2013). Practice for knowledge acquisition (not drill and kill). http://www.apa.org/education/k12/practice-acquisition.aspx?item=1

Armstrong, S. (2008). *Teaching smarter with the brain in focus*. New York: Scholastic.

Au, K. (1980). Participation structures in a reading lesson with Hawaiian children: Analysis of a culturally appropriate instructional event. *Anthropology and Education Quarterly, 11*, 91–115.

Baddeley, A. (2007). *Working memory, thought and action*. Oxford, England: Oxford University Press.

Baddeley, A., Eysenck, M., & Anderson, M. (2009) *Memory*. New York: Psychology Press.

Bailey, F., & K. Pransky (2010). Investigating the classroom discourse of mediation in a Feuerstein instrumental enrichment programme. *Classroom Discourse, 1(2)*, 121–141.

Bailey, F., & Pransky, K. (2005). "Are 'other people's children' constructivist learners too? *Theory into Practice, 44* (1) 19–26.

Barkley, R. A. (2012). *Executive functions: What they are, how they work, and how they evolved.* NY: The Guilford Press.

Baumann, J. F., Jones, L.A., & Seifert-Kessell, N. (1993). Using think alouds to enhance children's comprehension monitoring abilities. *The Reading Teacher, 47*, 184–193.

Ben-Hur, M. (Ed.) (1994). *On Feuerstein's instrumental enrichment.* Palatine, IL: IRI/Skylight Publishing.

Best, J. R., Miller, P. H., & Naglieri, J. A. (2011). Relations between executive function and academic achievement from Ages 5 to 17 in a large, representative national sample. *Learning and Individual Differences, 21*(4), 327–336.

Bibok, M. B., Carpendale, J. I. M. & Müller, U. (2009, Spring). Parental scaffolding and the development of executive function." *New Directions for Child and Adolescent Development*, 123, 17–34.

Blair, C., Granger, D., Willoughby, M., Mills-Koonce, R., Cox, M., Greenberg, M., Kivlighan, K., Fortunato, C. & Family Life Project Key Investigators (2011). Salivary cortisol mediates effects of poverty and on executive functions in early childhood. *Child Development,* 82(6), 1970–1984.

Blair C. & Razza, R. C. (2007). Relating effortful control, executive function, and false belief understanding to emerging math and literacy ability in kindergarten. Society for Research in *Child Development,* 76 (2), 647–663.

Bloom, B.S. (1956). *Taxonomy of educational objectives, handbook I: The cognitive domain.* New York: David McKay.

Bloome, D. & F. Bailey. (1992). *Studying language and literacy through events, particularity, and intertextuality. In Beech's (Ed.) Multiple Perspectives on Language and Literacy Research.* Urbana, IL: National Council of Teachers of English.

Bloome, D., S. Power Carter, B. Christina, S. Otto, and N. Shuart-Faris (2005). *Discourse analysis and the study of classroom language and literacy events.* Mahwah, New Jersey: Erlbaum Publishers.

Bodrova, E. & Leong, D. J. (2007). *Tools of the mind: The Vygotskian approach to early childhood education* (2nd ed.). Columbus, OH: Merrill/Prentice Hall.

Booth, J. N., Boyle, J. M. E., & Kelly, S. W. (2010). Do tasks make a difference? Accounting for heterogeneity of performance of children with reading difficulties on tasks of executive function: Findings from a meta-analysis. *British Journal of Developmental Psychology*, *28*, 113–176.

Booth, J. N. & Boyle, J. M. E. (2009). The role of inhibitory functioning in children's reading skills. *Educational Psychology,* 25 (4), 339–350.

Bower, G. (2000). A short history of memory research. In E. Tulving & F. Craik (Eds.), *The oxford handbook of memory.* Oxford, England: Oxford University Press.

Buckner, E. & Kim, P. (2012). Mobile innovations, executive functions, and educational developments in conflict zones: A case study from Palestine. *Educational Technology Research and Development,* 60(1), 175–192.

Burianova, H., McIntosh, A. & Grady, C. (2010). *A common functional brain network for autobiographical, episodic, and semantic memory retrieval.* NeuroImage, 49, 865 –874.

Cartwright, K. B. (2012). Insights from cognitive neuroscience: The importance of executive function for early reading development and education. *Early Education and Development*, 23(1), 24–36.

Canagaraja, S (1999). *Resisting linguistic imperalism in english teaching*. Oxford, England: Oxford University Press.

Cepeda, N. J., Pashler, H., Vul, E., Wixted, J. T., & Rohrer, D. (2006). Distributed practice in verbal recall tasks: A review and quantitative synthesis. *Psychological Bulletin,* 132, 354–380.

Chiao, J. Y. (2009). Clinical Neuroscience: a once and future discipline. *Progress in Brain Research*, 178, 281–304.

Clark, R., Nguyen, F., & Sweller, J. (2006) *Efficiency in learning: Evidence-based guidelines to manage cognitive load.* San Francisco, CA, Pfeiffer

Cole, M., Gay, J., Glick, J.A., & Sharp, D.W. (1971). *The cultural context of learning and thinking*. New York: Basic Books.

Cole, M., & Scribner, S. (1974). *Culture and thought: A psychological introduction*. New York: John Wiley & Sons.

Cole, M., & Scribner, S. (1977). Cross-cultural studies of memory and cognition. In R.V. Kail & J.W. Hagen (Eds.), *Perspectives on the development of memory and cognition*. Hillsdale, NJ: Erlbaum.

Collins, A., & Loftus, E. (1975). A spreading activation theory of semantic processing. *Psychological Review,* 82, 407–428.

Collins, J (1997). *Selecting and teaching focus correction areas: A planning guide.* West Newbury, MA: Collins Education Associates, L.L.C.

Conway, M., Gardiner, J., Perfect, T., Anderson, S., & Cohen, G. (1997). Changes in memory awareness during learning: The acquisition of knowledge by psychology undergraduates. *Journal of Experimental Psychology: General*, 126, 393–413.

Cutting, L. E., Materek, A., Cole, C., Levine, T. & Mahone, E.M. (2009). Effects of fluency, oral language, and executive function on reading comprehension performance. *Ann. of Dyslexia,* 59, 34–54.

Cummins, J. (1981). The role of primary language development in promoting educational success for language minority students. In *Schooling and Language Minority Students: A Theoretical Framework*. Los Angeles: Evaluation,

Dissemination and Assessment Center, California State University, Los Angles

Davey, B. (1983). Think-aloud: Modeling the cognitive processes of reading comprehension. *Journal of Reading,* 27(1), 44–47.

Dawson, P. & Guare (2010). *Executive skills in children and adolescents.* New York: The Guilford Press

Dehaene, S. (2009). *Reading in the brain.* New York: Viking Penguin.

Dehn, M. (2008). *Working memory and academic development.* Hoboken, NJ: John Wiley & Sons, Inc.

Delpit, L. (1996). *Other people's children: Cultural conflict in the classroom.* New York: The New Press.

De La Paz, S., Swanson, P. N. & Graham, S. (1998). The contribution of executive control to the revising by students with writing and learning difficulties. *Journal of Educational Psychology*, 90(3), 448–460.

Dewey, J. (1938). *Experience and education.* New York: Collier Books, Macmillan.

Draaisma, D. (2004). *Why life speeds up as you get older: How memory shapes our past.* Cambridge, UK: Cambridge University Press.

Egan, K. (1997). *The educated mind: How cognitive tools shape our understanding.* Chicago: University of Chicago Press.

Echevarria, J., M. Vogt, and D. Short (2008). *Making content comprehensible to English language learners: The SIOP model.* Santa Monica, CA: Pearson, Allyn & Bacon.

Ericsson, K., Krampe, R., & Tesch-Romer, C. (1991). The role of deliberate practice in the acquisition of expert performance. *Psychological Review,* 100(3), 363–406.

Fernald, L., Weber, A., Galasso, E. & Ratsifandrihamanana (2011). Socioeconomic gradients and child development in a very low income population: evidence from Madagascar. *Developmental Science,* 14(4), 832–847.

Fivush, R. & Nelson, K. (2004). Culture and language in the Emergence of Autobiographical Memory. *Psychological Science,* 15(9), 573–577.

Fivush, R. (2011). The development of autobiographical memory. *Annual Review of Psychology,* 62, 559–582.

Feuerstein, R., Feuerstein, R., Falik, L. & Rand, Y. (2006). *Creating and enhancing cognitive modifiability: The Feuerstein instrumental enrichment program.* Jerusalem: ICELP Publications.

Feuerstein, R., Feuerstein, R., & Falik, L. (2010). *Beyond smarter: Mediated learning and the brain's capacity for change.* New York: Teacher's College Press.

Feuerstein, R. & Lewin-Benhim, A. (2012). *What learning looks like: Mediated learning in theory and practice K–6.* New York: Teachers College Press.

Frawley, W. (1997). *Vygotsky and cognitive science: Language and the unification of the social and computational mind*. Cambridge, MA: Harvard University Press.

Fu. D. (2003) *Island of English: Teaching English in chinatown.* London, UK: Heinemann.

Gardiner, J., & Richardson-Klaehn, A. (2000). Remembering and knowing. In Tulving & Craik (Eds.), *The Oxford handbook of memory.* Oxford, England: Oxford University Press.

Gathercole, S. and T. Alloway. (2010). *Working memory and learning: A practical guide for teachers.* Los Angeles: Sage.

Garner, B. (2007). *Getting to "Got it!": Helping Struggling Students Learn How to Learn.* Alexandria, VA: ASCD.

Gauvain, M. (2001). *The social context of cognitive development.* New York: Guilford Press.

Gee, J. P. (1990). *Social linguistics and literacies: Ideology in discourses. Critical perspectives on literacy and education.* London: Falmer Press

Geertz, C. (1973). *The interpretation of cultures: Selected essays.* New York: Basic.

Giroux, H. (1983). *Theory and resistance in education: A pedagogy for the opposition.* New York: Bergin & Garvey.

Gluck, M., Mercado, E., & Myers, C. (2008). *Learning and memory.* New York: Worth Publishers.

Goswami, U. (2008). *Cognitive development: The learning brain.* New York: Psychology Press.

Grossman, M., & Koenig, P. (2002). Semantic memory. In V.S. Ramachandran (Ed.), *Encyclopedia of the human brain.* New York: Academic Press. The neural basis for categorization in semantic memory. *NeuroImage* 17, 1549–1561.

Gutchess, A.H., & Indeck, A. (2009). Cultural influences on memory. *Progress in Brain Research*, 178, 137–50.

Greenfield and Cocking (1994). *Cross-cultural roots of minority child development.* Hillsdale, NJ: Erlbaum.

Hart, B. & Risley, T. (1995). *Meaningful differences in the everyday experience of young American children*. Baltimore: Paul H. Brookes.

Hart, B. & Risley, T. (2003) The early catastrophe. *Educational Review,* 17(1) 110–118.

Harvey W (1628/1941) An anatomical disquisition on the motion of the heart and blood in animals. In F. Williams & T. Keys (Eds.), *Cardiac classics.* St. Louis, MO: CV Mosby Co 14–79.

Harrington, M. and Sawyer, M. (1992). L2 working memory capacity and L2 reading skill. *Studies in Second Language Acquisition*, 14, 112–21.

Hayden, C. A. & Ornstein, P. A. (2009). Research about telling about the past: The past, present and future. *Journal of Cognition and Development*, 10(3), 188-209.

Heath, S. (1983). *Ways with words: Language, life and work in communities and classrooms.* Cambridge, England: Cambridge University Press.

Hebb, D.O. (1949). *The organization of behavior: A neuropsychological theory.*

Oxford, England: Wiley.

Herbers, J. E., Cutuli, J.J., Lafavor, T.L., Vrieze, D., Leibel, C., Obradovic, J., & Master, A.S. (2011). Direct and Indirect Effects of Parenting on the Academic Functioning of Young Homeless Children. *Early Education and Development,* 22(1), 77–104.

Hedrick, A.M., Hayden, C. A. & Ornstein, P. A. (2009). Elaborative talk during and after an event: Conversational style influences children's memory reports. *Journal of Cognition and Development*, 10(3), 188–209.

Himmele, P. & Himmele, W. (2011). *Total Participation Techniques.* Alexandria, VA: ASCD

Hochschild, J. L. (2003). Social class in public schools. *Journal of Social Issues,* 59, 821–840. doi: 10.1046/j.0022-4537.2003.00092.

Hughes, C. H & Ensor, R. A. (2009). How do families help or hinder the emergence of early executive function? *New Directions for Child and Adolescent Development*, 123, 35–50.

Hyerle, D (2008). *Visual tools for transforming information into knowledge.* Thousand Oaks, CA: Corwin.

Jerman, O; Reynalds, C. & Swanson, H. L. (2012). Does growth in working memory span or executive function processes predict growth in reading and math in children with reading disabilities? *Learning Disability Quarterly,* 35(3), 144–157.

Karpov, Y. (2003) Development through the lifespan: A Neo-Vygotskian approach. In A. Kozulin, B. Gindis, V. Ageyev, S. Miller (Eds.), *Vygotsky's educational theory in cultural context*. Cambridge, UK: Cambridge University Press.

Kaufman, C. (2010). *Executive function in the classroom: Practical strategies for improving performance and enhancing skills for all students.* Baltimore: Paul H. Brooks.

Kahneman, D. (2011). *Thinking, fast and slow.* New York: Farrar, Strauss and

Giroux.

Kolb, D. (1983). *Experiential learning: Experience as the source of learning and development.* Upper Saddle River, NJ: Prentice Hall.

Kozol, J. (1992). *Savage inequalities: Children in America's schools.* Harper Perennial.

Kostopoulos, D. & Lee, J. (2012). A Naturalistic Study of Executive Function and Mathematical Problem-Solving. *Journal of Mathematical Behavior,* 31(2), 196–208.

Kozulin, A. (2011). Cognitive Aspects of the transition from a traditional to a modern technological Society. In P. Portes & S. Salas (Eds.), *Vygotsky in 21st century society: Advances in cultural historical theory and praxis with non-dominant communities.* New York: Peter Lang.

Lan, X., Legare, C., Ponitz, C., Li, S., Morrison, F. (2011). Investigating the links between the subcomponents of executive function and academic achievement: A cross-cultural analysis of chinese and american preschoolers. *Journal of Experimental Child Psychology,* 108(3), 677–692.

Lakoff, G. (1987). *Women, fire, and dangerous Things: What categories reveal about the mind.* Chicago, IL: The University of Chicago Press.

Lantolf, J. (Edt.) (2000). *Sociocultural theory and second language learning.* Oxford, UK: Oxford University Press.

Lantolf, J. & S. Thorne (2006). *Sociocultural theory and the genesis of second language development.* Oxford: Oxford University Press.

Lave, J. & Wenger, E. (1991) *Situated learning: Legitimate peripheral participation.* Cambridge: Cambridge University Press.

LeDoux, J. (1996). *The emotional brain.* New York, NY: Simon and Schuster.

LeDoux, J. (2002). *Synaptic self: How our brains become who we are.* New York, NY: Viking

Lewis, C., Koyasu, M., Oh, S., Ogawa, A., Short, B. & Huang, Z. (2009) Culture, Executive Function, and Social Understanding. *New Directions for Child and Adolescent Development,* 123, 69-85.

Levine, M. (2002). *A mind at a time.* New York: Simon & Schuster

Luria, A.R. (1976). *Cognitive development: Its cultural and social foundations.* Cambridge, MA: Harvard University Press.

Marcovitch, S., Jacques, S., Boseovski, J.J., Zelazo, P.D. (2008). Self-Reflection and the Cognitive Control of Behavior: Implications for Learning. *International Mind, Brain and Educational Society and Wiley Periodicals, Inc.*, 2(3), 136–141.

Marzano, R.J., Pickering, D.J., & Pollock, J.E. (2001). *Classroom instruction that works: Research-based strategies for increasing student achievement.* Alexandria, VA: ASCD

Marzano, R., & Pickering, D. (2005). *Building academic vocabulary: Teacher's manua*l. Alexandria, VA: Association for Supervision and Curriculum Development.

McKeon, D. (1994). *Language, culture, and schooling. In F. Genesee (Ed.). Educating second language children.* Cambridge: Cambridge University Press.

McPhee, J. (2013). *Structure.* New Yorker Magazine, 14, 46–55.

McRae, K., & Jones, M. N. (2013). Semantic memory. In D. Reisberg (Ed.) *The oxford handbook of cognitive psychology.* Oxford, England: Oxford University Press.

McTighe J. & Wiggins, G. (2013) *Essential questions: Opening doors to student understanding.* Alexandria, V: ASCD.

Medina, J. (2008). *Brain rules.* Seattle, WA: Pear Press.

Melby-Lervag, M & Hulme, C. (2012) Is working memory training effective? A meta-analysis review. *Developmental Psychology,* 49(2), 270–291.

Meltzer, L.(2010). *Executive function in education: From theory to practice.* The

Guilford Press.

Mentis, M., Dunn-Bernstein, M. & Mentis, M. (2008). *Mediated learning: Teaching, tasks and tools to unlock cognitive potential.* Thousand Oaks, CA: Corwin Press.

Miller, G. (1956). The magical number seven, plus or minus two: Some limits on our capacity for processing information: *Psychological Review,* 63, 81–97.

Molfese, V. J., Molfese, P., Molfese, D., Rudasill, K., Armstrong, N., & Starkey, G. (2010). Executive function in 6-8 Year Olds: Brain and behavioral evidence and implications for school achievement. *Contemporary Educational Psychology,* 35(2) 116–125.

Nelson, K. (2007) *Young minds in social worlds: Experience, meaning, and memory.* Cambridge, MA: Harvard University Press

Newman, D., Griffin, P., & Cole, M. (1989). *The construction zone: Working for cognitive change in school.* Cambridge: Cambridge University Press.

Nisbett, R. (2003). *The geography of thought*. New York: Free Press.

Ortega, L. (2009). *Understanding second language acquisition.* London: Hodder Education.

Paradis, (2011). *Declarative and procedural determinants of second languages.* Amsterdam, The Netherlands: John Benjamins Publishing Company.

Plass, J., Moreno, R., & Brunken, R. (2010). *Cognitive load theory.* Cambridge, UK: Cambridge University Press.

Pavlenko, A., & Lantolf, J. (2000). Second language learning as participation and the (re)construction of selves. In Lantolf (ed.), *Sociocultural Theory and Second Language Learning*. Oxford: Oxford University Press.

Perry, K. (2012). What is literacy? – A critical overview of sociocultural perspectives. *Journal of Language & Literacy Education*, 8(1), 51–71.

Philips, S. (1983). *The invisible culture: Communication in classroom and community on the Warm Springs Indian Reservation.* New York: Longman.

Pinker, S. (1997). *How the mind works.* New York: W. W. Norton.

Plass, J., Moreno, R., & Brunken, R. (Eds.), (2010) *Cognitive load theory.* Cambridge, England: Cambridge University Press.

Pransky, K., & Bailey, F. (2003). To meet your students where they are, first you have to find them: Working with culturally and linguistically diverse at-risk students. *The Reading Teacher,* 56(4), 370–383.

Pransky, K. (2008). *Beneath the surface: The hidden realities of teaching culturally and linguistically diverse young learners.* Portsmouth, NH: Heinemann.

Pransky, K. (2009). There's more to see. *Educational Leadership,* 66(7), 74–78.

Purcell-Gates, V. (1995). *Other people's words: The cycle of low literacy.* Boston, MA: Harvard University Press.

Rasninski, T. (2010). *The Fluent Reader (2nd Edition): Oral and silent-reading strategies for building fluency, word recognition & comprehension.* NY: Scholastic.

Reardon, S. F. (2013). The widening income achievement gap. *Educational Leadership,* 7(8),10–17.

Reardon, S.F. (April 27, 2013). No Rich Child Left Behind. *The New York Times.* http://opinionator. blogs.nytimes.com/.

Reese, E., Haden, C. & Fivush, R. (1993). Mother-Child conversations about the past: Relationships of style and memory over time. *Cognitive Development* 8, 403–430.

Renkle, A. & R. Atkinson (2010). Learning from worked-out examples and problem solving. In Plass, Morenao and Brunker (Eds.), *Cognitive Load Theory.* Cambridge: Cambridge University Press.

Rodgers, C. (2002). Another look at John Dewey and reflective thinking. *Teacher's College Record*, 104(4), 842–866.

Roediger, H. L., & Butler, A. C. (2011). The critical role of retrieval practice in long-term retention. *Trends in Cognitive Sciences,* 15, 20–27.

Rogoff, B. (2003). *The cultural nature of human development.* Oxford: Oxford University Press.

Rose, M. (2005). *Lives on the Boundary: A moving account of the struggles and achievements of America's educationally underprepared.* New York, NY: Penguin.

Sadoski, M. & Pavio, A. (2001). *Imagery and text: A dual coding theory of reading and writing.* Mahway, NY: Lawrence Erlbaum Associates.

Sasser, T. R. & Bierman, K. L. (2012). The Role of Executive Function Skills and Self-Regulation Behaviors in School Readiness and Adjustment. Meeting of the Society for Research on Educational Effectiveness.

Schacter, D. (2001). *The seven sins of memory: How the mind forgets and remembers.* Boston, MA:Houghton Mifflin Co.

Schumann, J., S. Crowell, N. Jones, N. Lee, S. Schuchert, L. Wood (2004). *The neurobiology of learning: Perspectives from second language acquisition.* Mahwah, N.J. Lawrence Erlbaum.

Schleppegrell, M. (2004). *The language of schooling: A functional linguistics perspective.* New York, NY: Routledge.

Scollon, R. and S. Scollon (1981). *Narrative, Literacy and Face in Interethnic Communication*. Norwood, NJ: ABLEX.

Shank, R. and R. Abelson. (1977). *Scripts, plans, goals and understanding.* Hillsdale, N.J.: Lawrence Erlbaum Associates.

Shah, I. (1972). *The Exploits of the incomparable Mullah Nassruddin.* New York: E.P. Dutton. Spring, J(2011). *American education.* New York, NY: McGraw Hill.

Sousa, D. S. (2011) *How the brain learns.* Thousand Oaks, CA: Corwin Press.

Sodian, B. & Frith, U. (2008) Metacognition, theory of mind and self-control: The relevance of highlevel cognitive processes in development, neuroscience, and education. *International Mind, Brain and Educational Society and Wiley*

Periodicals, 2(3),111–113.

St. Clair-Thompson, H. L. (2011). Executive functions and working memory behaviors in children with a poor working memory. *Learning and Individual Differences,* 21(4) 409–414.

Smith, F. (1985). *Reading without nonsense.* New York, NY: Teacher's College Press.

Swain, M, P. Kinnear, L.Steinman. (2010). *Sociocultural theory in second language education: An introduction through narratives.* Bristol, UK: Multilingual Matters.

Swanson, H. L. (1999). Reading comprehension and working memory in learning-disabled readers: Is the phonological loop more important than the executive system? *Journal of Experimental Child Psychology,* 72(1), 1–31

Sweller, John, Jeroen J.G. van Merrienboer and Fred G.W.C. Paas (1998). Cognitive Architecture and Instructional Design. *Educational Psychology Review.* Vol. 10 no. 3., 251–296.

Taylor, J. (1995). *Linguistic categorization: Protoypes in linguistic theory*. Oxford: Clarendon Press.

Tennyson, R.D. & Cocchiarella, M.J. (1986). An empirically based instructional design theory for teaching concepts. *Review of Educational Research,* 56(1), 40–71.

Thomas, W.P., & Collier, V.P. (2002). *A national study of school effectiveness for language minority students' long-term academic achievement.* Santa Cruz, CA: Center for Research on Education, Diversity and Excellence, University of California-Santa Cruz.

Tileston, D. W. (2004). *What every teacher should know about Learning, Memory and the brain.* Thousand oaks, CA: Corwin Press

Toll, S. W., Van der Ven, S.H., Kroesbergen, E.H., & Van Luit, J.E. (2011). Executive Function as Predictors of Math Learning Disabilities. *Journal of Learning Disabilities,* 44(6), 521-532.

Tomasello, M. (1999). *The cultural origins of human cognition.* Cambridge, MA: Harvard University press.

Toyota, H. (2004). Effects of types of elaboration on children's memories of a story: interaction with academic performance. Psychological Reports, 94(1), 291–304.

Tulving, E., & Donaldson, W. (1972). *Organization of memory.* New York: Academic Press.

Tulving, E. (1985). *Memory and consciousness.* Canadian Psychology, 26(1), 1–12.

Tulving, E. (1993). What is episodic memory? *American Psychological Society,* 2(3), 67–70.

Tulving, E. (2002). Episodic memory: From mind to brain. *Annual Review of Psychology,* 53, 1–25.

Vanderhaeghen, P. & Cheng, HJ. (2010). Guidance Molecules in Axon Pruning and Cell Death. *Cold Spring Harbor Perspectives in Biology* 2(6), 1–18.

Vygotsky, L. (1986). *Thought and language.* Cambridge, MA: The MIT Press.

Vygotsky, L. (1978). *Mind in society: The development of higher psychological processes.* Cambridge, MA: Harvard University Press.

Wang, Q. (2011). Autobiographical memory and culture." *On-line Readings in Psychology and Culture, Unit 5.* www.scholarworks.gvsu.edu/orpc/vol5/iss2/2.

Wiggins, G. & J. McTighe (2005). *Understanding by design (2nd edition).* Alexandria, VA: ASCD.

Willis, J. (2006). *Research-based strategies to ignite student learning.* Alexandria, VA: ASCD.

Wolf, M. (2007). *Proust and the squid: The story and science of the reading brain.* New York: Harper.

Wong-Fillmore, L. (1985). When does teacher talk work as input? In Gass & Madden (eds.) *Input in Second Language Acquisition.* Cambridge: Newbury House Publishers.

Zacarian, D. (2013). *Mastering academic language: A framework for supporting student achievement.* Thousand Oaks, CA: Corwin.

Zwiers, J. & Crawford, M. (2011). *Academic Conversations: Classroom talk that fosters critical thinking and content understandings.* Portland, ME: Stenhouse Publishers.

Zwiers, J. (2007). Teaching practices and perspectives for developing academic language. *International Journal of Academic Language,* 17(1), 93–116.

ㄷ

ㅁ

ㅂ

ㅅ

ㅇ

ㅈ

학습부진, 이렇게 극복한다 2

사회문화적 환경을 고려한 학습과학 중재전략

2025년 12월 30일 초판 1쇄 발행

글쓴이 프랜시스 베일리·켄 프랜스키
옮긴이 허경원 감수 최선일
편집 장현주 권구훈

펴낸이 이찬승
펴낸곳 교육을바꾸는책

출판등록 2012년 4월 10일 | 제313-2012-114호
주소 서울시 마포구 양화로 7길 76, 평화빌딩 3층
전화 02-320-3600(경영) 02-320-3604(편집)
팩스 02-320-3608

홈페이지 http://21erick.org
이메일 gyobasa@21erick.org
유튜브 youtube.com/user/gyobasa
블로그 blog.naver.com/gyobasa_edu
트위터 twitter.com/GyobasaNPO
인스타그램 instagram.com/gyobasa

ISBN 978-89-97724-51-2 (94370)
ISBN 978-89-97724-23-9 (세트)